古代歷史文化 研究輯刊

七　編

王　明　蓀　主編

第 2 冊

《大唐新語》人物考釋
——以唐代前期君臣關係事蹟爲中心

吳　泓　哲　著

國家圖書館出版品預行編目資料

《大唐新語》人物考釋——以唐代前期君臣關係事蹟為中心／
吳泓哲 著 — 初版 — 新北市：花木蘭文化出版社，2012〔民
101〕
目 2+154 面；19×26 公分
（古代歷史文化研究輯刊 七編；第 2 冊）
ISBN：978-986-254-812-7（精裝）
1. 唐史　2. 中國政治制度
618　　　　　　　　　　　　　　　　　　101002372

ISBN-978-986-254-812-7

9 789862 548127

古代歷史文化研究輯刊
七 編　第 二 冊　　　　　　　　　ISBN：78-986-254-812-7

《大唐新語》人物考釋
——以唐代前期君臣關係事蹟爲中心

作　　者	吳泓哲
主　　編	王明蓀
總 編 輯	杜潔祥
出　　版	花木蘭文化出版社
發 行 所	花木蘭文化出版社
發 行 人	高小娟
聯絡地址	新北市永和區中正路五九五號七樓
	電話：02-2923-1455／傳真：02-2923-1452
網　　址	http://www.huamulan.tw 信箱 sut81518@gmail.com
印　　刷	普羅文化出版廣告事業
初　　版	2012 年 3 月
定　　價	七編 24 冊（精裝）新台幣 38,000 元

《大唐新語》人物考釋
——以唐代前期君臣關係事蹟爲中心

吳泓哲　著

作者簡介

　　吳泓哲家中排行老三。求學期間的成績並非突出，國中畢業後考進淡水工商資訊管理科，畢業之後隨即服兵役，隔年參加插大考試，考上東海中文。在學期間對中國儒家、道家及漢傳佛教思想產生極大興趣，同時也關注散文及古典小說。

　　2005年考上東海中文所，在中文的領域繼續鑽研、深造，深入的課程與問題討論，激發了更多的思考與想法，在李建崑老師的指引之下，循序漸進地往唐代文學的領域發展，於2009年12月，完成碩士論文學位論文「大唐新語人物考釋——以唐代前期君臣關係事蹟為中心」。也感謝口考老師：宋德熹老師、張榮芳老師的建議與鼓勵，使我的文章更趨於完整。

提　要

　　唐代史風頗盛，國史又相對容易取得，使得國史紀傳體性質之文類，直接影響唐人歷史性筆記型小說的創作，而此類筆記小說，在有關唐代的圖書目錄裡，常出現以補國史為命名之圖書。

　　「小說」這個概念越到後朝越寬廣，使得唐士人的「筆記」、「小說」、「雜史」，在唐朝後的藝文志或私人藏書家所著的圖書目錄裡的規類不能劃一，唐代很多傳統「筆記」、「筆記小說」，在宋朝以後圖書分類，出現一書兩類的狀況。《大唐新語》它在《新唐書藝文志》被分為雜史類，《郡齋讀書志》被分為雜史類，《遂初堂書目》被分為小說類，《宋史藝文志》被分為別史類，在這些圖書目錄裡的「傳記類」、雜家類」、「小說家類」、「雜史類」、「故事類」相混難以劃分。

　　此外《大唐新語》一書，被冠上「新語」兩字，使近代多數研究小說史及筆記小說史的學者，將《大唐新語》歸為「世說體」，加上《大唐新語》一書在圖書目錄上定位不明，多以「雜史」、「小說」兩類為主，致使近代學者一看本書之歸類，多認為《大唐新語》是作者「有意為之」的軼事小說，導致對書裡的記人、事材料之真實性，產生相對性懷疑，故筆者以「人物及史事考釋」作為本文所討論之主要範疇，進而討論《大唐新語》一書在歷史上的定位。

目次

第一章 緒 論 1
　第一節 研究動機 1
　第二節 研究回顧 4
　第三節 研究方法與目的 11
　第四節 章節架構 12
第二章 中唐社會與歷史性筆記、筆記小說之關係
　.. 15
　第一節 初唐史學風氣與國史散落民間 15
　第二節 安史亂後學術風氣之轉變 18
　第三節 唐歷史性筆記、筆記小說之興起與劉肅
　　　　《大唐新語》 22
　第四節 劉肅政治主張 26
　　一、劉肅創作《大唐新語》的時代背景 27
　　二、劉肅的政治理念 34
　　　（一）人君須容恕及用人唯才 34
　　　（二）尊李姓爲正統 38
　　　（三）冀地方之治清明 42
　　三、結語 45
第三章 《大唐新語》人物事蹟考釋──帝王之部
　.. 47
　第一節 唐高祖 47
　　一、孫伏伽上諫三事的背後問題 47
　　　（一）諫蒐狩與進獻歪風 47
　　　（二）改喜好百戲與散樂之心 49
　　　（三）說諸王群僚之爭 52
　　二、高祖用人的方法及其心態上的矛盾 52
　　三、結語 62
　第二節 唐太宗 64
　　一、唐太宗感念杜如晦之匡贊 64
　　二、太宗因上諫發怒的其中一個面向 70
　　三、論貞觀初刑網稍密 73
　　四、太子承乾之廢立 78
　　五、結語 82

　　第三節　論唐睿宗內禪……………………………………83
　　　一、前言……………………………………………………83
　　　二、睿宗與太平公主政治上的關係………………………84
　　　三、太子李隆基集團的形成………………………………88
　　　四、「東宮集團」與「太平公主集團」之間的
　　　　　摩擦…………………………………………………90
　　　五、太平公主集團政變失敗………………………………94
　　　六、結語……………………………………………………96
第四章　《大唐新語》人物事蹟考釋——宰相之部
　　　　…………………………………………………………99
　　第一節　論房玄齡直諫態度轉變的其中一個面向……99
　　　一、房玄齡直言性格………………………………………99
　　　二、「玄武門之變」功臣遭忌……………………………101
　　　三、房玄齡與唐太宗心態之轉變…………………………104
　　　四、結語……………………………………………………108
　　第二節　論長孫無忌之性格轉變…………………………108
　　　一、長孫無忌在太宗朝之性格……………………………109
　　　二、長孫無忌被唐高宗流放之因…………………………111
　　　三、結語……………………………………………………118
第五章　結　論……………………………………………………119
附　錄
　　表一　《大唐新語》材料與其他書籍材料相同、相似
　　　　　表…………………………………………………123
　　表二　《大唐新語》因奏議、文詔過長而出現「文多
　　　　　不盡載」之參照表………………………………136
　　表三　《大唐新語‧諧謔》人物材料與他書材料同源
　　　　　表…………………………………………………138
　　表四　《大唐新語‧隱逸》、《大唐新語‧記異》與《舊
　　　　　唐書》材料同源表………………………………140
參考書目……………………………………………………………147

第一章　緒　論

第一節　研究動機

　　中華書局在 1984 年出了歷代史料筆記叢刊系列，在 1997 年已累計印行兩萬六千多冊，〔註1〕於 2004 年重印，可見這套書在近代漸漸受到重視。《大唐新語》一書是被收在此系列的唐宋史料筆記中。「筆記」〔註2〕是中國古代的一種文體。劉肅撰《大唐新語》云：

> ……肅不揆庸淺，輒爲纂述，備書微婉，恐貽床屋之尤；全採風謠，懼招流俗之説。今起自國初，迄於大曆，事關政教，言涉文詞，道可師模，志將存古……〔註3〕

〔註1〕李南暉：〈大唐新語校箚〉，《古籍整理研究學刊》第 5 期（2000 年），頁 27。

〔註2〕吳禮權認爲：所謂「筆記」，就是「泛指隨筆記錄、不拘體例的作品。其題材亦很廣泛。有的著作可涉及政治、歷史、經濟、文化、自然科學、社會生活等許多領域，但亦可專門記敘、論述某一個方面。」於此，我們可知「筆記」作爲中國古代的一種文體，它實際所包涵的範圍是十分廣泛的，凡是不可歸類的各種隨筆記錄的雜識、箚記、筆談等，皆可統稱之爲「筆記」。文見《中國充筆記小説史》，（臺灣商務印書館 1995 年 5 月初版二刷），頁 2。鄭憲春統合劉勰對「筆記」的定義：「其一，筆記是個人情志的表露和記載；其二，筆記包羅萬，雖然屬文學的「末品」，不登大雅之堂，但同樣有經國教化的功能；其三，筆記不拘形式，須以精練爲要；其四，筆記的語言文質並舉，雅俗共賞。」文見《中國筆記文史》，（長沙：湖南大學出版社 2004 年 8 月初版），頁 3～4。

〔註3〕〔唐〕劉肅撰：《大唐新語》，（北京：中華書局，1984 年 6 月），頁 1。以下筆者引用《大唐新語》之出處，版本依此。

引文提到，「全探風謠」且內容是「事關政教，言涉文詞」，這跟多數筆記小說史著作所認定的文體相符，﹝註4﹞故《大唐新語》被收在筆記史料。「小說」考其源頭，在《漢書‧藝文志》小序曰：

>……小說家者流，蓋出於稗官，街談巷語、道聽塗說者之所造也。
>孔子曰：「雖小道，必有可觀者焉。致遠恐泥，是以君子弗爲也。」
>然亦弗滅也。閭裏小知者之所及，亦使綴而不忘。如或一言可采，
>此亦芻蕘狂夫之議也。﹝註5﹞……

這條是漢朝對於「小說」的定義，這觀點卻對中國影響甚深，但也並非完全一成不變。周勛初對於「街談巷語、道聽塗說」在《唐代筆記小說的內涵與特點》裡談到一概念，其云：

>……「街談巷語，道聽塗說」其中包含著許多非現實生活中所有之
>事，按其內容而言，雖然不能列入可以經世的學派，但也應該算是
>學術中的一種流派。……﹝註6﹞

這段話說明「小說」不僅有現實生活中的記錄，亦包含在現實生活中所聽聞到的非現實生活中的事，而這些事，都可記錄下來，成爲「小說」。故，小說裡的內容，就可包羅萬象，這剛好與「筆記」的定義似乎有一定程度上的接軌。﹝註7﹞「小說」這個概念越到後朝越寬廣，使得唐士人的「筆記」、「小說」、「雜史」，在後朝藝文志或私人藏書家所著的圖書目錄裡的規類不能劃一，﹝註8﹞唐代很多傳統「筆記」、「筆記小說」，在宋朝以後圖書分類，出

﹝註4﹞ 筆者在注2說明吳禮權與鄭憲春對「筆記」定義。在苗壯的《筆記小說史》對於「筆記」的定義，亦相似於前兩者，請參看《筆記小說史》，（杭州：浙江古籍出版社1998年12月初版），頁3～5。

﹝註5﹞ 許嘉璐、安平秋、張傳璽等編：《二十四史全譯‧漢書‧第二冊》，（漢語大詞典出版社2004年初版），頁791。

﹝註6﹞ 周勛初著：〈唐代筆記小說考索〉，收入《周勛初文集》第5集，（南京：江蘇古籍出版社2000年），頁8。以下引用本書版本依此。

﹝註7﹞ 章群云：「所謂『箚記』、『箚錄』，實即筆記，後之以『箚記』名書者，其體例、內容，未必即與小說相同，惟小說包括部份筆記在內，事無可疑，今日一般以筆記小說連稱，並無不合。」參章群著：〈唐代筆記小說目錄表〉，《通鑑、新唐書引用筆記小說研究》，（文津出版1999年6月初版），頁121。

﹝註8﹞ 〔宋〕鄭樵：「古今編書所不能分者五：一曰傳記，二曰雜家，三曰小說，四曰雜史，五曰故事，凡此五類之書，足相紊亂，又如文史與詩話亦能相濫。」，參〔宋〕鄭樵著：〈校讎一‧編次之訛論十五篇〉，《通志略》，（臺北中華書局印行1980年），卷71，頁4。

現一書兩類的狀況，以《大唐新語》爲例，它在《新唐書藝文志》被分爲雜史類，《郡齋讀書志》被分爲雜史類，《遂初堂書目》被分爲小說類，《宋史藝文志》被分爲別史類，爲何這些圖書目錄裡的「傳記類」、「雜家類」、「小說家類」、「雜史類」、「故事類」，會演變成與雜史、傳記、別史、故事相混難以劃分，除了上述「小說」內容包涵寬廣的特點外，周勛初先生提出，「小說」及「筆記」在唐代受到史學的影響甚深，讓「小說」與其他五類，在後代分類造成紊亂不清。至清朝《大唐新語》被放置在「小說」之列，其主要的理由如下：

> 大唐新語十三卷……後有〈總論〉一篇，稱「昔荀爽紀漢事可爲鑒戒者以爲漢語，今之所記，庶嗣前修」云云，故《唐志》列之「雜史類」中。然其中〈諧謔〉一門，繁蕪猥瑣，未免自穢其書，有乖史家之體例。今退置「小說家類」……〔註9〕

編纂《四庫》圖書目錄之學者認爲《大唐新語》「〈諧謔〉一門，繁蕪猥瑣」，因此在清代《大唐新語》又被「退置小說家類」。由於各朝代對於「小說」、「雜史」定義不清，導致《大唐新語》在前朝圖書編目紊亂。

　　然而《大唐新語》，是「筆記」、「小說」或是後來學者所稱的「筆記小說」，這先要釐清「筆記」、「小說」及「筆記小說」的定義，筆者引《唐代文化》裡對「筆記」、「小說」及「筆記小說」的詮釋，作補充：

> 考察唐代小說家言之前，對通常混淆的概念應作區分。「小說」一詞，在我們的敘述中，至少有兩種不同的含義。一指《漢志》以來諸子略（後爲子部）中的小說家言，二指倫者寄意抒情、情節曲折、首尾咸具之創作，即胡應麟所說，「作意好奇，假小說以寄筆端」的小說，屬於今天文學範疇的小說。爲了敘述簡便，這裡將前者即小說家言稱廣義小說，以後者爲狹義小說。筆記，是隨筆所記的零星材料，於天文地理、經史子集、典章制度、文學藝術、風俗民情、瑣聞軼事、醫卜星相，乃至鬼神怪異，無所不包，但均非作者寄意抒情之「有意創作」，僅僅爲所見所聞而已。因此，筆記與狹意小說有著嚴格區別的，但它又是廣義小說即小說家言的重要組成部分。同時，還應看到，「筆記」與「筆記小說」也是不應畫等號的。筆記是

〔註9〕　〔清〕永瑢等：〈子部小說家類雜事上〉，《四庫全書總目》，（北京：中華書局，1965 年），頁 1183。

> 隨筆所記見聞而非創作，筆記小說則指兼具筆記、狹義小說雙重特
> 點的著述。〔註10〕

由上所述，《大唐新語》是「筆記」、「小說」或是「筆記小說」，這是筆者試圖想去釐清，還原《大唐新語》在中國小說史上應有的定位。

又《大唐新語》被許多圖書目錄列爲「雜史」，由此可知《大唐新語》內文應有當時的歷史背景。《大唐新語》作者劉肅提到這一段話：

> 自微言既絕，異端斯起，莊列以仁義爲芻狗，申韓以禮樂爲癰疽，徒
> 有著述之名，無裨政教之闕。聖人遺訓幾乎息矣。昔荀爽紀漢事可爲
> 鑒戒者以爲漢語，今之所記，庶嗣前修。不尚奇正之謀，重文德也；
> 不褒縱橫之書，賊狙詐也；刊浮靡之詞，歸正也；損術數之略，抑末
> 也。理國者以人爲本，當厚生以順天；立身者以學爲先，必因文而輔
> 教。纖微之善，罔不備書，百代之後，知斯言之可復也。〔註11〕

這段敘述是劉肅說明他寫《大唐新語》的動機。雖然劉肅不是史官，但他卻想與荀爽一樣，寫一本「可爲鑒戒者」的書，它對像是「理國者」，而本書所記錄的內容是「以人爲本，當厚生以順天」，故這本《大唐新語》的性質是「輔教」，所以作者記錄事的心態是「纖微之善，罔不備書」。從上的敘述，以及前面序言提到「事關政教，言涉文詞」可得知，本書的記錄應該會有相當程度的史料背景，但問題是，如筆者上述所言，《大唐》新語一書，被圖書目錄編爲「雜史類」、「小說類」、「故事類」，免不了讓後人懷疑《大唐新語》一書史料，是否如劉肅所說符合唐代史料，而《大唐新語》裡的人物記述，是否趨近史實？是否過當？或者可以提供史書沒提供的另一面，這也是筆者欲作此篇論文之重點。

第二節　研究回顧

回顧過去，有關《大唐新語》一書的討論，大多是以期刊、小說發展史及筆記小說史著作居多；而針對其文本作相關討論學位論文，只有國立政治大學蘇雯慧女士所著作《勸懲與存史——〈大唐新語〉研究》一篇。

〔註10〕 參李斌城主編：《唐代文化》（下），（北京：中國社會科學出版社，2002 年 2
　　　　月），頁 1491～1492。以下引用到本書版本依此。
〔註11〕 〔唐〕劉肅撰：〈總論〉，《大唐新語》，頁 202。

　　關於討論唐代小說發展或是世說體小說發展之專書，都將《大唐新語》當作「世說體」小說發展過程中，其中一個階段。〔註12〕而筆記小說史對於多將《大唐新語》定位於歷史性筆記小說，吳禮權《中國筆記小說史》提及：

　　　《隋唐嘉話》、《國史補》、《大唐新語》、《因話錄》、《闕史》等，雖所作之意原為補正史之缺失，然實際卻寫得婉約動人，進入小說範圍之中，故可謂之「國史派」〔註13〕

鄭憲春《中國筆記文史》亦是相同觀點：

　　　唐代野史筆記，自盛唐之後才得以輝煌於世。《大唐新語》、《隋唐嘉話》、《朝野僉載》、《雲溪友議》、《劉賓客嘉話錄》、《因話錄》等，均為一時之秀。〔註14〕

而苗壯著《筆記小說史》將《大唐新語》放入「軼事類」，顯然與上面兩者切入角度不同，但卻也提出與上面兩者類似之觀點：

　　　（大唐新語）用史筆寫小說，強調教化，故多敘述，少描寫，文筆亦樸素平直……許多條目有故事，有情節，首尾完整，再現歷史人物言行風貌……使此書不只有史料價值，亦有文學價值。〔註15〕

由此得知，苗壯亦了解《大唐新語》有史料價值，只不過他所重視的是《大唐新語》的文學性，而吳禮權與鄭憲春所重視的是史料性，所以在歷史定位上就有所差異。

　　至於期刊方面，兩岸專章討論《大唐新語》一書，至少還有十六來篇，筆者依年份排序將其篇名列如下：武秀成的〈大唐新語佚文考〉；〔註16〕楊明蘇〈試論唐代劉肅的軼事小說集大唐新語〉；〔註17〕王澧華〈大唐新語編纂考略〉；〔註18〕智喜君的〈大唐新語諧謔篇試析〉；〔註19〕李南暉的〈大唐

〔註12〕此點在蘇雯慧著《勸懲與存史——〈大唐新語〉研究》有論述。參蘇雯慧著：《勸懲與存史——〈大唐新語〉研究》，（台北：政治大學碩士論文，2007年），頁4～5。

〔註13〕吳禮權著：《中國筆記小說史》，頁102～104。

〔註14〕鄭春憲著：《中國筆記文史》，頁211。

〔註15〕苗壯著：《筆記小說史》，頁212。

〔註16〕武秀成：〈大唐新語佚文考〉，《古籍整理研究學刊》，（1994年）第5期，頁31～39。

〔註17〕楊明蘇：〈試論唐代劉肅的軼事小說集大唐新語〉，《昆明師專學報》，（1994年6月）第2期，頁41～50。

〔註18〕王澧華：〈大唐新語編纂考略〉，《陰山學刊（社會學報）》，（1996年）第1期，頁37～40。

新語校箚〉；〔註 20〕智喜君的〈大唐新語讀記〉；〔註 21〕陳敏的〈大唐新語的價值取向與文學成就〉；〔註 22〕胡可先的〈大唐新語佚文辨證〉；〔註 23〕吳冠文的〈關於今本大唐新語的眞僞問題〉〔註 24〕（後稱吳文一）；潘婷婷的〈今本大唐新語非僞書辨——與吳冠文女士商榷〉；〔註 25〕吳冠文〈再談今本大唐新語的眞僞問題——對今本《大唐新語》非僞書辨一文的異議〉〔註 26〕（後稱吳文二）；黃東陽〈唐劉肅《大唐新語》之文體性質探微〉；〔註 27〕楊光皎〈今本大唐新語僞書說之再檢討〉；〔註 28〕吳冠文〈三談今本大唐新語的眞僞問題〉〔註 29〕（後稱吳文三）；陶敏，李德輝〈也談今本大唐新語的眞僞問題〉。〔註 30〕從這十六篇期刊裡，六篇是討論《大唐新語》版本問題，三篇是討論校讎問題，這兩類佔總篇章二分之一強。

這幾篇討論《大唐新語》版本眞僞問題，皆從吳冠文的〈關於今本大唐新語的眞僞問題〉開始，而後幾篇是大陸學者對吳冠文的文章提出質疑，及吳冠文所作之回應。這些篇章除了陶敏、李德輝的〈也談今本大唐新語的眞

〔註19〕 智喜君：〈大唐新語諧謔篇試析〉，《鞍山師範學院政史系》，（1999 年 12 月）第 4 期，頁 13～16。

〔註20〕 李南暉：〈大唐新語校箚〉，《古籍整理研究學刊》，（2000 年）第 5 期，頁 27 ～35。

〔註21〕 智喜君：〈大唐新語讀記〉，《遼寧師範大學學報（社會科學版）》，（2000 年）第 1 期，頁 98～100。

〔註22〕 陳敏：〈大唐新語的價值取向與文學成就〉，《安慶師範學院學報（社會科學版）》，（2002 年 7 月）第 4 期，頁 38～40。

〔註23〕 胡可先：〈大唐新語佚文辨證〉，《古籍整理研究學刊》，（2004 年 11 月）第 6 期，頁 86～87。

〔註24〕 吳冠文：〈關於今本大唐新語的眞僞問題〉，《復旦學報（社會科學版）》，（2004 年）第 1 期，頁 22～29。

〔註25〕 潘婷婷：〈今本大唐新語非僞書辨——與吳冠文女士商榷〉《南京大學學報》，（2005 年）第 2 期，頁 137～144。

〔註26〕 吳冠文：〈再談今本大唐新語的眞僞問題——對今本《大唐新語》非僞書辨一文的異議〉，《復旦學報（社會科學版）》，（2005 年）第 4 期，頁 47～52。

〔註27〕 黃東陽：〈唐劉肅《大唐新語》之文體性質探微〉，《北商學報》，（2005 年）第 7 期，頁 119～131。

〔註28〕 楊光皎：〈今本大唐新語僞書說之再檢討〉，《南京大學學報》，（2006 年）第 3 期，頁 134～144。

〔註29〕 吳冠文：〈三談今本大唐新語的眞僞問題〉，《復旦學報（社會科學版）》，（2007 年）第 1 期，頁 20～29。

〔註30〕 陶敏，李德輝：〈也談今本大唐新語的眞僞問題〉，《山西大學學報（哲學社會科學版）》，（2007 年 1 月）第 1 期，頁 91～96。

僞問題〉外，〔註31〕其餘皆在蘇雯慧碩論《勸懲與存史——大唐新語研究》裡的〈研究回顧〉，皆有對以上幾篇文章作摘要，〔註32〕及其相關討論。故筆者在此，對蘇雯慧碩論（後稱蘇文）所收錄之期刊摘要，作重點性敘述，至於蘇文裡未收錄之期刊，本文稍後作補充。

　　「吳文一」對於《大唐新語》是僞書提出四點理由：一是於今大眾所看的《大唐新語》是「稗海」〔註33〕版，雖然書名提爲《大唐新語》，然而此版本書序裡的提名爲〈大唐世說新語原序〉，而《唐世說新語》一書，是在明代後期才在圖書目錄所出現的書名，是明人所僞造的，故作者認爲「稗海」版之《大唐新語》實是明後期所出的《唐世說新語》；第二點理由是根據第一點提出論證，作者比對「稗海」版之《大唐新語》與《唐世說新語》裡的錯字完全一樣，因此證明《大唐新語》是爲明後期所出《唐世說新語》；第三點作者從圖書目錄角度著手，認爲眞正的《大唐新語》在歷來的圖書目錄均有著錄，所以到明代時才會出現《大唐新語》與《唐世說新語》兩部書名，明代許多藏書家之圖書目錄，亦同錄此兩本書，且歸類又不一，故作者認爲現今「稗海」版的《大唐新語》是《唐世說新語》，而不是眞正的《大唐新語》；第四點，作者認爲明人僞作之《唐世說新語》裡的史料來源，可能來自已經亡軼《唐書新語》，而此書成書年代在唐五代或宋初時期，這些史料被《太平御覽》及《永樂大典》所錄。

　　而潘婷婷的〈今本大唐新語非僞書辨——與吳冠文女士商榷〉一文，對「吳文一」所提出觀點，認爲是謬論，亦提出證明反駁。對於「吳文一」之第一點潘文說明：古書「同書異名的情況是常見的，已經有學者分析過異名的類型和出現的原因，其中重要原因之一就是明人刻書好改頭換面。〔註34〕」故《唐世說新語》一名，直至晚明在書目中出現絲毫不足爲奇，而藩文此點，亦反駁「吳文一」之第二點，兩書出現錯字相同之論證；關於「吳文一」提出明代嚴謹藏書家如祁承爗之《澹生堂書目》、董其昌之《玄賞齋書目》及《菉竹堂書目》都

〔註31〕因出版日期稍後，故蘇雯慧所寫論文無收錄。
〔註32〕蘇文摘要收錄討論版本問題之期刊，也包括非討論版本問題之期刊。參蘇雯慧：《勸懲與存史——大唐新語研究》，（臺北：政治大學中國文學研究所碩士論文，2007年），頁4～8。
〔註33〕「稗海」版本是明萬曆時，書商所濬刻之版本。
〔註34〕參潘婷婷：〈今本大唐新語非僞書辨——與吳冠文女士商榷〉，《南京大學學報》，頁138。

錄有《大唐新語》與《唐世說新語》兩書，且歸類不同，藩文對此亦提出論點，藩文指出《玄賞齋書目》及《菉竹堂書目》是偽書目，故不評論，至於歸類不同，藩文認為是「小說類」與「雜史類」因內容性質相近，故常有一書二類之情況，他舉《松窗雜錄》及《周益公玉堂雜記》為例，在《澹生堂書目》裡出現一書二類乃至一書三類之情況，故「吳文一」之第三點也不能成立，第四點「吳文一」認為《唐世說新語》之史料來原，源自《唐書新語》，藩文認為，假若在唐五代或宋初時期的《唐書新語》，應該在古今書目裡會有著錄，但古今書目裡卻無《唐書新語》一書，故藩文認為，《太平御覽》與《永樂大典》所引用《唐書新語》實與《大唐新語》是同一本書，只不過《太平御覽》與《永樂大典》將書名錯引。至於「吳文二」及「吳文三」所提出反駁，亦不外乎「吳文一」之論點。關於楊光皎〈今本《大唐新語》「偽書說」之再檢討〉，亦是站在藩文基礎上，再提出材料證明「吳文二」、「吳文三」之立論有謬誤，楊氏一文提《太平御覽》裡共 42 條引用《唐新語》，且這四十二條裡僅有六條與《大唐新語》不同，而不同原因多是《太平御覽》引文時所刪，故楊氏認為《太平御覽》所引《唐新語》一書，實為《大唐新語》。

而陶敏、李德輝的〈也談今本大唐新語的真偽問題〉一文，因蘇氏論文無收錄，筆者在此作摘要補要。這篇文章，指出吳冠文〈關於今本《大唐新語》的真偽問題〉一文，判定今本《大唐新語》為明人偽造的理由不能成立。作者提出幾個論點：一是，吳文列舉該書所引《大唐新語》的 3 條文字，說：「在何良俊所見《大唐新語》中不誤的一些文字，在《唐世說新語》中錯了，《稗海》本《大唐新語》也跟著錯」。「可見《稗海》本《大唐新語》所依據的是《唐世說新語》而非嘉靖間尚存的《大唐新語》。……何良俊所見之《大唐新語》為舊本《大唐新語》」作者認為，文字正誤的判斷往往帶有判斷者個人的主觀色彩，即使判斷準確，也只能用來論定版本的優劣，而與書籍的真偽無關。而且，《大唐新語》曾為唐宋典籍廣泛引用，僅《太平御覽》所引就多達 42 條，吳文卻僅僅利用晚出的明代《何氏語林》一書，也違背了文獻考證的一般原則。其二，作者認為明代祁承爜《澹生堂藏書目》卷四「史類·雜史」、卷七「子類·小說家·佳話」中分別著錄了劉肅《大唐新語》十三卷和劉肅《唐世說新語》十三卷。這裡著錄的二書書名雖然稍有出入，但撰人、卷數相同，祁氏在《書目》卷七中還明白指出「《唐世說語》即《大唐新語》」兩書實為一書，應當沒有疑問。且作者認為古代沒有科學精密的圖書分類法，

書籍本身的學科性質也不鮮明，又，古籍在流傳中產生了書名改易、卷數分合、撰人誤題等各種復雜情況，往往導致後人誤判，故，一部書在同一書目中分見兩部，或竟在同一部類重復著錄的情況也十分常見。所以作者認爲吳文的另一主要論述也不成立。〔註35〕第三，作者認爲僞書是指那些書籍實際年代、作者和所標明或著錄的年代、作者不符的書。一部經人刪略的書籍只能稱爲刪節本，至於「漏略」，更是古書流傳中的常見現象，不能視爲「僞書」。而作者認爲，吳文指出《大唐新語》原本被作僞者刪略的記載有 6 條，但據作者考察，吳文所舉《大唐新語》佚文 6 條中，可斷爲《大唐新語》佚文者僅 2 條，加上作者補充的 1 條，也不過才 3 條。《大唐新語》共 13 卷分 30 門 380 餘條 10 萬餘字，漏失這 3 條，應是古書流傳中常見現象，不能像吳文所說的「刪略了不少原書的內容」，〔註36〕所以作者也不認爲這條證據足以證明《大唐新語》是僞書。

而蘇氏碩論〈研究回顧〉裡亦對吳氏一文，進一步提出幾點疑問？一是吳冠文在〈關於今本大唐新語的眞僞問題〉文中所言：明人祁承㸁著《澹生堂書目》卷四《史類》第九《雜史》中著錄有「《大唐新語》十三卷，劉肅輯。」同書卷七《子類》第三《小說家》著錄「《唐世說新語》，三冊，十三卷，劉肅，即《大唐新語》稗海大觀本。」若二書眞如吳氏以爲曾是同時存在的兩部性質不同的書，〔註37〕那麼著者皆同爲劉肅又該作何解釋呢？〔註38〕其二是，吳氏於三篇文章中一再提及的因今本《大唐新語》，有好幾條吳氏以爲的五代或宋初人所撰《唐書新語》中的相同文字，故可證明今本《大唐新語》並非唐時的舊本，但令人奇怪的是，若眞有《唐書新語》一書，且爲類書《太平御覽》與《永樂大典》所引，爲何歷代目錄學家皆未見錄？如果是早已亡佚的話，二部類書引用出處爲何？〔註39〕蘇氏提出這兩問題反問，認爲吳氏

〔註35〕吳文論定今本《大唐新語》爲僞書的另一主要由是：「此書出自《唐世說新語》，而據《澹生堂藏書目》記，《唐世說新語》與《大唐新語》是兩種性質不同的書。」

〔註36〕吳文認爲《大唐新語》爲僞書的另一證據：「原先《大唐新語》中的記載被刪略（或漏略）不收」

〔註37〕吳氏認爲：「現今所見《大唐新語》乃是明代人所僞造，原名應是《唐世說新語》，只是爲了掩飾其僞造之跡，或使此書對讀者更具吸引力，而將書名改成《大唐新語》。」且認爲這兩部書在明代的一個時期，曾經是同時存在的兩部性質不同的書。

〔註38〕參蘇雯慧：《勸懲與存史——大唐新語研究》，頁 8。

〔註39〕參蘇雯慧：《勸懲與存史——大唐新語研究》，頁 8。

所推論《大唐新語》爲僞書是有待商榷。

　　兩岸學者對於《大唐新語》一書眞僞問題，已有相當之討論，筆者亦贊同陶敏、李德輝先生之觀點：

> 僞書是指那些書籍實際年代、作者和所標明或著錄的年代、作者不符的書。一部經人刪略的書籍只能稱爲刪節本，至於「漏略」，更是古書流傳中的常見現象，不能視爲「僞書」。〔註40〕

而吳冠文女士，把明朝刻書商將書「改頭換面」之常有舉動，作爲僞書之證明，這是誤證之一，爾後再以明朝藏書目錄之一書兩錄加以論證，忽略藏書目錄對於其他書目亦有相同情況，這是誤證之二，最後將「刪節本」視爲「僞書」，這是誤證三，故吳氏所推論《大唐新語》爲僞書的確是有待商榷。

　　關於蘇雯慧的《勸懲與存史——大唐新語研究》，此本論文著重在第二章《大唐新語》體制研究與第四章《大唐新語》人物析論。在體制研究中，《大唐新語》雖是仿《世說新語》，但卻與《世說》的特性不同。作者提出其論述：

> 《世說新語》從個人才性出發，受當時談玄之風、品題之風、任誕之風影響下所立的門類，而《大唐新語》皆缺而不用，那麼，《大唐新語》據以分類的依據便能呼之欲出，亦即從輔政教的角度出發，從國家政治的角度著眼，將自唐高祖以迄代宗大歷年間的人物事蹟，一一置入作者所立的門類中，以實現其勸善懲惡、保存史實的目的。〔註41〕

所以作者認爲《大唐新語》門類分類是從國家政教角度出發，注重朝臣的事功表現，故收錄的掌故多環繞在重大歷史事件，與《世說》從品評人物的角度、著重於個人才性的藝術，出發角度不同。第四章人物析論中，作者分三部份來說明，一是帝王形象；二是宰相形象；三是地方官形象；從這三個形象中，作者深入討論，歸納出劉肅心目中的理想君臣形象，即是具備直諫、忠貞、剛正、孝悌、清廉、不貪功求榮的德行，以及能披農業、興建水利、不畏權勢、辦案有方、體察民情、爲民解困的君臣。因作者第四章的討論，使得劉肅「道可師模、志將存古」的理念更加明確。然而蘇文第三章《大唐新語》創作背景與目的，對於劉肅創作背景與目的有充份敘述，但對於劉肅

〔註40〕參陶敏，李德輝：〈也談今本大唐新語的眞僞問題〉，《山西大學學報（哲學社會科學版）》，頁95。

〔註41〕蘇雯慧：《勸懲與存史——大唐新語研究》，頁56。

想表達政治主張，僅限於《新語・序》裡所敘述匡正帝王之缺失，筆者認爲稍有不足之處，此點亦是筆者在蘇文之基石上，能深入討論地方。而蘇文第五章是討論劉肅《大唐新語》敘事手法，蘇氏析論劉肅如何承襲《國語》以記言爲主的書寫模式，而後再討論劉肅自身在敘事人、物時，所展現的多元手法，強調《新語》的敘事藝術。

　　以上是筆者從小說史、期刊及專論，對於「筆記」、「筆記小說」及《大唐新語》討論，作一重點回顧。至於專書部份，如周勛初《唐人筆記小說考索》（1996）、《唐人筆記小說敘錄》（2000），程國賦《唐人小說嬗變研究》（1997）、《唐五代小說的文化闡釋》（2002），章群《通鑑》、《新唐書》引用筆記小說研究（1999）、卞孝宣《唐人小說與政治》（2003）、傅禮軍《中國小說的譜系與歷史重構》（2006）等論著，都將「筆記」、「筆記小說」納入討論，這些學者一致認爲唐代「筆記」、「筆記小說」相當興盛，受唐朝史風影響，所創作的歷史性「筆記」與「筆記小說」，亦有相當寶貴歷史資料在其中，等待後人開發。由此可見「筆記」這文類應該會慢慢受到學術界重視。

第三節　研究方法與目的

　　首先是版本選用問題。蘇雯慧碩論裡提及，《大唐新語》其他各版本大抵相同，然潘玄度刻本所存書末的〈總論〉，爲他本所缺，〔註42〕而筆者所用《大唐新語》一書是中華書局所印行，書裡點校說明提到：

> 《大唐新語》以「稗海」本爲底本，以明嘉靖潘玄度刻本、四庫全書寫本及明人抄本殘卷爲主要對校本，並參校其他各書，擇善而從。〔註43〕

故今日所見中華書局版的《大唐新語》，已將「稗海」版所缺的〈總論〉、〈諛佞〉一門補足，且將「稗海」版無正文題目之「政能第八」填入，且在書末附佚文數篇，然而中華書局版校在對上多少還有遺漏，故李南暉在〈《大唐新語》校札〉裡，又刊誤 49 條，〔註44〕使得中華書局出版之《大唐新語》，相對於其他版本較爲齊全，但李南暉之校札一文僅呈現在期刊論文上，故筆者

〔註42〕蘇雯慧：《勸懲與存史——大唐新語研究》，頁 11。
〔註43〕〔唐〕劉肅撰：〈點校說明〉，《大唐新語》，頁一。
〔註44〕李南暉：〈大唐新語校札〉，《古籍整理研究學刊》，（2000 年）第 5 期，頁 27～35。

在引用相關文字內容時，會以注文方式呈現。

　　由於《大唐新語》之書名，冠上「新語」兩字，使近代多數研究小說史及筆記小說史的學者，將《大唐新語》歸爲「世說體」，加上《大唐新語》一書在圖書目錄上定位不明，多以「雜史」、「小說」兩類爲主，致使近代學者一看本書之歸類，多認爲《大唐新語》是作者「有意爲之」的軼事小說，導致對書裡的記人、事材料之眞實性，產生相對性懷疑，故筆者以「人物及史事考釋」作爲本文所討論之主要範疇。將《大唐新語》所載之人、事、物與兩《唐書》、《通鑑》、《唐會要》……等史料作核對，查核劉肅所描寫之人、事、物，是否爲作者本身「有意爲之」之作品；又劉肅本身之生長時代，爲中唐時期，筆者以爲文學著作會反應當時的社會文化背景，故筆者將中唐時期，顯而易見之大環境，如安史亂後的藩鎮割及學術轉變，作一簡略說明，考察劉肅創作背後較深沉的政治主張。

　　又《大唐新語》一書，所記載帝王從高祖至代宗共 9 位，宰相共有 63 位，加上其他皇室、官員及非官員的人物近 310 位，筆者提出討論人物不到 20 位，在人物考釋上的份量的確有所不足，但筆者也必須說明，《大唐新語》所載人、事、物，含跨時代從初唐至中唐初期，內容包含政治、經濟、法律、軍事、文學……種種層面，僅以筆者一人之力，難以堪負全文之考釋，故筆者人物選擇，以作者劉肅著墨最多的人物，作爲選擇之對像，至於內容部份多以政治、法律爲主，其他則少涉足。

　　至於劉肅本人，亦是筆者所考釋之對象，雖然劉肅在《大唐新語・總論》提及此本創作，主要是給「理國者」鑒誡，但爲何劉肅會有這樣創作動機，其創作動機受到當時環境怎樣的影響，進在而《大唐新語》所表現出來，這是筆者所觀注。承上所述，關於此篇論文研究目的如下：

　　一、考核劉肅所寫之人、物是否爲「有意爲之」之「狹義小說」人物。
　　二、由上之考核，討論《大唐新語》在小說史上之定位。
　　三、探討劉肅本人創作《大唐新語》背後的政治主張。

第四節　章節架構

　　第一章爲本論文之緒綸，先敘述本文的研究動機，略論筆記、筆記小說之差異，次收集整理兼述前人之研究成果，做爲本篇論文之基石，後說明本

篇研究目的，冀以《大唐新語》在小說及筆記之間，有固定之歷史地位。

　　第二章「安史之亂後中唐社會與歷史性筆記小說之關係」，略說明初唐帝王因重視歷史，進而帶動唐代史風文化之崇盛，影響唐士人對於史學之重視。再論述安史之亂後，大唐帝國遭受藩鎮割據，政風敗壞，朝政不彰，導致中央對地方無力掌控，因此中央有志朝臣反省改革，使得唐朝在此時期之財政、經濟、學術、軍事……種種制度有大幅改變，直接影響此時期之文學創作。由於戰亂關係，使得中央之國史散落於民間，讓唐朝民間之文士，有機會目睹中央國史，進而剪裁國史，成為歷史性筆記或小說，直接影響歷史性筆記、筆記小說及小說之興起。最後討論中唐時期，學術風氣之改變，文史學界找到一共通平台──《春秋》，藉以儒家之經學主張導正人心，又可以《春秋》史學觀，告誡地方藩鎮，應要「尊王攘夷」，由於學風之改變，《春秋》學能符合中唐士人期待，導致經學在中唐時期只有《春秋》學較受士人矚目與重視，這也間接影響到文學創作。最後討論劉肅所創作《大唐新語》之時代背景，進而由《大唐新語》之材料、內容編排，析論劉肅政治主張。

　　第三章則考釋《大唐新語》裡所記載之帝王。分三節考釋三人，先是高祖，次為唐太宗，章尾睿宗。關於高祖，孫伏伽上諫之事由，被劉肅所記，為何劉肅會記此三事，是否與其時代背景有關，而此三事是否合於史料，這是筆者所考釋之重點。又高祖用人心態之矛盾一文，討論高祖對於李靖是懷有敵意，但是為了唐帝國之創建，不得不借用他之長才，這也反映出高祖對於收納人才之胸襟。唐太宗部份，先論唐太宗何以對杜如晦之死特別傷感，間接說明劉肅為何將杜如晦之匡贊放入《大唐新語》第一章第一篇，再論唐太宗為何發怒的其中一個面向，進而討論「君權」與「治權」之分，關於唐初刑法稍密與太子傳位之問題，筆者引用《唐律疏義》做相關之論述。睿宗部份，以睿宗內禪作為主要論述，但牽扯出太平公主及唐玄宗兩大集團之政治鬥爭，卻也透露出劉肅政治主張。

　　第四章則考釋《大唐新語》裡所記載宰相與地方官。分三節，先為房玄齡，次為長孫無忌。房玄齡部份，因劉肅描述房玄齡材料裡，關於房玄齡規諫唐太宗態度，有一些微妙的改變，讓筆者產生疑問，是故參考相關唐代史料，考核房玄齡在規諫唐太宗之態度，是否如劉肅所記載。又長孫氏在唐史上算是一名賢相，而劉肅在《大唐新語》的〈酷忍〉門類裡，竟出現一條長孫無忌的材料，故筆者借考釋過程，試圖說明劉肅安排之理由。

　　第五章「結論」，綜合前四章所述，將《大唐新語》之性質做一討論，冀以釐清《大唐新語》一書之性質，試圖爲《大唐新語》找出一合適歷史定位。

第二章　中唐社會與歷史性筆記、筆記小說之關係

　　研究唐代文史學者認為唐代是史學發達一個朝代。唐初帝王重視修史，在中央帶動下，使唐代史學之風頂盛，此風氣直接影響唐文人從事文學著作。且唐修撰國史者，能在史館之外編纂史料，加上安史之亂後，國史大量散落於民間，使得纂修史者以外的士人有機會目睹國史，進而加以剪裁抄錄，直接影響歷史性筆記小說主要新起關鍵之一。

第一節　初唐史學風氣與國史散落民間

　　隋末唐初，高祖與太宗親眼目睹農民起義推翻隋朝之力量，故常以歷史為鑒，莫讓自己所創建之大唐帝國步入隋之後塵，使得唐初帝王重視史籍編纂，《舊唐書》載：

　　　　德棻嘗從容言於高祖曰：「竊見近代已來，多無正史，梁、陳及齊，猶有文籍。至周、隋遭大業離亂，多有遺闕。當今耳目猶接，尚有可憑，如更十數年後，恐事跡湮沒。陛下既受禪於隋，復承周氏歷數，國家二祖功業，並在周時。如文史不存，何以貽鑑今古？如臣愚見，並請修之。」高祖然其奏，下詔曰：「司典序言，史官記事，考論得失，究盡變通，所以裁成義類，懲惡勸善，多識前古，貽鑑將來。……朕握圖馭宇，長世字人，方立典謨，永垂憲則。顧彼湮落，用深軫悼，有懷撰次，實資良直。」〔註1〕

〔註1〕〔後晉〕劉昫等撰，楊家駱主編：〈令狐德棻傳〉，《舊唐書》，（台北：鼎文書

由高祖詔書得知，高祖修史是爲了「懲惡勸善，多識前古，貽鑑將來。」，而太宗重視史書修纂亦是此因，《貞觀政要‧任賢》載：

> 太宗嘗謂侍臣曰：「夫以銅爲鏡，可以正衣冠；以古爲鏡，可以知興替；以人爲鏡，可以明得失。朕常保此三鏡，以防己過。」〔註2〕

高祖與太宗經歷隋末動盪時期，兩人平定天下後，爲了讓唐帝國長治久安，對於歷史之鑒誡必然重視，故高祖與太宗爲了修史，調集當時地位名臣俊彥，例如：蕭瑀、陳叔達、令狐德棻、魏徵、歐陽詢、姚思廉、房玄齡……等人前後纂修前代歷史，至高宗朝更明文規定簡擇史官之人選：

> 修撰國史，義存典實。自非操履貞白，業量該通，讜正有聞，方堪此任。所以承前縱居史官，必就中簡擇，灼然爲眾所推者，方令著述。〔註3〕

則天朝朱敬則上表請擇史官：

> 國之要者，在乎記事之官。……此才之難，其難甚矣。……史才須有三長，謂才也，學也，識也。……猶須好是正直，善惡必書，使驕主賊臣，所以知懼……」〔註4〕

由於君王之推崇朝臣重視，使得中央宰相多有監修前朝歷史及國史一職，使得唐朝中央對於編纂史籍地點與決策機構的變化密切相關，《唐朝文化》一書提到：

> 宰相監修（國史），史館的設置就與決策機構的變化密切相關。唐初，宰相常於門下省議事，史館亦置於門下省。高武以後，決策重心逐漸轉移到中書省，玄宗時李林甫爲中書令監修國史，即移史館於中書省。〔註5〕

由於史館常與決策機構一同建制，故修史者工作之地——國史館，其建築須相當考就，且修史者「酒饌豐厚」，〔註6〕使得唐初「近代趨競之士，尤喜居

局印行，1976 年 10 月出版），卷 73，頁 2597。以下引用本書版本依此。

〔註2〕 參〔唐〕吳兢著，謝保成集校：〈論任賢第三〉，《貞觀政要集校》，（北京：中華書局，2003 年），卷 2，頁 63。以下引用到《貞觀政要集校》版本依此。

〔註3〕 參〔宋〕宋敏求編：〈簡擇史官詔〉，《唐大詔令集》，（北京：商務印書館，1959 年），卷 81，頁 467。

〔註4〕 〔宋〕王溥撰：〈史館上‧修史官〉，《唐會要》，（上海古籍出版社 1991 年第 1 版），卷 63，頁 1298～1299。以下筆者所引用《唐會要》版本依此。

〔註5〕 參李斌城主編：《唐代文化》（下），（北京：中國社會科學出版社，2002 年 2 月），頁 1388～1389。以下引用到本書版本依此。

〔註6〕 〔唐〕劉知幾撰，〔清〕浦起龍釋：〈史官建置〉，《史通通釋》，（台北：里仁

於史職」，〔註7〕《隋唐嘉話》載：

> 薛中書元超謂所親曰：「吾不才，富貴過分，然平生有三恨：始不以
> 進士擢第，不得娶五姓女，不得修國史。」〔註8〕

在此風氣下，唐士人多以任史官之職爲榮，而未任史官之職的士人私下撰史
的著作相對提高，周勛初先生提到：

> 翻閱有關唐代的圖書目錄，知李肇撰有《國史補》三卷，盧肇撰有
> 《逸史》三卷、《後史補》三卷，……諸書均以「史」字命名，也就
> 反映出了一種共通的心理，即不能任史職而又企羨修史之事，以「補」
> 國史之「闕」自命。〔註9〕

由於士人私下著「史」風氣盛，直接也影響到唐代士人對於歷史性筆記小説
的興起。至玄宗朝撰寫國史不一定在史館裡，筆者試舉兩例：《唐會要·在外
修史》載：

> 十四年（開元）七月十六日，太子左庶子吳兢上奏曰：「臣往者長安、
> 景龍之歲，以左拾遺、起居郎兼修國史……於是彌縫舊紀，重加刪
> 緝，雖文不工，而事皆從實。……既將撰成此書于私家，不敢不
> 奏。……」於是敕兢就集賢院修成其書。〔註10〕

又《舊唐書·李元紘傳》載：

> 左庶子吳兢舊任史官，撰《唐書》一百卷、《唐春秋》三十卷，其書
> 未成……有詔特令就集賢院修成其書。及張説致仕，又令在家修史。
> 〔註11〕

由於撰修國史，不在國史館，史料外傳機會相對提高，《舊唐書》載：

> 天寶已後名公各著文章，儒者多有撰述，或記禮法之沿革，或裁國
> 史之繁略，皆張部類，其徒實繁。〔註12〕

這條材料説明天寶以後，有些儒士「多有撰述」，這些著作材料來源有些是「裁
國史之繁略」，而且數量頗多，由此推測國史材料在玄宗天寶以前已外流。又

書局，1993年，六月），頁318。以下引用至此書版本依此。
〔註7〕 〔唐〕劉知幾撰，〔清〕浦起龍釋：〈史官建置〉，《史通通釋》，頁318
〔註8〕 〔唐〕劉餗撰、程毅中點校：《隋唐嘉話》，（北京：中華書局，1997年12月
　　　2刷），卷中，頁28。以下筆者引用《隋唐嘉話》之版本依此。
〔註9〕 周勛初著：〈唐代筆記小説考索〉，《周勛初文集》第5集，頁12～13。
〔註10〕 〔宋〕王溥撰：〈史館上·在外修史〉，《唐會要》，卷63，頁1296～1297。
〔註11〕 〔後晉〕劉昫等撰：〈李元紘傳〉，《舊唐書》，卷98，頁3074。
〔註12〕 〔後晉〕劉昫等撰：〈經籍志〉，《舊唐書》，卷46，頁1966。

安史之亂唐中央遭到大規模壞，玄宗匆忙離京至四川，中央國史與實錄在戰亂時不是被焚毀，就是被修史官員或官員帶離京，因而國史散落於民間。《舊唐書・于休烈傳》載：

> 時中原蕩覆，典章殆盡，無史籍檢尋。休烈奏曰：「《國史》一百六卷，《開元實錄》四十七卷，起居注并餘書三千六百八十二卷，并在興慶宮史館。京城陷賊後，皆被焚燒。……伏望下御史臺推勘史館所由，令府縣招訪。有人別收得《國史》、《實錄》，如送官司重加購賞。若是史官收得，仍赦其罪。……前修史官工部侍郎韋述陷賊，入東京，至是以其家藏《國史》一百一十三卷送於官。〔註13〕

又《舊唐書・柳登傳》載：

> 柳登字成伯，河東人。父芳，肅宗朝史官，與同職韋述受詔添修吳兢所撰國史……安、史亂離，國史散落，編綴所聞，率多闕漏。〔註14〕

柳登傳與于休烈傳載明，肅宗朝爲了找回散落於民間之國史，故「令府縣招訪」，或者「有人別收得《國史》、《實錄》，如送官司重加購賞」，由於修史者能在史館之外修史、「安、史亂離，國史散落」，加上唐朝崇史學風頂盛，故民間文士，一有機會目睹國史、實錄，多會抄錄下來，一來盡份心力保存散落於民間之國史（補國史之闕）；二是一滿未任史官之職之願（自著雜史）。

第二節　安史亂後學術風氣之轉變

唐朝由開元盛世至安史之亂，是唐帝國由盛轉衰之歷史轉折期，這時期唐代地方藩鎮割據，藩鎮跋扈，宦官干政，導致社會、政治、經濟均發生了巨大的變化，使得統治階級中的有識之士開始設法拯救唐帝國的頹勢。

楊綰在肅宗朝上奏，提出國家擇材須以「儒學」爲基本的主張。《舊唐書・楊綰傳》載：

> 凡國之大柄，莫先擇士。……今之取人……望請依古制，縣令察孝廉，審知其鄉閭有孝友信義廉恥之行，加以經業，才堪策試者，以孝廉爲名，薦之於州。刺史當以禮待之，試其所通之學，其通者送名於省。其所習經，取左傳、公羊、穀梁、禮記……任通一經，務

〔註13〕〔後晉〕劉昫等撰：〈于休烈傳〉，《舊唐書》，卷149，頁4008。
〔註14〕〔後晉〕劉昫等撰：〈柳登傳〉，《舊唐書》，卷149，頁4030。

取深義奧旨，通諸家之義。……所冀數年之間，人倫一變，既歸實學，當識大猷‧居家者必修德業，從政者皆知廉恥，浮競自止……
〔註15〕

又云：

國之選士，必藉賢良。蓋取孝友純備，言行敦實，居常育德，動不違仁。體忠信之資，履謙恭之操，藏器則未嘗自伐，虛心而所應必誠，夫如是，故能率己從政，化人鎮俗者也。〔註16〕

由楊綰上奏這段話，明白指示，選材須純備「孝友」之質，言行方面要「敦實」，本性常「育德」，如此才能「動不違仁」，不僅如此至少還要精通一經，且「務取深義奧旨，通諸家之義」，這樣才能「率己從政，化人鎮俗」，使「數年之間，人倫一變，既歸實學」，為何楊綰會提出這樣主張，他提出安史亂前選士之弊病：

煬帝始置進士之科，當時猶試策而已。至高宗朝，劉思立為考功員外郎，又奏進士加雜文，明經填帖，從此積弊，浸轉成俗。幼能就學，皆誦當代之詩；長而博文，不越諸家之集。遞相黨與，用致虛聲，六經則未嘗開卷，三史則皆同挂壁。況復徵以孔門之道，責其君子之儒者哉！祖習既深，奔競為務。〔註17〕

唐朝科舉考試制度，對考生的要求是以文學才能的卓異不凡為主，〔註18〕故選士顯然以文采高者為優，明經科相對在唐朝未受人重視，以致於「六經則未嘗開卷，三史則皆同挂壁」，造成楊綰所謂的士人無「儒家」之素養，導致唐士人以「奔競為務」的狀況，致使「先王之道莫能行」，〔註19〕楊綰提出這樣擇材辨法，獲得不少當時在朝為官者支持，〔註20〕換句話說，楊綰所奏之弊，是當時

〔註15〕　〔後晉〕劉昫等撰：〈楊綰傳〉，《舊唐書》，卷119，頁3431～3432。
〔註16〕　〔後晉〕劉昫等撰：〈楊綰傳〉，《舊唐書》，卷119，頁3430。
〔註17〕　〔後晉〕劉昫等撰：〈楊綰傳〉，《舊唐書》，卷119，頁3430。
〔註18〕　《唐代文化》裡提到：「唐代制舉以試策文為主，而很大一部分科目則與政事有關。需要補充的是，科舉所試雖主要是與政事有關的策文，但這策文同樣需有文學色彩……這些科試對考生的要求顯然就是文學才能的卓異不凡。」參李斌城主編：《唐代文化》（上），頁164。
〔註19〕　〔後晉〕劉昫等撰：〈楊綰傳〉，《舊唐書》，卷119，頁3432。
〔註20〕　《舊唐書》載：「給事中李廙、給事中李栖筠、尚書左丞賈至、京兆尹兼御史大夫嚴武所奏議狀與綰同。」參〔後晉〕劉昫等撰：〈楊綰傳〉，《舊唐書》，卷119，頁3432。

朝官共同所認同之弊病。雖然朝中大臣努力推動科舉擇材制度改革，至代宗朝擇材制度也有所變動，〔註21〕但由於安史亂後，唐朝政百廢待舉，使得楊綰欲以「經」來致世之用的成效並不大。然而在唐朝士人頗重歷史學風，加上當時唐朝地方藩鎮割據，中央皇權削弱，如同周朝末年之世，所以唐朝士人對於啖助、趙匡、陸質等三人所研治之《春秋》卻相當推崇。〔註22〕啖助在〈春秋宗指〉提到：

> 吾觀三家之說，誠未達乎《春秋》大宗……予以為：「《春秋》者，救時之弊，革禮之薄！」〔註23〕

又云：

> 《春秋》所以明黜陟，著勸戒，成天下之事業，定天下之邪正……正以忠道，原情為本，不尚浮名，不尚狷介，從宜救亂，因時黜陟。〔註24〕

由啖助生卒（724～770）可知他與楊綰（？～777）〔註25〕時代有相當程度重疊，從啖助思想觀察，他也同意楊綰以「經」治世之主張。楊綰認為當時士人未修習德業，只為利益而「競趨」，從政之後不談禮義，導致「先王之道消，小人之道長」，〔註26〕啖助認為以《春秋》救時弊「革禮之薄」、「正以忠道」……等等，這些基本上都是以儒家之「經」革除時弊，只不過啖助將儒家經典範圍縮小，著重在《春秋》。而啖助為何以《春秋》為治世之主要經典，他提到：

> 周德雖衰，天命未改……故夫子傷主威不行，下同列國，首王正以一統，先王入以黜諸侯，不書戰以示莫敵，稱天王以表無二，尊唯王為大，邈矣崇高……〔註27〕

〔註21〕《舊唐書》載：「代宗以廢進士科問翰林學士，對曰：『進士行來已久，遽廢之，恐失人業。』乃詔孝廉與舊舉兼行。」參〔後晉〕劉昫等撰：〈楊綰傳〉，《舊唐書》，卷119，頁3434。

〔註22〕《唐代文化》提到：「自中唐以後，儒學乃少有起色！個別經學，如啖助師生三人專攻《春秋三傳》，則屬例外。」參李斌城主編：《唐代文化》（中），頁804。

〔註23〕〔唐〕陸淳撰：〈春秋宗指第一〉，《春秋集傳纂例》收錄於《文津閣四庫全書·經部·春秋類》第五十冊，（北京：商務印書館，2005年），卷1，頁276。又陸淳所撰《春秋集傳纂例》啖助、趙匡、及自己之著作。

〔註24〕〔唐〕陸淳撰：〈春秋宗指第一〉，《春秋集傳纂例》，收錄於《文津閣四庫全書·經部·春秋類》第五十冊，頁276。

〔註25〕楊綰在天寶十三年（754）破格授任右拾遺，故楊綰之生年可以在往前推。

〔註26〕〔後晉〕劉昫等撰：〈楊綰傳〉，《舊唐書》，卷119，頁3432。

〔註27〕〔唐〕陸淳撰：〈春秋宗指第一〉，《春秋集傳纂例》，收錄於《文津閣四庫全

又云：

> 是知雖因舊史，酌以聖心，撥亂反正，歸諸王道。〔註28〕

《春秋》裡有尊周王，攘諸侯之思想。由於當時藩鎮割據、河北三鎮之拔扈，中央無力與之抗衡，當時情況有如春秋之世，啖助認爲「唐」德雖衰，但天命未改，所以對外提出「首王正以一統，先王入以黜諸侯」，也就是尊「李唐」爲正統之觀念說服唐士人，再用《春秋》大一統之思想主張，告誡地方藩鎮「稱天王以表無二，尊唯王爲大」，效忠中央，達到尊李唐之王，而外攘藩鎮之夷。對內啖助認爲《春秋》可以「救時之弊，革禮之薄！」如何救之，趙匡在啖助思想上，進而說明之：〔註29〕

> 《春秋》因史制經，以明王道。其指大要二端而已，興常典也、著權制也。故凡郊廟、喪紀、朝聘、蒐狩、婚娶，皆違禮則譏之，是興常典也；非常之事，典禮所不及，則裁之聖心以定褒貶，所以窮精理也，精理者，非權無以及之。〔註30〕

趙匡認爲《春秋》之旨有二，就是所謂「興常典也、著權制也」。安史亂後，就是趙匡所謂「非常之事，典禮所不及」之時，唐朝「典」、「禮」，也就是所謂「郊廟、喪紀、朝聘、蒐狩、婚娶」已經違禮失序，故需以三代聖王之「史事」來「裁之聖心」，體會聖人之「理」，進而「權衡」唐亂後如何「從宜救亂，因時黜陟」，以明聖王之道，達到「興常典」。簡而言之，趙匡是以三代聖人之史事爲基礎，讓後人窮聖人之理，進而權衡當時之現況，制定適宜之禮，以明聖王之道。從此觀之，啖助與趙匡之「明王道」、「救時之弊，革禮之薄」，不是一昧仿古，而是窮精三代之史與理，制定適時之經與禮。

　　《春秋》學在中唐之所以受到學術界熱烈的討論，是由於安史亂後，中央推動以「經」治國之學術觀點，加上唐朝士人頗重史風，使得原本集「經」「史」於一身的《春秋》，在當時格外受到矚目，這也顯示當時文、史學界已找到治世的共同平台。

書‧經部‧春秋類》，第五十冊，頁276。

〔註28〕〔唐〕陸淳撰：〈春秋宗指第一〉，《春秋集傳纂例》，收錄於《文津閣四庫全書‧經部‧春秋類》第五十冊，頁276。

〔註29〕趙匡在《春秋纂例》裡提到：「趙子曰：『啖先生集三傳之善，以說春秋。其所未盡，則申己意。」參〔唐〕陸淳撰：〈趙氏損益義〉，《春秋集傳纂例》，收錄於《文津閣四庫全書‧經部‧春秋類》第五十冊，頁277。

〔註30〕參〔唐〕陸淳撰：〈趙氏損益義〉，《春秋集傳纂例》，收錄於《文津閣四庫全書‧經部‧春秋類》第五十冊，頁277。

第三節　唐歷史性筆記、筆記小說之興起與劉肅 《大唐新語》

　　由於唐代史風頗盛，國史又相對容易取得，使得國史紀傳體性質之文類，直接影響唐人歷史性筆記型小說的創作，〔註 31〕而此類筆記小說，在有關唐代的圖書目錄裡，常出現以補國史爲命名之圖書，〔註 32〕不僅如此，「其他一些書籍雖不用有關『史』字命名，實則也與修史之事有關。」〔註 33〕筆者試舉幾例以明之，《唐國史補・序》：

> 予自開元至長慶撰《國史補》，慮史氏或闕則補之意，續《傳記》而有不爲。言報應，敍鬼神，徵夢卜，近帷箔，悉去之；紀事實，探物理，辨疑惑，示勸戒，采風俗，助談笑，則書之。〔註 34〕

《國史補》一名，即是作者李肇所云「慮史氏或闕則補之意」，且內容有「紀事實，探物理，辨疑惑，示勸戒」等，故作者著《國史補》之用意相當明確。李德裕的《次柳氏舊聞》（一名《明皇十七事》）其序載：

> 大和八年秋……上顧謂宰臣曰：「內臣力士始終事跡，試爲我言之。」（王）涯即奏曰：「上元中，史臣柳芳得罪，竄黔中，時力士亦徙巫州，因相與周旋。力士以芳嘗司史，爲芳言先是時禁中事，皆芳所不能知，而芳亦有質疑者。芳默識之。及還，編次其事，號曰《問高力士》」上曰：「令訪史氏，取其書。」臣涯等既奉詔，乃召芳孫度支員外郎璟詢事。……今按求其書，亡失不獲。臣德裕亡父先臣，與芳子吏部郎中晃，貞元初俱爲尚書郎，後謫官，亦俱東出，道相與語，遂及高力士之說，且曰：「彼皆目觀，非出傳聞，信而有徵，可爲實錄。」先臣每爲臣言之。臣伏念所憶授凡一十七事。歲祀已久，遺稿不傳。……唯次舊聞懼失其傳，不足以對大君之問，謹編

〔註31〕周勛初先生提到：「唐代筆記小說中史學的成份之特別濃郁，還有這麼一層因素的激發，那就是《實錄》《國史》的散落人間，人們可以自由閱讀，任意剪裁，從而形成了這類著作的勃起。」參周勛初著：〈唐人筆記小說考索〉，《周勛初文集》第 5 集，頁 82。

〔註32〕參周勛初著：〈唐代筆記小說考索〉，《周勛初文集》第 5 集，頁 12。

〔註33〕參周勛初著：〈唐代筆記小說考索〉，《周勛初文集》第 5 集，頁 13。

〔註34〕〔唐〕李肇著：《國史補》，收入於《唐五代筆記小說大觀》，（上海：上海古籍出版社，2000 年 3 月）（上冊），頁 158。以下引用到《唐五代筆記小說大觀》版本依此。

錄如左，以備史官之闕云。〔註35〕

李德裕直接介紹《次柳氏舊聞》成書經過。李德裕其父與柳冕共事過，輾轉得知已亡佚的《問高力士》的相關內容，之後將《問高力士》內容言於李德裕，李德裕深怕「舊聞懼失其傳，不足以對大君之問，謹編錄如左，以備史官之闕」。而高彥休《唐闕史‧序》載：

> 自武德、貞觀而后，吮筆為小説、小錄、稗史野史、雜錄雜紀者，
> 多矣。貞元、大歷已前，捃拾無遺事，大中、咸通而下，或有可以
> 為夸尚者，資談笑者，垂訓誡者，惜乎不書于方冊，輒從而記之，
> 其雅登于太史氏者，不復載錄。……始隨鄉薦于小宗伯，或預聞長
> 者之論，退必草于搗網，歲月滋久，所錄甚繁……其間近屏幃者，
> 涉疑誕者，又刪去之，十存三四焉。……討尋經史之暇，時或一覽，
> 猶至味之有菹醢也。〔註36〕

高彥休提到，他覺得「可以為夸尚者，資談笑者，垂訓誡者」，沒有被記載在典籍上，他會「輒從而記之」，被「雅登于太史氏者」他則「不復載錄」，從此句話可觀察出兩點，一是作者高彥休看過國史，故能不載史書所重複；二是作者認為「可以為夸尚者，資談笑者，垂訓誡者」將其記載，可補國史之闕。至於劉肅《大唐新語》其書序載：

> 自庖羲畫卦，文字聿興，立記注之司，以存警誡之法。《傳》稱「左
> 史記言」，《尚書》是也；「右史記事」，《春秋》是也。……肅不揆庸
> 淺，輒為纂述。備書微婉，恐貽床屋之尤；全采風謠，懼招流俗之
> 説。今起自國初，迄於大歷，事關政教，言涉文詞，道可師模，志
> 將存古〔註37〕

雖然劉肅在其序裡，未提到此書欲補國史之闕，但在字裡行間卻透露此書可補國史之意。劉肅提到此書目的有二，一是「道可師模」；二是「志將存古」，第二點顯然他是深怕「國初，迄於大歷」他所認為重要史料，被人所遺忘而去記錄下來，然而劉肅自謙此書是「全采風謠，懼招流俗之説」，似乎說明筆記來源是「道聽塗説」，然而陳寅恪先生卻提到：

〔註35〕〔唐〕李德裕撰：〈序〉，《次柳氏舊聞》收入於《唐五代筆記小説大觀》（上冊），頁464。

〔註36〕〔唐〕高彥休撰：〈序〉，《唐闕史》收入於《唐五代筆記小説大觀》（下冊），頁1327。

〔註37〕〔唐〕劉肅撰：〈序〉，《大唐新語》，頁1。

劉氏之書（《大唐新語》）雖爲雜史，然其中除諧謔一篇，稍嫌蕉瑣
外，大都出自國史。〔註38〕

筆者舉兩例《大唐新語》之內文，補充陳寅恪先生之論點，《大唐新語》第 371
條載：

> 則天時，新豐縣東南露臺鄉，因風雨震雷，有山踴出，高二百尺，
> 有池周迴三頃，池中有龍鳳之形，米麥之異。則天以爲休禎，號曰
> 「慶山」。荊州人俞文俊上書曰：「臣聞天氣不和則寒暑並，人氣不
> 和而疣贅出，地氣不和而堆阜出。今陛下以女主處陽位，反易剛柔，
> 故地氣隔塞而出變爲災。陛下謂之『慶山』，臣以爲非慶也。宜側身
> 修德，以答天譴。不然，禍立至。」則天大怒，流之嶺南。〔註39〕

而《舊唐書・五行志》載：

> 則天時，新豐縣東南露臺鄉，因大風雨雹震，有山踴出，高二百尺，
> 有池周三頃，池中有龍鳳之形、禾麥之異。則天以爲休徵，名爲慶
> 山。荊州人俞文俊詣闕上書曰：「臣聞天氣不和而寒暑隔，人氣不和
> 而疣贅生，地氣不和而堆阜出。今陛下以女主居陽位，反易剛柔，
> 故地氣隔塞，山變爲災。陛下以爲慶山，臣以爲非慶也。誠宜側身
> 修德，以答天譴。不然，恐災禍至。」則天怒，流于嶺南。〔註40〕

筆者指出《新語》與《舊唐書》材料不同地方：《新語》「因風雨震雷」，《舊
唐書》「因大風雨雹震」，《舊唐書》多「大」一字；《新語》「有池周迴三頃」，
《舊唐書》「有池周三頃」，《舊唐書》少「迴」字；《新語》「臣聞天氣不和則
寒暑並」，《舊唐書》「臣聞天氣不和而寒暑隔」，《舊唐書》之「隔」字，不同
於《新語》之「並」字；《新語》「出變爲災」，《舊唐書》「山變爲災」，兩書
不同在「出」字；《新語》「禍立至」，《舊唐書》「恐災禍至」，以上幾字不同，
但不妨文意，故筆者認爲，這兩條材料相同。筆者再舉《新語》與《舊唐書》
材料極相似之例，《新語》120 條載：

> 李玄通刺定州，爲劉黑闥所獲，重其才，欲以爲將軍。曰：「吾荷朝
> 恩，作藩東夏，孤城無援，遂陷虜庭。常守臣節，以忠報國，豈能

〔註38〕陳寅恪著：〈元白詩箋證稿〉，《隋唐制度淵源略論稿》，（石家莊：河北教育出
版社，2002 年 11 月），頁 451。以下引用到本書版本依此。

〔註39〕〔唐〕劉肅撰：〈記異第二十九〉，《大唐新語》，卷 13，頁 193～194。

〔註40〕〔後晉〕劉昫等撰：〈五行志〉，《舊唐書》，卷 37，頁 1350。

降志，輒受賊官。」拒而不受。將吏有以酒食饋者，玄通曰：「諸君哀吾辱，故以酒食寬慰。吾當爲君一醉。」謂守者曰：「吾能舞劍，可借吾刀。」守者與之。曲終，太息曰：「大丈夫受國恩，鎭撫方面，不能保全所守，亦何面目視息哉！」以刀潰腹而死。高祖爲之流涕，以其子爲將軍。〔註41〕

《舊唐書‧李玄通傳》載：

李玄通，雍州藍田人。仕隋鷹揚郎將。義兵入關，率所部歸國，累除定州總管。劉黑闥反叛，攻之，城陷被擒。黑闥重其才，欲以爲大將，玄通歎息曰：「吾荷朝恩，作藩東夏，孤城無援，遂陷虜庭。當守臣節，以忠報國，豈能降志，輒受賊官。」拒而不受。故吏有以酒食餽之者，玄通曰：「諸君哀吾困辱，故以酒食來相寬慰，吾當爲諸君一醉。」遂與樂飲，謂守者曰：「吾能舞劍，可借吾刀。」守者與之，及曲終，太息而言：「大丈夫受國厚恩，鎭撫方面，不能保全所守，亦何面目視息世間哉！」因潰腹而死。高祖聞而爲之流涕，拜其子伏護爲大將。〔註42〕

兩條材料比對下來，《新語》記載李玄通所說的話，與《舊唐書》所載幾乎完全一樣，只是前段敘述李神通之文筆略不同，故筆者認爲這兩條材料出自同源，不僅這兩條材料，筆者統計《大唐新語》卷一至卷十三所記載材料，共是三百七十八條，裡面材料與《舊唐書》、《隋書》及《貞觀政要》字句相似甚至完全一樣的共二百五十七條，〔註43〕確如陳寅恪先生所云劉氏之書，材料來源大都出自國史，或者可說《大唐新語》材料來源與國史出自同源，而周勛初先生亦提到：

《大唐新語》中許多人物的事跡，亦能與《御史臺記》中的記載對應，這或許是《御史臺記》中的一些人物傳記，曾爲《國史》所采納，而《大唐新語》又從《國史》所轉引。〔註44〕

所以劉肅認爲自己材料來源是「全采風謠」，似乎過於自謙。又劉肅撰寫此書另一目的是「道可師模」。劉肅認爲「歷史」本身「存警誡之法」，故他認《大

〔註41〕〔唐〕劉肅撰：〈忠烈第九〉，《大唐新語》，卷5，頁71。
〔註42〕〔後晉〕劉昫等撰：〈李玄通傳〉，《舊唐書》，卷187，頁4871～4872。
〔註43〕參附錄表一。
〔註44〕周勛初著：〈唐代筆記小說敘錄‧御史臺記〉，《周勛初文集》第 5 集，頁341。

唐新語》可成爲一本鑒誡之書，加上當時之大環境影響，所以他撰寫的《大唐新語》裡有含藏他所想要的「道」，而此「道」就是當時學術界上討論最熱烈的《春秋》思想，《大唐新語・總論》載：

> 史冊之興，其來久矣。蒼頡代結繩之政，伯陽主藏室之書。晉之董狐，楚之狥相，皆簡牘椎輪也。仲尼因魯史成文，著爲《春秋》。尊君卑臣，去邪歸正。用夷禮者無貴賤，名不達於王者無賢愚，不由君命諸無大小。人邪行正棄其人，人正國邪棄其國。此《春秋》大旨也。〔註45〕

劉肅在《新語》裡有什麼「道」，可爲師模，筆者在下節會有論述。由此可見劉肅之創作，確實受到當時環境影響。《唐代文化》裡有一段敘述：

> 在《新唐志二》雜史類的 180 多部書中，唐人記唐代史事者占整個著錄的 1/3。其中絕大部分都撰述于「安史之亂」以後，從一個側面印證著中唐以後史學發展出現轉折。〔註46〕

這段敘述雖然是以史學角度著眼，但不妨礙筆者之論述，且可直接說明由於唐代史學頗盛，加上安史亂後唐朝學術風改變，直接影響唐朝歷史性筆記小說之興起。

第四節　劉肅政治主張

劉肅著作《大唐新語》開宗明義述其著作動機「事關政教，言涉文詞，道可師模，志將存古」，〔註47〕換句話說《新語》內容涉及「政教」以及「文詞」，裡面有含藏作者的「道」足以「師模」，但是他的「志」卻只能「存古」，等待後人去發掘。

劉肅提到《大唐新語》裡有屬於自己的「道」，故須將其「道」釐清。《大唐新語・總論》載：

> 史冊之興，其來久矣。……晉之董狐、楚之狥相，皆簡牘椎輪也。仲尼因魯史成文，著爲春秋。尊君卑臣，去邪歸正。……自微言即絕，異端斯起……徒有著述之名，無裨政教之關。聖人遺訓幾乎息矣。昔

〔註45〕〔唐〕劉肅撰：〈總論〉，《大唐新語》，頁 202。
〔註46〕參李斌城主編：《唐代文化》（下），頁 1479。
〔註47〕〔唐〕劉肅撰：〈大唐世說新語原序〉，《大唐新語》，頁 1。

荀爽紀漢事可爲鑒戒者以爲漢語，今之所記庶嗣前修。……〔註48〕
劉肅於〈總論〉裡將自己之「道」定義清楚，他將《大唐新語》當作是繼承
前人所修定的史書，可供人鑒戒，裡面有「微言大義」，此「微言大義」是遵
循儒家《春秋》思想之「道」，也就是「尊君卑臣，去邪歸正」，故《大唐新
語》內容編寫是以儒家思想爲主。然而作者當時怎會認爲「聖人遺訓幾乎息
矣」，想著作史書鑒戒，且裡面內容含藏「尊君卑臣，去邪歸正」的思想，從
作者時代背景討論可以得到答案。

一、劉肅創作《大唐新語》的時代背景

劉肅之生平，兩唐書無記載其相關事蹟，史料欠缺，故無法切確掌握其
生平背景，只能由作者成書時間推敲，作者在書序最後一句標上時間「時元
和丁亥歲有事於圜丘之月序。」〔註49〕元和是唐憲宗年號丁亥是元和二年〔註
50〕（807），假若由一般著書者年齡保守推算，應該是 30 至 40 歲之間，〔註51〕
以此推估，劉肅必定經歷過整德宗朝（780～804）、順宗朝（805）以及一年
多憲宗朝（806～820）。〔註52〕

德宗朝，唐室內外局勢如何，由《舊唐書》史臣評語可略知一二：

> 德宗皇帝初總萬機，勵精治道。思政若渴，視民如傷。凝旒延納於
> 讜言，側席思求於多士。……苟於交喪之秋，輕取鄙夫之論，歷觀
> 近世，靡不敗亡。德宗在藩齒冑之年，曾爲統帥……從初罷郭令戎
> 權，非次聽楊炎謬計，遂欲混同華裔，束縛奸豪……出車雲擾，命
> 將星繁，蠹國用不足以餽軍，竭民力未聞于破賊。……雖知非竟逐
> 於楊炎，而受佞不忘於盧杞。……取延齡之奸謀，罷陸贄之相位。
> 知人則哲，其若是乎！貞元之辰，吾道窮矣。〔註53〕

〔註48〕　〔唐〕劉肅撰：〈總論〉，《大唐新語》，頁 202。
〔註49〕　〔唐〕劉肅撰：〈大唐世說新語原序〉，《大唐新語》，頁 1。
〔註50〕　在作者序裡亦提及：「……聖唐御寓，載幾二百……」唐高祖建立唐朝，始於
　　　　　武德元年（618）至唐憲宗元和二年（807）共是 190 年，與作者所述「載幾
　　　　　二百」相同。參〔唐〕劉肅撰：〈大唐世說新語原序〉，《大唐新語》，頁 1。
〔註51〕　或許有人不認同，但筆者用意是要確定劉肅所經歷過之朝代，基本上是整個
　　　　　德宗朝、順宗朝及憲宗朝。
〔註52〕　劉肅提到《大唐新語》裡之材料是「起自國初，迄於大曆」，若以史家不言當
　　　　　代，可知劉肅著作《大唐新語》時，定是在德宗朝，完成在憲宗朝。
〔註53〕　〔後晉〕劉昫等撰：〈德宗紀〉，《舊唐書》，卷 13，頁 400～401。

唐朝經過安史之亂後，國運開始走下坡，安史之亂讓唐朝中央對地方之藩帥慢慢失去掌控；另外宦官對中央干政之情形也越來越嚴重，大體來說上述兩項是代宗朝顯而易見之朝政問題，〔註54〕然而此問題也延續至德宗朝。

　　肅宗與代宗前期中央極力與藩鎮對抗，使得中央政府財政困難，無力改革，至代宗大曆年間，由於安史之亂的平定，加上河北藩鎮內部矛盾，不能協力與中央抗衡，使得中央有喘息機會，〔註55〕整頓因戰爭而曠日廢時之中央內政。德宗年幼時經歷過安史之亂，〔註56〕又代宗朝時（762）曾派當時太子李适（德宗）與朔方節度使僕固懷恩，進軍洛陽北方，大敗史朝義所領軍的燕軍，故德宗並非活於深宮之中，不知人間疾苦之帝王，所以登帝之初，能「勵精治道。思政若渴，視民如傷」，他即位後的確作出很多益民措施，勇於改革，但改革須唯才適用，然史臣卻批評他「知非竟逐於楊炎，而受佞不忘於盧杞」不能辨別忠奸，且不能知言納諫，《新唐書》史臣評論：

> 德宗猜忌刻薄，以彊明自任，恥見屈於政論，而忘受欺於姦諛。故其疑蕭復之輕己，謂姜公輔為賣直，而不能容；用盧杞、趙贊，則至於敗亂，而終不悔……由是朝廷益弱，而方鎮愈強，至於唐亡，其患以此。〔註57〕

由於藩鎮不聽命於中央，加上當時財政困難，德宗即位欲使國家恢復盛唐時期般，但德宗卻剛愎自用，猜忌心重，導致改革變調，使自己與國家又陷入另外一個窘境。

　　德宗即位後，欲建立中央朝廷威信，於建中二年（781）否決成德與平盧節度使之繼位，〔註58〕導致中央與「河北三鎮」關係緊張，最後爆發一連串地方節度使反抗中央之戰爭，茲將德宗建中及貞元年間之藩鎮叛變略歸如下：

〔註54〕 參黃永年著：〈唐肅宗即位前的政治地位和肅代兩朝中樞政局〉，《唐代史事考釋》，頁 271～296。

〔註55〕 黃永年著：〈論建中元年實施兩稅法的意圖〉，《唐代史事考釋》，頁 306～307。

〔註56〕 天寶十四年（755）十一月，安祿山政反叛，此時德宗年十四，次年（756）玄宗避走長安至四川，德宗等皇室定必一起走避。

〔註57〕 〔宋〕歐陽修等撰，楊家駱主編：〈德宗紀〉，《新唐書》，（台北：鼎文書局印行，1976 年 10 月出版），卷 7，頁 219。以下引用到本書版本依此。

〔註58〕 基本上河北三鎮的藩帥繼任不由中央，是父死子繼，或由其下悍將自行繼任，所以節度使之繼位請示中央，只是一個形式，然而德宗在建中二年否決成德與平盧節度使之繼位，欲由中央安排藩帥之人選。

建中二年（781）成德、平盧節度使聯合魏博節度使田悅兵叛，同年山南
　　　　　　　　　東道節度使梁崇義亦反，德宗令淮西節度使李希烈擊
　　　　　　　　　之，梁崇義兵敗，自殺。

建中三年（782）盧龍節度使朱滔起兵反叛，河北四鎮朱滔、田悅、王武
　　　　　　　　　俊、李納結盟，屢敗唐軍，後四鎮皆稱王。

建中四年（783）淮西節度使李希烈反叛，涇原節度使姚令言欲救之，然
　　　　　　　　　涇原節度使眾，得不到犒賞，後叛變，兵入長安，德宗
　　　　　　　　　逃離京師至奉天。

興元元年（784）德宗大赦天下，然李希烈在許州稱帝，國號楚；邠寧節
　　　　　　　　　度使李懷光叛，與朱泚聯合，德宗自奉天再奔梁州。

貞元元年（785）河中節度使渾瑊擊李懷光，李懷光自殺。

貞元十四年（798）彰義節使吳少誠兵叛。

　　以上是唐建中至貞元年間藩鎮叛變之概略，其中筆者未寫出吐蕃與回紇
之兵事，從建中二年起（781）至貞元元年（785）連續五年戰爭，造成民不
聊生及百業蕭條，當時詩人之詩作，可說明當時社會狀況：

　　　　五營飛將擁霜戈，百里僵尸滿瀘河。日暮歸來看劍血，將軍卻恨殺
　　　　人多。〔註59〕

　　　　弱冠遭世難，二紀猶未平。羈離守遠郡，虎豹滿西京。……函谷行
　　　　人絕，淮南春草生。……何當四海晏，甘與齊民耕。〔註60〕

　　　　歲暮兵戈亂京國，帛書間道訪存亡。還信忽從天上落，唯知彼此淚
　　　　千行。〔註61〕

戰爭所帶來人民流離失所，妻離子散，路上所見是「百里僵尸滿瀘河」之慘
況，人民四處逃難，原本繁華都市成「虎豹滿西京」，人來人往來之路徑也變

〔註59〕〔唐〕戎昱〈收襄陽城二首〉其二，收錄於〔清〕彭定求等編：《全唐詩》卷
　　　　270，（北京：
中華書局，2003 年），第八冊，頁 3022。戎昱，荊南人……建中中為辰、虔二州刺史。
　　　　以下引用《全唐詩》版本依此。

〔註60〕此詩在建中四年（783）或興元元年（784）滁州作。〔唐〕韋應物著，孫望編
　　　　著：〈京師叛亂寄諸弟〉，《韋應物詩集繫年校箋》，（北京：中華書局，2006
　　　　年重印），卷 7，頁 398。以下引用至此書版本依此。

〔註61〕此詩在建中四年（783）或興元元年（784）滁州作。〔唐〕韋應物著，孫望編
　　　　著：〈寄諸弟〉，《韋應物詩集繫年校箋》，卷 7，頁 355。

成「函谷行人絕」之荒涼景像，所以當時只要一聽到離散親人之消息，心情只有喜極而泣「唯知彼此淚千行」之感動。上述當時戰爭種種景像，可知在德宗朝生活定是艱困。

德宗初期在改革上不僅對藩鎮採取強硬措施，稅制上也推行「兩稅法」，〔註62〕雖然歷史學者認爲兩稅法之成立，是中國稅制史上之大事，用意出於良善，當時唐朝政府因年年戰爭，〔註63〕須要龐大資金，常開徵新稅，破壞中央政自己所規之稅收原則，〔註64〕導致民怨沸騰，試述三例說明當時狀況，《通鑑·建中三年四月》載：

> 時兩河用兵，月費百餘萬緡，府庫不支數月，太常博士韋都賓、陳京建議，以爲：「貨利所聚，皆在富商，請括富商錢，出萬緡者借其餘以供軍，計天下不過借一二千商，則數年之用足矣。」上從之，甲子，詔借商人錢，令度支條上，判度支杜佑大索長安中商賈所有貨，意其不實，輒加搒捶，人不勝苦，有縊死者，長安囂然如被寇盜……〔註65〕

《全唐詩·卷三一四》袁高〈茶山詩〉：

> ……後王失其本，職吏不敢陳，亦有姦佞者，因茲欲求伸。動生千金費，日使萬姓貧，我來顧渚源，得與茶事親。盰輠耕農桑，采采實苦辛，一夫皆當役，盡室皆同臻。終朝不盈掬，手足皆鱗皴，悲嗟遍空山，草木爲不春，陰嶺芽未吐，使者牒已頻……皇帝尚巡狩，東郊路多堙，周回繞天涯，所獻愈艱勤。況減兵革困，重茲固疲民，未知供御餘，誰合分此珍……〔註66〕

《翰苑集·卷十二》

〔註62〕兩稅法是在德宗建中元年（780）宰相楊炎的主持下實施。

〔註63〕王壽南先生提到：「涇原兵亂前（783）中央經濟之拮据已如陸贄所言，按當時中央政府最大之支出，一爲官俸，一爲軍費。……中央經濟之枯竭，而戰爭卻不能不繼續，終至無力應付，涇原兵拒絕「糲食菜餤」而叛亂，正是中央經濟力量薄弱之結果。參王壽南著：〈陸贄與德宗時代的政治〉，《唐代人物與政治》，（台北：文津出版社，1999年6月初版），頁128～129。

〔註64〕《隋唐五代史》提到兩稅之特色：「除兩稅之外的其他稅一律取消，此即單稅原則。」參高明士、邱添生、何永成、甘懷眞等編著：《隋唐五代史》，頁260。

〔註65〕〔宋〕司馬光：〈德宗建中三年〉，《資治通鑑》，（北京：中華書局出版，2005年重印版），卷227，頁7325～7326。以下引用《通鑑》之版本依此。

〔註66〕〔唐〕袁高：〈茶山詩〉，收錄於〔清〕彭定求等編：《全唐詩》，卷314，頁3537。袁高，建中中，拜京畿觀察使。

> 兵連禍結行及三年，徵師四方，無遠不暨，父子訣別夫妻分離，一人
> 征行十室資奉……聚兵日眾，供費日多，常賦不充，乃令促限，促限
> 纔畢復命加徵，加徵既殫又使別配，別配不足，於是榷算之科設，率
> 貸之法興，禁防滋章條目纖碎，吏不堪命，人無聊生，農桑廢於徵呼！
> 膏血竭於笞捶！市井愁苦，室家怨咨，兆庶嗷然而郡邑不寧矣。〔註67〕

由於中央與地方藩鎮戰火又起，使得原本中央空虛之國庫，無疑是雪上加霜，
袁高指出當時情況「動生千金費，日使萬姓貧」，加上中央新稅法紊亂，造成
「常賦不充，乃令促限，促限纔畢復命加徵，加徵既殫又使別配」情況，使
得無辜百姓常被徵稅，以〈茶山詩〉為例，茶農因被課稅使得「手足皆鱗皴，
悲嗟遍空山，草木為不春，陰嶺芽未吐，使者牒已頻」導致「市井愁苦，室
家怨咨」景象。

　　除此之外，德宗又是善猜忌之人，不辨忠奸，對忠臣不能完全信任，卻
信任姦臣。德宗上任後施行楊炎「兩稅法」之財政改革，然楊炎與劉晏不合，
德宗聽信楊炎之詞，罷劉晏轉運等使，《通鑑・德宗建中元年》載：

> ……劉晏為吏部尚書，楊炎為侍郎，不相悅。元載之死，晏有力
> 焉。……楊炎為宰相，欲為元載報仇，因為上流涕言：「晏與黎幹、
> 劉忠翼同謀，臣為宰相不能討，罪當萬死。」崔祐甫言：「茲事曖昧，
> 陛下已曠然大赦，不當復究尋虛語。」炎乃建言：「尚書省，國政之
> 本，比置諸使，分奪其權，今宜復舊。」上從之。……甲子……罷
> 晏轉運、租庸、青苗、鹽鐵等使。〔註68〕

劉晏是在安史之亂後，與第五琦重組中央財政，整頓鹽專賣制度，使得鹽之
生產、銷售都在中央政府掌控之下，讓中央國庫因鹽稅收入而大幅提高，成
為中唐後期財政收入的最重要財源。然而德宗卻聽楊炎片面之詞而罷「（劉）
晏轉運、租庸、青苗、鹽鐵等使。」建中元年七月又聽楊炎之言縊死劉晏：

> 荊南節度使庾準希楊炎指，奏忠州刺史劉晏與朱泚書求營救，辭多
> 怨望，又奏召補州兵，欲拒朝命，炎證成之；上密遣中使就忠州縊
> 殺之，己丑，乃下詔賜死。天下冤之。〔註69〕

〔註67〕　〔唐〕陸贄撰：〈論敘遷幸之由狀〉，《翰苑集》，（上海：上海古籍出版社，1993
　　　　　年6月初版），卷12，頁98～99。以下引用本書版本依此。
〔註68〕　〔宋〕司馬光：〈德宗建中元年〉，《資治通鑑》，卷226，頁7276。
〔註69〕　〔宋〕司馬光：〈德宗建中元年〉，《資治通鑑》，卷226，頁7284。

德宗賜死劉晏「天下冤之」，然而德宗並未因此遠奸臣而進忠良，德宗在建中二年（781）以盧杞爲門下侍郎，與楊炎同爲臣相，欲分楊炎之實權，德宗對楊炎有所猜忌，後又被盧杞所譖，故德宗於建中二年十月賜死楊炎，德宗先後用楊炎、盧杞爲相，兩人皆以私害公，導致朝政紊亂，也引發幾起藩將之亂，《舊唐書》載：

> 如（段）成公孝於家，能於軍，忠於國，是武之也；苟無楊炎弄權，若任之爲將，遂展其才，豈有朱泚之禍焉！如清臣（顏眞卿）富於學，守其正，全其節，是文之傑也；苟無盧杞惡直，若任之爲相，遂行其道，豈有希烈之叛焉！……德宗内信姦邪，外斥良善，幾致危亡〔註70〕

盧杞不僅譖殺顏眞卿，還讒害因朱泚兵變而前來勤王的崔寧，《舊唐書·盧杞傳》載：

> 德宗幸奉天，崔寧流涕論時事，杞聞惡之，譖於德宗，言寧與朱泚盟誓，故至遲迴，寧遂見殺。〔註71〕

崔寧因盧杞讒言被殺，導致「中外皆稱其冤」，〔註72〕此時德宗還未醒悟，盧杞又譖前來奉天救圍之李懷光，《舊唐書·盧杞傳》載：

> 德宗在奉天，爲朱泚攻圍，李懷光自魏縣赴難……王翃、趙贊曰：「……今懷光勳業崇重，聖上必開襟布誠，詢問得失，使其言入，豈不殆哉！」翃、贊白於杞，杞大駭懼，從容奏曰：「懷光勳業，宗社是賴……若因其兵威，可以一舉破賊；今若許其朝覲，則必賜宴，賜宴則留連，使賊得京城，則從容完備，恐難圖之。不如使懷光乘勝進收京城，破竹之勢，不可失也。」帝然之，乃詔懷光率眾屯便橋，克期齊進。懷光大怒，遂謀異志，德宗方悟爲杞所構。物議喧騰，歸咎於杞，乃貶爲新州司馬……〔註73〕

由於盧杞之讒言，德宗從之，使李懷光「大怒遂謀異志」，德宗此時才方悟李懷光爲杞所構，卻爲時已晚，造成興元元年（784）李懷光叛變的主要原因。這幾次藩鎮兵變，幾乎由中央權臣一手促成，德宗卻又偏聽而信，爲何德宗

〔註70〕 〔後晉〕劉昫等撰：〈顏眞卿傳〉，《舊唐書》，卷128，頁3597。

〔註71〕 〔後晉〕劉昫等撰：〈盧杞傳〉，《舊唐書》，卷135，頁3714。

〔註72〕 〔宋〕司馬光：〈德宗建中四年〉，《資治通鑑》，卷228，頁7362。

〔註73〕 〔後晉〕劉昫等撰：〈盧杞傳〉，《舊唐書》，卷135，頁3716。

有這現象產生，筆者舉德宗朝人臣奏議說明，《舊唐書・盧杞傳》載：

> 諫官趙需、裴佶、宇文炫、盧景亮、張薦等上疏曰：「伏以吉州長史
> 盧杞，外矯儉簡，內藏奸邪……自杞爲相，要官大臣，動踰月不敢
> 奏聞，百僚惴惴，常懼顛危。及京邑傾淪，皇輿播越，陛下炳然覺
> 悟，出棄遐荒……〔註74〕

趙需等諫官，說出德宗朝盧杞爲相之弊病（也適用於楊炎爲相時），「要官大
臣，動踰月不敢奏聞，百僚惴惴，常懼顛危。」這也就是陸贄所謂「上下之
情不通」，陸贄在涇原兵變時，始終伴隨德宗，後得德宗信賴，德宗還京時，
大力提拔陸贄爲相，陸贄亦點出德宗昔日爲政時之缺失，《通鑑》載：

> 上（德宗）問陸贄以當今切務。贄以爲日致亂，由上下之情不通，
> 勸上接下從諫。〔註75〕

陸贄在〈論奏當今所切務狀〉裡提到：

> ……四方則患於中外意乖，百辟又患於君臣道隔，郡國之志，不達
> 於朝廷，朝廷之誠，不升於軒陛，上澤闕於下布，下情壅於上聞，
> 實爲不必知，知爲不必實，上下否隔於其際，眞僞雜揉於其間，聚
> 怨囂囂，騰謗藉藉，欲無疑阻，其可得乎？〔註76〕

由上述三條材料得知，趙需、裴佶、陸贄…等人臣，對德宗所諫言之事項癥
結點大體相同，可見德宗朝當時有「上下之情不通」之問題，「上下之情不通」
會導致什麼結果，陸贄在〈奉天請數對羣臣兼許令論事狀〉提到：

> 上情不通於下則人惑，下情不通於上則君疑，疑則不納其誠，惑則
> 不從其令，誠而不見納則應之以悖，令而不見從則加之以刑，下悖
> 上刑，不敗何待？〔註77〕

由於「上下之情不通」致使人臣有所惑，君王有所疑，兩者相互往來，人臣
不信君王，君王猜忌人臣，中央猜疑藩鎮，藩鎮不信中央，導致朝政紊亂，
藩鎮叛變四起，德宗爲何有此情況，王壽南先生提到：「下情不能上達之原因
約有二，一爲德宗本人之性格使然，一爲若干大臣之有意隔絕瞭下情之機會。」
〔註78〕因此，德宗即位初期，欲大力改革，卻無法納忠臣之諫，導致改革失

〔註74〕〔後晉〕劉昫等撰：〈盧杞傳〉，《舊唐書》，卷135，頁3717。
〔註75〕〔宋〕司馬光：〈德宗建中四年〉，《資治通鑑》，卷229，頁7379。
〔註76〕〔唐〕陸贄撰：〈論奏當今所切務狀〉，《翰苑集》，卷12，頁102。
〔註77〕〔唐〕陸贄撰：〈奉天請數對羣臣兼許令論事狀〉，《翰苑集》，卷13，頁111。
〔註78〕王壽南著：〈陸贄與德宗時代的政治〉，《唐代人物與政治》，頁137。

敗，欲耀中央威信，卻無力對抗藩鎮所帶來兵燹，進而引發更多爭戰，大量爭戰快速消耗國庫，國庫空虛，中央又增加稅目，以致人民因多重稅制，生活痛苦，種種因果相互循環下，使得德宗朝之百姓，未因德宗改革帶來快樂，反而生活更爲艱苦。

　　劉肅是地方官，定能體會及瞭解地方人民之感受，劉肅成書之時，是憲宗元和二年（807），亦是憲宗勵精圖治之「元和中興」之時期，故劉肅創作《大唐新語》，是要借前朝人物事蹟來戒鑒當時之帝王，來表達心中治國之道。

二、劉肅的政治理念

（一）人君須容恕及用人唯才

　　上節提到德宗即位時，欲大力改革，卻因他猜忌性格，導致改革失敗。帝王猜忌大臣，自古皆有，即便是唐高祖、唐太宗亦如是，然而大唐帝國卻是在這兩位帝王打下基礎，反觀德宗在整頓藩鎮時失敗，導致更嚴重藩鎮兵變後果，爲何會有這樣落差，劉肅其著作裡點出自己政治思想，《新語・舉賢第十三》載：

> 高祖以唐公舉義於太原，李靖與衛文升爲隋守長安，乃收皇族害之。及關中平，誅文升等，次及靖。靖言曰：「公定關中，唯復私仇；若爲天下，未得殺靖。」乃赦之。及爲岐州刺史，人或希旨，告其謀反。高祖命一御史按之，謂之曰：「李靖反，且實便可處分。」御史知其誣罔，與告事者行數驛，佯失告狀，驚懼，鞭撻行典，乃祈求於告事者曰：「李靖反狀分明，親奉進旨，今失告狀，幸救其命，更請狀。」告事者乃疏狀與御史，驗與本狀不同。即日還以聞。高祖大驚，御史具奏，靖不坐。御史失名氏，惜哉！〔註79〕

此條筆者在〈高祖用人的方法及其心態上的矛盾〉裡，論及當時高祖因「李氏圖讖」對於李靖有所猜忌，故有「岐州刺史，人或希旨」而譖李靖，「希旨」兩字是有人在李靖當岐州刺史時，知悉高祖內心之旨意，譖李靖謀反，高祖馬上「命一御史按之」，然而此御史「知其誣罔」，運用其智慧調查出告事者之疏狀與御史本狀不同，上奏高祖，高祖知悉後大驚，撤銷對李靖之推按，劉肅在此條後留下簡短按語「御史失名氏，惜哉！」，不僅流露出劉肅對這位

〔註79〕〔唐〕劉肅撰：〈舉賢第十三〉，《大唐新語》，卷6，頁87。

賢臣失去姓氏而感到婉惜，亦反映作者對於賢臣之讚賞。至太宗朝，李靖征突厥頗有戰功，溫彥博因忌彈劾李靖「軍無紀綱」，《新語‧容恕第十五》載：

> 李靖征突厥，征頡利可汗，拓境至於大漠。太宗謂侍臣曰：「朕聞：主憂臣辱，主辱臣死。往者國家草創，太上皇以百姓之故，稱臣於突厥，未嘗不痛心疾首，志滅匈奴。……」群臣皆呼：「萬歲！」御史大夫溫彥博害靖之功，劾靖軍無紀綱，突厥寶貨，亂兵所分。太宗捨而不問。及靖凱旋，進見謝罪，太宗曰：「隋將史萬歲破突厥，有功不賞，以罪致戮。朕則不然，當捨公之罪，錄公之勳也。」〔註80〕

李靖回朝後「進見謝罪」，可見溫彥博之彈劾未必是空穴來風，而太宗處理態度是「捨而不問」且「錄公之勳也」，由此看出太宗之寬容氣度，作者劉肅將此條放進〈容恕〉，間接表達劉肅用人觀點，又《新語‧規諫第二》載：

> 太宗幸九成宮，還京，有宮人憩湋川縣官舍。俄而李靖、王珪至，縣官移宮人於別所，而舍靖、珪。太宗聞之，怒曰：「威福豈由靖等！何為禮靖等而輕我宮人？」即令按驗湋川官屬。魏徵諫曰：「靖等，陛下心膂大臣；宮人，皇后賤隸。論其委任，事理不同。又靖等出外，官吏儆闢庭法式朝覲，陛下問人間疾苦，靖等自當與官吏相見，官吏亦不可不謁也。至於宮人，供養之外，不合參承。若以此如罪，恐不益德音，駭天下耳目。」太宗曰：「公言是。」遂捨不問。〔註81〕

唐太宗對於湋川縣官移宮人至別所，感到憤怒，太宗憤怒是有跡可循，除宮人是皇權延伸之外（參〈唐太宗因上諫發怒的其中一個面向〉一節），在《唐六典‧尚書禮部》載明：「凡行路之間，賤避貴，少避老，輕避重，去避來」〔註82〕又《唐律疏議‧雜律》「違令」（總449）條載：

> 諸違令者笞五十；別式，減一等。【疏】議曰：「令有禁制」，謂儀制令「行路，賤避貴，去避來」之類，此是「令有禁制，律無罪名」，違者，得笞五十。……〔註83〕

《唐律》裡提到有違「令」者，要笞五十。這「令」也就是所謂「唐令」。而

〔註80〕 〔唐〕劉肅撰：〈容恕第十五〉，《大唐新語》，卷7，頁105～106。

〔註81〕 〔唐〕劉肅撰：〈規諫第二〉，《大唐新語》，卷1，頁13～14。

〔註82〕 〔唐〕李隆基撰：〈尚書禮部‧百官拜禮〉，《大唐六典》，（西安：三秦出版社，1991年六月），卷4，頁91。以下引用本書版本依此。

〔註83〕 〔唐〕長孫無忌撰，劉俊文點校：《唐律疏議》，（北京：法律出版社，1999年9月初版），卷27，頁561。以下引用本書版本，依此。

《唐律》的「疏議」裡提出唐朝〈儀制令〉有「行路，賤避貴，去避來」的規定，也就是說，假若《唐律》無規範，但在其他的「法令」有說明（如《唐六典》裡的規範），犯此類似的案件者，亦是依法論處。從《新語》裡魏徵上諫內容提到：「靖等，陛下心膂大臣……靖等出外」，可見李靖與王珪是要外出，依「唐令」之規定，外出者要迴避歸來者，宮人是與唐太宗從九成宮回城，故唐太宗站在「皇權」與「去避來」的觀點上，對於縣官移宮人至別所，太宗有理由生氣。然而魏徵上諫「陛下問人間疾苦，靖等自當與官吏相見，官吏亦不可不謁也」，魏徵上諫亦有其道理，《唐六典・尚書禮部》載：

> 凡百官拜禮各有差，文武官三品以下，拜正一品，中書門下則不拜……
>
> 諸官人在路相遇者，四品以下遇正一品……諸司郎中遇丞相，皆下
>
> 馬，凡行路之間，賤避貴，少避老，輕避重，去避來。〔註84〕

《舊唐書》記載當時李靖是右僕射，王珪是侍中，〔註85〕兩人官品至少是三品以上，〔註86〕而漳川縣是次畿，〔註87〕而畿縣縣官的品秩是正六品上，〔註88〕所以漳川縣官欲「倣闕庭法式」朝覲李、王二人，且「宮人，皇后賤隸」，由品秩論貴賤，亦比不上李靖與王珪，依唐禮法應禮讓，故縣官移宮人至別所是從這角度出發，由太宗發怒與魏徵上諫之間的過程，可觀察出這是唐朝前期「皇權」與「治權」的相互角力，最後太宗亦同意魏徵的看法，認爲李靖與王珪外出是爲朝廷做事，屬於「公事」，而宮人是皇帝帶去九成宮行幸後回歸，屬於皇帝「私事」，在私事不防礙公事前題下，太宗作出讓步，太宗態度是「『公言是。』遂捨不問。」，由此判斷，太宗是一位明理君主。此條劉肅編入〈規諫〉說明太宗發怒，作出不正確判斷時，諫臣提醒太宗，太宗從善如流；反觀德宗，朱泚之亂，德宗離京至奉天，崔寧前來迎救，盧杞聯合王翃譖崔寧，《舊唐書》載：

> 初，涇原兵作亂之夕，寧與翃及御史大夫于頎俱出延平門而西，數
>
> 下馬便液，每下輒良久。翃等促之，不敢前。又懼賊兵追及，翃乃
>
> 大聲而言曰：「已至此，不必顧望。」至奉天，翃具以事聞。〔註89〕

〔註84〕〔唐〕李隆基撰：〈尚書禮部・百官拜禮〉，《大唐六典》，卷4，頁91。

〔註85〕《舊唐書》載：「太宗幸九成宮，因有宮人還京，憩於漳川縣之官舍。俄又右僕射李靖、侍中王珪繼至，官屬移宮人於別所而舍靖等。」參〔後晉〕劉昫等撰：〈魏徵傳〉，《舊唐書》，卷71，頁2548。

〔註86〕左右僕射各一員，從二品；武德定令，侍中正三品。

〔註87〕〔宋〕歐陽修等撰：〈地理志一〉，《新唐書》，卷37，頁966。

〔註88〕參賴端和著：〈縣尉〉，《唐代基層文官》，頁146。

〔註89〕〔後晉〕劉昫等撰：〈崔寧傳〉，《舊唐書》，卷117，頁3402。

盧杞與王翃譖崔寧「數下馬便液，每下輒良久。翃等促之，不敢前」，加上朱泚離間，德宗最終聽盧杞所譖，賜死崔寧，李懷光情況與崔寧類似，盧杞深怕李懷光在德宗前諫言他之過患，阻李懷光朝覲，上諫德宗「今若許其（李懷光）朝覲，則必賜宴，賜宴則留連，使賊得京城，則從容完備，恐難圖之。不如使懷光乘勝進收京城，破竹之勢，不可失也。」〔註90〕導致李懷光心生不滿，最後叛變。

　　兩相對照，太宗朝之丞相，因公事上諫，讓太宗在「皇權」與「治權」作出取捨，但德宗朝有權丞相，因私事上諫（怕別人在帝王前說他的過患），讓德宗在當前形勢上有所誤判，導致宰臣因私事防礙公事。除此之外，德宗對朝臣容恕的心態與太宗相比較，高下自然分別，太宗面對被彈劾「軍無紀綱」的李靖，最後以「容恕」錄李靖之功勛；德宗卻因盧杞之譖「數下馬便液，每下輒良久」，而賜死崔寧；外出的李靖，因縣官之做為，惹怒太宗，魏徵上諫後太宗做出正確決定，高祖亦用他所猜忌之李靖幫他攻城掠地，打下大唐江山之基礎，高祖及太宗之所以能作出正確之決定，除了自己性格使然外，當然還有賢相輔佐。德宗朝亦有賢相輔佐，《舊唐書》載：

> 史臣曰：張鎰、蕭復、柳渾，節行才能，訏謨亮直，皆足相明主，平泰階，而盧杞忌之於前，延賞排之於後，管仲有言：「任君子，使小人間之，害霸也。」德宗黜賢相，位姦臣，致朱泚、懷光之亂，是失其人也〔註91〕

劉肅對上述的缺失當然知情，故《大唐新語‧舉賢第十三》裡材料共二十七條，是《新語》篇目裡材料最多的一篇，試舉一例：

> 馬周，少落拓不為州里所敬……西之長安，止於將軍常何家。貞觀初，太宗命文武百官陳時政利害，何以武吏不涉學，乃委周草狀。周備陳損益四十餘條，何見之，驚曰：「條目何多也不敢以聞。」周曰：「將軍蒙國厚恩，親承聖旨，所陳利害，已形翰墨，業不可止也。將軍即不聞，其可得耶！」何遂以聞。太宗大駭，召問何，遽召周，與語甚奇之。直門下省，寵冠卿相，累遷中書令。〔註92〕

馬周少時不被州里人所敬，之後住於常何家，貞觀初太宗命百官「陳時政利

〔註90〕〔後晉〕劉昫等撰：〈盧杞傳〉，《舊唐書》，卷135，頁3716。
〔註91〕〔後晉〕劉昫等撰：〈蕭復傳〉，《舊唐書》，卷125，頁3556。
〔註92〕〔唐〕劉肅撰：〈舉賢第十三〉，《大唐新語》，卷6，頁89。

害」，馬周爲常何「草狀」，太宗讀後大驚，知馬周是位人材，於是提拔馬周「直門下省，寵冠卿相，累遷中書令」，反觀德宗卻是放著人材而不用，用的卻是姦相，由史臣評述，德宗朝亦有「張鎰、蕭復、柳渾……」等賢相能臣，德宗卻因「恥見屈於正論」〔註93〕之性，前後用楊炎、盧杞等爲相，故「忘受欺於姦諛」，〔註94〕導致德宗黜賢相而位姦臣，讓朝廷上下之情不通，進而造成朝政紊亂，百姓生活艱苦，劉肅經過此苦難，深知德宗朝之缺失，點出德宗朝時，賢相因人主之過及僞臣之患，使得朝政無法張顯而慨歎，故劉肅以唐初君王賢臣爲例，戒鑑當時帝王。

（二）尊李姓為正統

安史之亂後，河北藩鎮效忠中央態度不似已往，所謂「訖唐亡百餘年，卒不爲王土」，〔註95〕因此造成中央對於地方藩鎮也不信任。黃永年先生提到：

> 肅宗對去靈武存在著顧慮，即使靈武的朔方留後杜鴻漸等表態歡
> 迎，並且出動部隊護駕，還是徘徊不定，一度想不去靈武而保豐寧，
> 説明安祿山叛亂後中央對其它節度使也不敢完全信任。〔註96〕

中央不信任與藩鎮不忠誠之態度，至德宗朝亦如此，這也是德宗爲何要對河北三鎮頻出兵的其中原因。由於德宗對於中央直屬嫡系部隊神策軍過度信賴、河北三鎮因利益因素相互結合，加上前來勤王的朔方軍將鎮與神策軍將領不合……等的種種因素，導致德宗初期在北方戰線打的不錯的中央，演變成德宗兩次出逃，這不僅再次打擊中央威信，也造地方官員對中央產生信心危機，深怕中央有易主之可能，也因如此，劉肅《大唐新語》，有濃厚尊李氏爲正統的政治主張。

唐初李氏政權有一度旁落，就是後人所謂武則天革唐易周，武氏實質上已將李氏虛名，進而擴充武氏實權，剷除朝中異己，使得擁立李氏政權朝臣莫不噤聲，在德宗朝的劉肅，對於這段歷史是感慨，對於武則天這位「女皇」的態度是貶抑，由《大唐新語》對武則天材料編可看出，《新語・諛佞》載：

〔註93〕〔宋〕歐陽修等撰：〈德宗紀〉，《新唐書》，卷7，頁219。
〔註94〕〔宋〕歐陽修等撰：〈德宗紀〉，《新唐書》，卷7，頁219。
〔註95〕〔宋〕歐陽修等撰：〈藩鎮魏博列傳〉，《新唐書》，卷210，頁5921。
〔註96〕黃永年著：〈「涇師之變」發微〉，《唐代史事考釋》，（臺北：聯經出版社，2005年4月初版2刷），頁350。以下引用到此書版本依此。

> 高宗末年，苦風眩頭重，目不能視。則天幸災逞己志，潛遏絕醫術，
> 不欲其愈。及疾甚，召侍醫張文仲、秦鳴鶴診之。鳴鶴曰：「風毒上
> 攻，若刺頭出少血，則愈矣。」則天簾中怒曰：「此可斬！天子頭上
> 豈是試出血處耶！」鳴鶴叩頭請命，高宗曰……命刺之。鳴鶴刺百
> 會及腦戶出血。高宗曰：「吾眼明矣。」言未畢，則天自簾中頂禮以
> 謝鳴鶴等曰：「此天賜我師也。」躬負繒寶以遺之。〔註97〕

此事件《舊唐書》亦載，〔註98〕然《舊唐書》無載「則天幸災逞己志，潛遏
絕醫術，不欲其愈」此句，由此推論，劉肅對於武氏因權勢想致高宗生命於
不顧，有相當程度針貶，最後秦鳴鶴幫高宗治療穩當，武后態度從「簾中怒
曰：『此可斬！天子頭上豈是試出血處耶！』」變成「自簾中頂禮以謝鳴鶴等
曰：『此天賜我師也。』」之雙重性格，劉肅將此條材料編入〈諛佞〉說明劉
肅自己觀點，不僅此條，《新語‧酷忍》載：

> ……則天……罔誑王后與母求厭勝之術。高宗遂有意廢之。長孫無
> 忌以下，切諫以爲不可……高宗不悅而罷。翌日，又言之。遂良曰：
> 「伏願再三審思。愚臣上忤聖顏，罪當萬死。但得不負先帝，甘心
> 鼎鑊。」……解巾叩頭流血。高宗大怒，命引出。則天隔簾大聲曰：
> 「何不撲殺此獠！」無忌曰：「遂良受先帝顧命，有罪不可加
> 刑！」……遂廢王皇后及蕭淑妃爲庶人，囚之別院。高宗猶念之，
> 至其幽所……則天知之，各杖一百，截去手，投於酒甕中，謂左右
> 曰：「令此兩嫗骨醉可矣。」〔註99〕

這條材料說明武則天用殘酷手段，剷除異己，劉肅將其編入〈酷忍〉似乎合
理，然同篇劉肅對武則天之「酷忍」亦有著墨：

> 則天以長孫無忌不附己，且惡其權，深銜之。許敬宗希旨樂禍，又
> 伺其隙。會櫟陽人李奉節告太子洗馬韋季方、監察御史李巢交通朝
> 貴，有朋黨之事，詔敬宗推問……敬宗奏曰：「請准法收捕。」高
> 宗又泣曰：「阿舅果耳，我決不忍殺之。」竟不引問，配流黔州。則

〔註97〕〔唐〕劉肅撰：〈諛佞第二十一〉，《大唐新語》，卷9，頁141～142。

〔註98〕《舊唐書》：「上苦頭重不可忍，侍醫秦鳴鶴曰：「刺頭微出血，可愈。」天后
帷中言曰：「此可斬，欲刺血於人主首耶！」上曰：「吾苦頭重，出血未必不
佳。」即刺百會，上曰：「吾眼明矣。」〔後晉〕劉昫等撰：〈高宗紀〉，《舊唐
書》，卷5，頁111。

〔註99〕〔唐〕劉肅撰：〈酷忍第二十七〉，《大唐新語》，卷12，頁180～181。

天尋使人逼殺之。〔註100〕

又載：

> 孝敬帝仁孝英果，甚為高宗所鍾愛。自升儲位，敬禮大臣及儒學之
> 士，未嘗有過，天下歸心焉……先是義陽、宣城二公主以母得罪，
> 幽於掖庭，垂三十年不嫁。孝敬見之驚惻，遽奏出降……則天大怒，
> 即日以衛士二人配二公主。孝敬因是失愛，遇毒而薨，時年二十四，
> 朝野莫不傷痛。〔註101〕

古之帝王對於剷除異己，無不是殘酷，如唐太宗之玄武門之變，然而劉肅只
將武氏逼殺長孫無忌，及孝敬帝遇毒而薨，放入〈酷忍〉，不見唐朝其他李氏
帝王，且〈酷忍〉通篇只有十條材料，關於武后共三條，則天朝裡的酷吏們
三條，武三思兩條，共占此篇十分之八，由此推知，劉肅對於武后或武氏家
族有貶抑之態度，為何會有這樣態度，因為劉肅尊李氏為正統的思想。

《大唐新語‧匡贊第一》載：

> 則天朝，默啜陷趙、定等州，詔天官侍郎吉頊為相州刺史，發諸州
> 兵以討之，略無應募者。中宗時在春宮，則天制皇太子為元帥，親
> 征之。吏人應募者，日以數千。賊既退，頊征還，以狀聞。則天曰：
> 「人心如是耶？」……諸武患之，乃發頊弟兄贓狀，貶為安固尉。
> 頊辭日，得召見，涕淚曰：「臣辭闕庭，無復再謁請言事。臣疾亟矣，
> 請坐籌之。」則天曰：「可。」……頊曰：「臣亦為有。竊以皇族、
> 外戚，各有區分，豈不兩安全耶！今陛下貴賤是非於其間，則居必
> 競之地。今皇太子萬福，而三思等久已封建，陛下何以和之？臣知
> 兩不安矣。」則天曰：「朕深知之，然事至是。」頊與張昌宗同供奉
> 控鶴府，昌宗以貴寵懼不全，計於頊。……頊曰：「天下思唐德久矣，
> 主上春秋高，武氏諸王殊非所屬意。公何不從容請相王、盧陵，以
> 慰生人之望！」昌宗乃乘間屢言之。幾一歲，則天意乃易。……乃
> 迎中宗，其興復唐室，頊有力焉。〔註102〕

《舊唐書》把吉頊編排在〈酷吏〉列傳中，書裡描寫他「陰毒敢言事」，〔註103〕

〔註100〕〔唐〕劉肅撰：〈酷忍第二十七〉，《大唐新語》，卷12，頁181～182。
〔註101〕〔唐〕劉肅撰：〈酷忍第二十七〉，《大唐新語》，卷12，頁187。
〔註102〕〔唐〕劉肅撰：〈匡贊第一〉，《大唐新語》，卷1，頁6‧
〔註103〕〔後晉〕劉昫等撰：〈吉頊傳〉，《舊唐書》，卷186，頁4848。

可見後人對吉頊人品評論並不怎麼高，而劉肅將吉頊諫言，放在《大唐新語‧匡贊第一》，可見劉肅對吉頊諫言之重視。吉頊諫言欲武后之帝位，由武氏傳回劉肅所認同之正統李氏，故才有劉肅「其興復唐室，頊有力焉」之觀點，〔註104〕不然作者不會將此句編寫入《大唐新語‧匡贊》；不僅此條，同篇亦載相關之事跡，筆者試舉幾例：

> 則天以武承嗣爲左相。李昭德奏曰：「不知陛下委承嗣重權，何也？」則天曰：「我子姪，委以心腹耳。」昭德曰：「若以姑姪之親，何如父子何如母子？」則天曰：「不如也。」昭德曰：「父子、母子尚有逼奪，何諸姑所能容使其有便，可乘御寶位，其遽安乎且陛下爲天子，陛下之姑受何福慶而委重權於姪乎事之去矣。」則天矍然，曰：「我未思也。」即日罷承嗣政事。〔註105〕

又載：

> 長安末，張易之等將爲亂。張柬之陰謀之，遂引桓彥範、敬暉、李湛等爲將，委以禁兵。神龍元年正月二十三日，暉等率兵，將至玄武門，王同皎、李湛等，先遣往迎皇太子於東宮，……太子乃就路。又恐太子有悔色，遂扶上馬，至玄武門，斬關而入，誅易之等於迎仙院。則天聞變，乃起見太子曰：「乃是汝耶？小兒既誅，可還東宮。」桓彥範進曰：「太子安得更歸！往者，天皇棄群臣，以愛子托陛下。今太子年長，久居東宮，將相大臣思太宗、高宗之德，誅凶竪，立太子，兵不血刃而清内難，則天意人事，歸乎李氏久矣。」……〔註106〕

「匡贊」是匡正輔佐之意，筆者引《新語‧懲戒第二十五》爲例：

> 高宗大漸，顧命裴炎輔少主……中宗欲以後父韋玄貞爲侍中，並乳母之子五品官。炎爭以爲不可。中宗不悦，謂左右曰：「我讓國與玄貞豈不得！何爲惜侍中？」炎懼，遂與則天定策，廢中宗爲盧陵王，

〔註104〕《舊唐書》亦載此條之事跡，然《舊唐書》無「其興復唐室，頊有力焉」此句，此有兩種可能，一是《舊唐書》所引用材料原有此句，撰寫《舊唐書》者不用，但劉肅有抄錄，二是《舊唐書》所引用材料，無此句，而劉肅自己加入其觀點。然筆者對照《新唐書》，《新唐書》史臣贊曰有類似之語：「昭德、頊（吉頊）進不以道，君子恥之。雖然，一情區區，抑武興唐，其助有端……」故《新唐書》之史臣基本上與劉肅評判觀點相同。參〔宋〕歐陽修等撰：〈吉頊傳〉，《新唐書》，卷117，頁4259。

〔註105〕〔唐〕劉肅撰：〈匡贊第一〉，《大唐新語》，卷1，頁7。

〔註106〕〔唐〕劉肅撰：〈匡贊第一〉，《大唐新語》，卷1，頁7。

幽於別所。則天命炎及中書侍郎劉褘之……扶中宗下殿。中宗曰：「我
有何罪？」則天曰：「汝欲將天下與韋玄貞，何得無罪！」炎居中執
權，親授顧托，未盡匡救之節，遽行伊、霍之謀，神器假人，爲獸
傅翼，其不免也宜哉！〔註107〕

之後筆者討論〈唐太宗感念杜如晦之匡贊〉裡將會提到，房玄齡與杜如晦兩
人因「輔佐」唐太宗登上帝位，而被劉肅編入〈匡贊〉，吉頊、李昭德、桓彥
範……等人也因「輔佐」中宗登上帝位，被編入〈匡贊〉，而此條裴炎受高宗
顧命，劉肅認爲裴炎「未盡匡救之節」，不僅讓中宗有「欲將天下與韋玄貞」
之思想，也讓中宗因武則天壓逼下退位，未盡輔佐之事，故劉肅將裴炎事跡
編入〈懲戒〉，劉肅論其編入原因：「親授顧托，未盡匡救之節，遽行伊、霍
之謀，神器假人，爲獸傅翼，其不免也宜哉！」，同理，假若劉肅認同武后朝
爲李唐之延續，吉頊、李昭德等人就無「匡救」武后欲傳位於武氏之謬誤觀
點，而劉肅「其興復唐室，頊有力焉」之論就不能成立，由此得知劉肅有尊
李姓爲正統之政治主張。

（三）冀地方之治清明

劉肅除了反映中央朝政的政治主張，當過地方主簿的他，對於當時地方
政情更能直接體會。《大唐新語・政能》共有十三條，除了第一條是關於中央
皇室，其餘皆與地方行政有關。德宗朝中央朝政敗壞，地方吏治亦如是。茲
舉白居易詩歌爲例，〈秦中吟・重賦〉：

……身外充徵賦，上以奉君親。國家定兩稅，本意在愛人。厥初防
其淫，明勅內外臣。稅外加一物，皆以枉法論。奈何歲月久，貪吏
得因循。凌我以求寵，斂索無冬春。……因窺官庫門。繒帛如山積，
絲絮似雲屯。號爲羨餘物，隨月獻至尊。奪我身上暖，買爾眼前
恩。……〔註108〕

白居易寫〈秦中吟〉共十首，序裡提到寫這十首古詩的時間：「貞元、元和之際，
予在長安，聞見之間，有足悲者。因直歌其事，命爲〈秦中吟〉。」〔註109〕貞
元、元和之際，說明此詩作於德宗末與憲宗初，與劉肅時代有重疊，在〈重賦〉

〔註107〕〔唐〕劉肅撰：〈懲戒第二十五〉，《大唐新語》，卷11，頁171。
〔註108〕〔唐〕白居易撰，朱金城箋注：〈重賦〉，《白居易集箋校》，（上海：上海古籍
出版茉，2003，10月重印）卷2，頁82。以下引用到此書版本依此。
〔註109〕〔唐〕白居易撰：〈歌舞〉，《白居易集箋校》，卷2，頁95。

裡白居易提到國家制定兩稅法後，不能再與百姓多徵一稅，多徵以枉法罪論處，「稅外加一物，皆以枉法論」，但無奈的是「奈何歲月久，貪吏得因循。凌我以求寵，斂索無多春。」白居易指明「貪吏」為了求寵，不僅強徵且多加稅收名目，讓百姓除了在繳稅期間之外，另外被其他名目多徵歲收，百姓被層層剝削，而官吏不顧百姓死活，為了就是要「隨月獻至尊。奪我身上暖，買爾眼前恩」，由此可知，德宗朝的貪官污吏之盛行，而白居易另一首詩，反映出地方官不顧百姓之心態，〈秦中吟・歌舞〉載：

> ……朱門車馬客，紅燭歌舞樓。歡酣促密坐，醉暖脫重裘。秋官為主人，廷尉居上頭。日中為樂飲，夜半不能休。豈知閿鄉獄，中有凍死囚。〔註110〕

這首寫到秋官、廷尉白天飲酒作樂，至「夜半不能休」，他們身上穿的是「重裘」，這些官員只管作樂，不管獄中囚犯死活，獄中囚犯是犯什麼罪，在白居易〈奏閿鄉縣禁囚狀〉載：

> ……縣獄中有囚數十人，並積年禁繫，其妻兒皆乞於道路，以供獄糧。其中有身禁多年，妻已改嫁者；身死獄中，取其男收禁者。云是度支轉運下囚禁在縣獄，欠負官物，無可填賠，一禁其身，雖死不放。前後兩遇恩赦，今春又降德音，皆云赦文不該至，今依舊囚禁。……今前件囚等，欠負官錢，誠合填納，然以貧窮孤獨唯各一身債，無納期，禁無休日……父已亡而子囚，自古罪人，未聞此苦，行路見者，皆為痛傷……〔註111〕

由白居易〈禁囚狀〉裡得知，這些身禁多年的囚犯是因「欠負官物，無可填賠」所謂的「官物」就是稅收，〔註112〕由於這些囚犯繳不出稅收而被關，不僅如此，假如囚犯「身死獄中」，又「取其男收禁」也就是所謂「父已亡而子囚」，這些囚犯「前後兩遇恩赦」，卻「依舊囚禁」，由此可知，這些官員想要從百姓身上搾取稅收，為了他們整日飲酒作樂，以及在上位者面前的「恩寵」，

〔註110〕〔唐〕白居易撰：〈歌舞〉，《白居易集箋校》，卷2，頁95。

〔註111〕〔唐〕白居易撰：〈奏閿鄉縣禁囚狀〉，《白居易集箋校》，卷59，頁3355。

〔註112〕白居易提到這些囚犯是在「度支轉運下囚禁在縣獄」，度支轉運使簡單的說，就是收斂賦役的官員。《舊唐書》載：「高祖發跡太原……賞賜給用，皆有節制，徵斂賦役……開元已後，權移他官，由是有轉運使、租庸使、鹽鐵使、度支鹽鐵轉運使……隨事立名，沿革不一。設官分職，選賢任能，得其人則有益於國家，非其才則貽患於黎庶……」參〈食貨志上〉，《舊唐書》，卷48，頁2085～2086。

對於百姓的死活，這些地方官已達到不聞不問的態度。故劉肅在〈政能〉篇裡，對於良吏是大力稱揚，茲舉兩例如下，〈政能〉第三條：

> 薛大鼎為滄州刺史，界內先有棣河，隋末填塞。大鼎奏聞開之，引魚鹽於海。百姓歌曰：「新河得通舟楫利，直至滄海魚鹽至。昔日徒行今騁駟，美哉薛公德滂被。」大鼎又決長蘆〔註113〕及漳、衡等三河，分泄夏潦，境內無復水害。〔註114〕

又〈政能〉第八條：

> 則天將不利王室，越王貞於汝南舉兵……時狄仁傑檢刺史……初，張光輔以宰相討越王，既平之後，將士恃威，徵斂無度，仁傑率皆不應。光輔怒曰：「州將輕元帥耶？何徵發之不赴。仁傑，汝南勃亂，一越王耶！」仁傑曰：「今一越王已死，而萬越王生。」光輔質之，仁傑曰：「明公親董戎旃二十餘萬，所在劫奪，遠邇流離，創鉅之餘，肝腦塗地。此非一越王死而萬越王生耶？且脅從之徒，勢不自固，所以先著綱理之也……及薨，朝野淒慟。〔註115〕

薛大鼎當滄州刺史時，一聞棣河在隋末時已填塞，馬上向上「奏聞開之」，並且「引魚鹽於海」，百姓得利，因而歌頌薛大鼎公績，由此觀之，薛大鼎不僅有心經營地方，亦關心當地百姓之生活。〈政能〉第八條，越王向中央用兵時，被張光輔平定後，張光輔所領之「將士恃威」，對當地百姓「徵斂無度」，當時為檢校刺史的狄仁傑，對於這無理的「徵斂」，所採取的態度是「不應」，其理由是將士們「徵斂無度」猶如「劫奪」，不僅讓附近百姓流離失所，更讓百姓「肝腦塗地」，因此狄仁傑得罪張光輔，後被張光輔所譖，不過狄仁傑的仁政卻深植百姓之心，不僅「百姓為立生祠」，〔註116〕死時「朝野淒慟」。

由〈政能〉之內容，可知劉肅對當時吏治是不滿，從白居易之史詩歌謠，可知當時吏治之貪腐不顧百姓。同樣是地方官員，薛大鼎疏通雍塞河水，為百姓創造更有利的經濟環境，狄仁傑面對「徵斂無度」的張光輔將士，能勇敢與之對抗，不顧自己往後仕途，他們這些舉動，都是從照顧百姓的立場出發，反觀德宗朝的地方官，卻是從自己角度出發，為了仕途，在百姓身上強

〔註113〕原文是「長盧」經李南暉校改後為「長蘆」，參李南暉：〈大唐新語校札〉，《古籍整理研究學刊》（2000年）第5期，頁31。
〔註114〕〔唐〕劉肅撰：〈政能第八〉，《大唐新語》，卷4，頁64。
〔註115〕〔唐〕劉肅撰：〈政能第八〉，《大唐新語》，卷4，頁66。
〔註116〕〔唐〕劉肅撰：〈政能第八〉，《大唐新語》，卷4，頁66。

取豪奪，為的就是在上位面前「求寵」，不顧百姓死活，故劉肅錄前朝地方官吏之能政，不僅表達自己內心對於當時吏治不滿，更清楚說明內心對於地方官的操守準則。

三、結　語

唐朝在安史之亂後，朝政與社會漸趨紊亂，經歷過德宗朝的劉肅，能體會出人民生活困苦，由感而發，創作《大唐新語》來戒鑒當時執政者，達到他所謂「人邪行正棄其人，人正國邪棄其國〔註117〕」之「去邪歸正」之效。

德宗即位雖欲改革，然德宗之「猜忌刻薄」、「彊明自任」以及「恥見屈於政論」之性格，導致嚴重偏聽偏信，因此位奸臣而退賢相，讓朝政紊亂，且戰爭四起，百姓流離失所，此外，與百姓直接面對的地方官員，此時不僅不照顧百姓，反而與百姓爭利，讓民眾生活更加艱苦，促成劉肅創作原因，因此從劉肅安排的篇章，得知劉肅的思想、政治主張，與官員應該具有的人格情操，如上所述，〈剛正〉、〈公直〉、〈清廉〉、〈政能〉，足以戒鑒劉肅當時的地方官員，從〈匡贊〉、〈規諫〉、〈極諫〉、〈舉賢〉、〈容恕〉可提醒為政者須以什麼樣的心態來面對諫言，從〈剛正〉、〈公直〉、〈清廉〉、〈忠烈〉、〈節義〉、〈孝行〉、〈友悌〉、〈容恕〉等文章篇名，可直接感受劉肅思想是以儒家為主，且在其書之〈總論〉亦能直接得到證明。

從文章內容敘述，得知劉肅對於李氏之外的政權是貶抑，對於不尊李氏的權臣是責難，相對只要對李氏政權有所貢獻，即使是酷吏，也會被編排在正面的篇章，由此得知，劉肅以李氏為尊是極其明顯。故劉肅著作《大唐新語》一書是有其政治意涵與目的，這亦是他當時背景所使然。

〔註117〕〔唐〕劉肅撰：〈總論〉，《大唐新語》，頁202。

第三章 《大唐新語》人物事蹟考釋
——帝王之部

第一節 唐高祖

一、孫伏伽上諫三事的背後問題

劉肅《大唐新語》23 條載（爲行文方便，後文改稱《新語》）孫伏伽在武德初上諫三項事件：

> 武德初，萬年縣法曹孫伏伽上表，以三事諫。其一曰：「陛下貴爲天子，富有天下，凡曰蒐狩，須順四時。陛下二十日龍飛，二十一日獻鷂雛者，此乃前朝之弊風，少年之事務，何忽今日行之，又聞相國參軍盧牟子獻琵琶，長安縣丞張安道獻弓箭，頻蒙賞齎。但『普天之下，莫非王土；率土之濱，莫非王臣』。陛下有所欲，何求不得。陛下所少，豈此物乎？」其二曰：「百戲、散樂，本非正聲，此謂淫風，不可不改。」其三曰：「太子諸王左右群寮，不可不擇。願陛下納選賢才，以爲僚友，則克崇磐石，永固維城矣。」高祖覽之，悅，賜帛百匹，遂拜爲侍書御史。[註1]

筆者依此三項諫言分述如下：

（一）諫蒐狩與進獻歪風

蒐狩在唐朝是禮的一部份，既然是禮的一部份，孫氏爲何因高祖蒐狩而上

〔註1〕 〔唐〕劉肅撰：〈極諫第三〉，《大唐新語》，卷2，頁18。

諫，關鍵在「凡曰蒐狩，須順四時。」這句話。《新唐書·禮樂六》載：「皇帝狩田之禮，亦以仲冬。」〔註2〕由此得知，唐代帝王畋狩應以「仲冬」之時爲主。以唐太宗爲例，貞觀七年（西元 633），十二月丙辰，狩于少陵原；〔註3〕十一年（西元 637），冬十一月辛卯，狩於濟源；〔註4〕十二年（西元 638），冬十月己卯，狩于始平，〔註5〕雖然太宗搜狩時間不一定在「仲冬」，但至少是在冬季農民休息之時。然孫氏上諫此條時間是在武德元年六月，〔註6〕又《舊唐書·孫伏伽傳》載：「凡曰蒐狩，須順四時，既代天理，安得非時妄動？」〔註7〕這非時妄動，說明高祖畋獵時間不在冬季，亦不是農民休養生息之時，故此時畋獵不僅不合唐朝禮制亦是擾民。爲何孫氏會在意「蒐狩，須順四時」，隋末唐初每個反隋勢力交相戰，混亂非常，民生凋敝，百姓定是相當困苦。從王績在武德五年三月〔註8〕（西元 622 年）入京目睹長安城之景像，可略知當時京城狀態：

> 昔年居屋，桂棟蘭枌；今來舊地，谷變陵分。若非歷陽隨水沒，定是吳宮遭火焚。〔註9〕

「谷變陵分」、「吳宮火焚」說明當時長安城殘破不堪，更不用說其他地方。在《新語》375 條載：

> 貞觀中，百官上表請封禪，太宗許焉。唯魏徵切諫，以爲不可。徵對曰：「……陛下東封，萬國咸集，要荒之外，莫不奔走。自今伊、洛，洎於海岱，灌莽巨澤，茫茫千里，人煙斷絕，雞犬不聞，道路蕭條，進退艱阻。……」〔註10〕

魏徵說明貞觀六年民間的情況「道路蕭條，進退艱阻。」推知當時社會殘破不堪；「茫茫千里，人煙斷絕，雞犬不聞。」得知戶口蕭條人煙稀少，故武德

〔註2〕 〔宋〕歐陽修等撰：〈禮樂志六〉，《新唐書》，卷 16，頁 388。

〔註3〕 〔後晉〕劉昫等撰：〈太宗紀〉，《舊唐書》，卷 3，頁 43。

〔註4〕 〔後晉〕劉昫等撰：〈太宗紀〉，《舊唐書》，卷 3，頁 48。

〔註5〕 〔後晉〕劉昫等撰：〈太宗紀〉，《舊唐書》，卷 3，頁 49。

〔註6〕 《唐會要》此條繫年是武德元年六月，《通鑑》此條繫年亦如是。〔宋〕王溥撰：〈蒐狩〉，《唐會要》，卷 28，頁 611。

〔註7〕 〔後晉〕劉昫等撰：〈孫伏伽傳〉，《舊唐書》，卷 75，頁 2634。

〔註8〕 陶敏、傅璇琮考證此詩作時間爲武德五年三月。參陶敏、傅璇琮著：《唐五代文學編年史·初盛唐卷》（瀋陽：遼海出版社，1998 年 12 月），頁 20。

〔註9〕 金榮華校注：〈鷰賦〉，《王績詩文集校注》，（台北：新文豐出版，1998 年 6 月），頁 104。

〔註10〕 〔唐〕劉肅撰：〈郊禪第三十〉，《大唐新語》，卷 13，頁 197。《通鑑》繫此材料年份爲貞觀六年。

初，必定比這情況更加嚴重，然高祖當時卻要蒐狩，時間上不僅不符禮制，更要勞動平民百姓，這對剛建立一新政權的上位者，人民觀感不好，故孫氏才云：「既代天理，安得非時妄動」，無非是提醒李淵不要因為自己私欲而勞動百姓。

除此之外孫氏還提到進獻問題，說明「前朝之弊風」不可承續。為何隋朝有此弊風，《隋書・帝紀四・煬帝下》載：

> 帝性多詭譎，所幸之處，不欲人知。每之一所，輒數道置頓，四海珍羞殊味，水陸必備焉，求市者無遠不至。郡縣官人，競為獻食，豐厚者進擢，疏儉者獲罪。〔註11〕

又《隋書》載：

> 帝御龍舟，文武官五品已上給樓船，……所經州縣，並令供頓，獻食豐辦者，加官爵，闕乏者，譴至死。〔註12〕

這兩條材料記錄煬帝巡幸某地方，只要地方官員「獻食豐厚」者，進擢官爵，「疏儉」或「闕乏」者，不是獲罪就是責罰至死。這種兩極化之賞罰且積非成是之弊風，造成隋末官員普遍進獻風氣及想法，而這風氣在武德初時也反映出來，當李淵登基時隔天就有「相國參軍盧牟子獻琵琶，長安縣丞張安道獻弓箭」，而李淵作出回應是「頻蒙賞齎」，故孫氏不得不提出諫言，遏止這歪風，讓吏治恢復清流。

（二）改喜好百戲與散樂之心

孫伏伽上書百戲、散樂非正聲，顯示百戲、散樂在唐初對於朝政，〔註13〕已有一定的影響。百戲、散樂雖在隋朝（文帝）被禁過，但煬帝為了對外顯示自己國力，又把這條禁例廢除，《隋書》載：

〔註11〕〔唐〕魏徵等撰，楊家駱主編：〈煬帝紀下〉，《隋書》，（台北：鼎文書局印行，1990年），卷4，頁94。以下引用本書版本依此。

〔註12〕〔唐〕魏徵等撰：〈食貨志〉，《隋書》，卷24，頁686。

〔註13〕《舊唐書・音樂志二・散樂》載：散樂者，歷代有之，非部伍之聲，俳優歌舞雜奏。漢天子臨軒設樂，舍利獸從西方來，戲於殿前，激水成比目魚，跳躍嗽水，作霧翳日，化成黃龍，修八丈，出水遊戲，輝耀日光。……如是雜變，總名百戲。江左猶有〈高絙紫鹿〉、〈跋行鼈食〉、〈齊王捲衣〉……後魏、北齊，亦有〈魚龍辟邪〉、〈鹿馬仙車〉、〈吞刀吐火〉……之戲。周宣帝徵齊樂並會關中。開皇初，散遣之。大業二年，突厥單于來朝洛陽宮，煬帝為之大合樂，盡通漢、晉、周、齊之術，胡人大駭。帝命樂署肄習，常以歲首縱觀端門內。參〔後晉〕劉昫等撰：〈音樂志二・散樂〉，《舊唐書》，卷29，頁1072～1073。

> 始齊武平中，有魚龍爛漫、俳優、朱儒、山車、巨象、拔井……奇
> 怪異端，百有餘物，名爲百戲……（文帝）開皇初，並放遣之。及
> 大業二年，突厥染干來朝，煬帝欲誇之，總追四方散樂，大集東
> 都。……〔註14〕

《隋書·高熲傳》載：

> 煬帝即位，拜爲太常。時詔收周、齊故樂人及天下散樂。熲奏曰：「此
> 樂久廢。今若徵之，恐無識之徒棄本逐末，遞相教習。」帝不悅……
> 〔註15〕

高熲後來對煬帝諫言「周天元以好樂而亡」，〔註16〕但煬帝好大喜功不納諫，
因而廢除禁令，導致隋「以好樂而亡」，〔註17〕此乃隋末動亂原因之一。故孫
氏之諫言並不是毫無前例可循，在《舊唐書》可見到孫伏伽較完整的諫言「百
戲散樂，本非正聲，有隋之末，大見崇用，此謂淫風，不可不改」〔註18〕從
孫氏諫言「有隋之末，大見崇用」，可知百戲、散樂等這些娛樂（淫風），會
讓君王無心在治理國事，產生不良政風，進而干擾到平民百姓，《舊唐書·孫
伏伽傳》載：

> 近者（武德初），太常官司於人間借婦女裙襦五百餘具，以充散妓之
> 服，云擬五月五的於玄武門游戲。〔註19〕

武德初之宮廷遊宴，因散妓裙襦不足，太常司官員向民間婦女借裙襦五百餘
具，孫氏看見此情況因而上諫，畢竟宮廷遊宴是帝王私人娛樂，因帝王娛樂
而干擾到百姓生活，並非帝王應作之事。而此事的確也影響到高祖人事安排，
《新語》24 條載：

> 高祖即位，以舞胡安叱奴爲散騎侍郎。禮部尚書李綱諫曰：「臣按《周
> 禮》，均工樂胥，不得參士伍，雖復才如子野，妙等師襄，皆終身繼
> 代，不改其業。故魏武帝欲使禰衡擊鼓，乃解朝衣露體而擊之。問
> 其故，對曰：『不敢以先生法服而爲伶人衣也。』……而先令舞胡，
> 致位五品；鳴玉曳組，趨馳廊廟。固非創業規模，貽厥子孫之道。」

〔註14〕 〔唐〕魏徵等撰：〈音樂志〉，《隋書》，卷15，頁380～381。
〔註15〕 〔唐〕魏徵等撰：〈高熲傳〉，《隋書》，卷41，頁1184。
〔註16〕 〔唐〕魏徵等撰：〈高熲傳〉，《隋書》，卷41，頁1184。
〔註17〕 〔唐〕魏徵等撰：〈高熲傳〉，《隋書》，卷41，頁1184。
〔註18〕 〔後晉〕劉昫等撰：〈孫伏伽傳〉，《舊唐書·孫伏伽傳》，卷75，頁2635。
〔註19〕 〔後晉〕劉昫等撰：〈孫伏伽傳〉，《舊唐書》，卷75，頁2635。

高祖竟不能從。〔註20〕

李綱此條諫言，依《唐會要》繫其年份，是在孫伏伽諫言（武德元年六月）
後的四個月。〔註21〕唐朝對這些能表演散樂、百戲各種技藝之人統稱「音聲
人」：

> 唐之盛時，凡樂人、音聲人、太常雜戶子弟隸太常及鼓吹署，皆番
> 上，總號音聲人，至數萬人。〔註22〕

這些「音聲人」的社會地位，唐初時並不高。身份是世襲且累世不改。直至武
德四年高祖下詔，解除一批唐以前淪爲樂工身份的人，提高他們社會地位。

> （武德）四年九月二十九日詔：「太常樂人本因罪譴沒入官者，藝比
> 伶官，前代以來，轉相承襲。或有衣冠繼緒，公卿子孫，一霑此色，
> 累世不改。婚姻絕於士庶，名籍異於編甿，大恥深疵，良可矜愍。
> 其大樂鼓吹諸舊樂人，年月已久，時代遷移，宜並蠲除，一同民例。
> 但音律之伎，積學所成，傳授之人，不可頓闕，仍令依舊本司上下。
> 若已經仕宦，先入班流，勿更追補，各從品秩。自武德元年配充樂
> 戶者，不在此例。」〔註23〕

在此詔令之前，「音聲人」的地位是「婚姻絕於士庶，名籍異於編甿，大恥深
疵，良可矜愍」，所以李綱武德元年諫言「武帝欲使禰衡擊鼓，乃解朝衣露體
而擊之」，禰衡解朝衣露體擊鼓，原因是「不敢以先生法服而爲伶人衣也」，
說明伶人當時身份地位之低。且隋末唐初的「音聲人」一部份是因罪譴而「沒
入官」，另一部份是從民間召入宮，也就是說，在武德四年之前，「音聲人」
是沒有官位品秩，即使有也相當低，〔註24〕這也就是《唐會要》所說的「若
已經仕宦，先入班流，勿更追補，各從品秩」，但這條詔令有但書，「自武德
元年配充樂戶者，不在此例」從這條但書得知唐初對「音聲人」的身份地位，
有一定的限制。可是，高祖李淵卻打破這限制，「高祖即位，以舞胡安叱奴爲
散騎侍郎（唐官名，位五品）」，這樣破格的提拔，高祖對諫言的態度「竟不

〔註20〕 〔唐〕劉肅撰：〈極諫第三〉，《大唐新語》，卷2，頁19。
〔註21〕 〔宋〕王溥撰：〈論樂〉，《唐會要》，卷34，頁727。
〔註22〕 〔宋〕歐陽修等撰：〈禮樂志十二〉，《新唐書》，卷22，頁477。
〔註23〕 〔宋〕王溥撰：〈論樂〉，《唐會要》，卷34，頁727。
〔註24〕 《唐會要》在武德四年這條詔令後，注云：「樂工之雜士流，自茲始也。太常
卿竇誕又奏用音聲博士，皆爲大樂鼓吹官僚。於後箏簧琵琶人白明達，皆以
庸才，積勞計考，並至大官。自是聲伎入流品者，蓋以百數。」參〔宋〕王
溥撰：〈論樂〉，《唐會要》，卷34，頁728。

能從」，明顯看出高祖對安叱奴有一定的寵信。畢竟這樣的提拔，已違反當時樂官品秩，更違反當時人臣對樂人的觀點，所以李綱不得不對高祖提出諫言。而孫伏伽早在四個月前，亦點出此事，不能不佩服孫伏伽的先知灼見。

（三）說諸王群僚之爭

孫氏諫言第三條「太子諸王左右羣僚，不可不擇。願陛下納選賢才，以爲僚友」太子與諸王左右羣僚到底發生什麼問題，使得孫氏以諫言方式來上表呢？《舊唐書》載孫氏諫言：「臣歷窺往古，下觀近代，至於子孫不孝，兄弟離間，莫不爲左右亂之也」，〔註25〕這樣陳述，讓人聯想到太子建成與秦王世民之間的矛盾。《舊唐書・長孫皇后傳》云：

> 武德元年，冊爲秦王妃。時太宗功業既高，隱太子猜忌滋甚。后孝
> 事高祖，恭順妃嬪，盡力彌縫，以存內助。及難作，太宗在玄武門，
> 方引將士入宮授甲，后親慰勉之，左右莫不感激。〔註26〕

這條亦是武德元年，長孫氏冊爲秦王妃時所錄。後面載太子因「太宗功業既高」所以「猜忌滋甚」，故建成採取手段「恭順妃嬪，盡力彌縫，以存內助」，同年李綱擔任禮部尚書兼太子詹事上書諫太子：

> ……凡爲人子者，務於孝友，以慰君父之心，不宜聽受邪言，妄生
> 猜忌……〔註27〕

從「務於孝友」、「不宜聽受邪言，妄生猜忌」，推知太子建成當時對世民態度，已充滿猜忌且不友善，才會有孫伏伽與李綱的上諫。

故由孫氏諫言，得知李淵在武德初，因喜好畋獵無顧慮到禮制，進而會干擾到平民百姓；因喜好百戲，而有勞動平民之現象；從第三項諫言可窺知玄武之變前夕太子建成與李世民之間的矛盾。然李淵爲何無顧禮制而有所勞動平民，或許是李淵尚未體識到自己已是一國之君，心態尚未調整過來的緣故。

二、高祖用人的方法及其心態上的矛盾

李淵武德四年平王世充後，蘇世長歸順唐朝，歸順後《新語》有這麼一段記載：

> ……高祖責其後服，長（蘇世長）稽首曰：「自古帝王受命，爲逐鹿

〔註25〕〔後晉〕劉昫等撰：〈孫伏伽傳〉，《舊唐書》，卷75，頁2636。
〔註26〕〔後晉〕劉昫等撰：〈長孫皇后傳〉，《舊唐書》，卷51，頁2164。
〔註27〕〔後晉〕劉昫等撰：〈李綱傳〉，《舊唐書》，卷62，頁2376～2377。

之喻。一人得之，萬夫斂手。豈有獲鹿之後，忿同獵之徒，問爭肉之罪也？」高祖與之有舊，遂笑而釋之。……〔註28〕

隋文帝建立隋朝，但猜忌大臣，造成偏聽偏信，濫殺以樹淫威，文帝晚年猜忌之心加厲，導致政壇形成一批奉承上意之佞臣；煬帝繼位後，不僅沒有導正此歪風，反而比他父親更甚，導致隋朝末年政局不穩的主要原因之一。史書形容楊堅：

> 天性沉猜，素無學術，好為小數，不達大體，故忠臣義士莫得盡心竭辭。其草創元勳及有功諸將，誅夷罪退，罕有存者……逮於暮年，持法尤峻，喜怒不常，過於殺戮。〔註29〕

相對於隋文帝，史書記載高祖李淵的性格「倜儻豁達，任性眞率，寬仁容眾，無貴賤咸得其歡心」，〔註30〕故李淵在隋末朝政敗壞之下，能得人心，不是沒有原因，而這種性格，在其稱帝時也展現出來。上節23、25條，我們看出李淵對於大臣的規諫，有其包容「高祖覽之，悅，賜帛百匹」，還有接受諫言的雅量「高祖每優容之。前後匡諫諷刺，多所弘益。」雖然高祖不是每項都能納諫，如24條高祖即位（武德元年）李綱諫言，高祖「竟不受」。但高祖對這逆耳之忠言還是能容。在《通鑑·唐紀三》

> 甲辰，上考第羣臣，以李綱、孫伏伽爲第一。因置酒高會，謂裴寂等曰：「隋氏以主驕臣諂亡天下，朕即位以來，每虛心求諫，然惟李綱差盡忠款，孫伏伽可謂誠直，餘人猶踵敝風，俛眉而已，豈朕所望哉！……」〔註31〕

高祖對於李綱武德元年之諫言，不僅能容，且隔年「上考第羣臣，以李綱、孫伏伽爲第一。因置酒高會」，說明李淵即使對逆耳之言，他亦不處分諫者，反而「置酒高會」，這與文帝晚年及煬帝性格有很大差異。雖然李淵性格具有包容性，但這「寬仁容眾」的美好品格有時也會因爲個人私情而出現矛盾性格。《新語》59載：

> 李密既降，徐勣尚守黎陽倉，謂長史郭孝恪曰：〔註32〕「魏公既歸

〔註28〕 〔唐〕劉肅撰〈極諫第三〉，《大唐新語》，卷2，頁19。

〔註29〕 〔唐〕魏徵等撰：〈高祖紀下〉，《隋書》，卷2，頁54。

〔註30〕 〔後晉〕劉昫等撰：〈高祖紀〉，《舊唐書》，卷1，頁1～2。

〔註31〕 〔宋〕司馬光：〈高祖武德二年〉，《資治通鑑》，卷187，頁5843。

〔註32〕 《新語》寫「郭恪」，然《貞觀政要》、《舊唐書》敘述與《新語》同一件事，人名皆爲「郭孝恪」，故以《貞觀政要》與《舊唐書》「郭孝恪」人名爲是。

於唐，我士眾土地，皆魏公之有也。吾若上表獻之，即是自邀富貴，吾所恥也。今宜具錄（州縣名數及軍人戶口）〔註33〕以啓魏公，聽公自獻，則魏公之功也。」及使至，高祖聞其表，〔註34〕甚怪之。使者具以聞，高祖大悅曰：「徐勣盛德推功，眞忠臣也。」即授黎州總管，賜姓李氏。〔註35〕

李淵云：「不吝爵賞，漢氏以興。比屋可封，唐之盛德」，〔註36〕得知賞爵、封地，是李淵收人、用人的一種方式（寬仁容眾之延伸）。以《新語》〈忠烈〉120 條爲例：

李玄通刺定州，爲劉黑闥所獲，重其才，欲以爲將軍。……（玄通）拒而不受。將吏有以酒食饋者，玄通曰：「諸君哀吾辱……」。曲終，太息曰：「大丈夫受國恩，鎮撫方面，不能保全所守，亦何面目視息哉！」以刀潰腹而死。高祖爲之流涕，以其子爲將軍。〔註37〕

由此可知高祖是不吝於封賞。〔註38〕而《新語》載徐世勣降唐後，「即授黎州總管，賜姓李氏」，《舊唐書》記載更詳：

詔授黎陽總管、上柱國、萊國公。尋加右武侯大將軍，改封曹國公，賜姓李氏，賜良田五十頃，甲第一區。封其父蓋爲濟陰王，蓋固辭王爵，乃封舒國公，授散騎常侍、陵州刺史。〔註39〕

似乎徐世勣之受封，能證明高祖不吝於封賞，但李密歸唐，李淵只賜密爲光祿卿邢國公。李勣是李密部屬，兩人賞賜怎會差那麼多。此問題，黃永年先生有提到：

主要的是因爲李勣是山東本地人，……是瓦崗軍初建時的高級幹

參〔唐〕吳兢著，謝保成集校：〈論任賢第三〉，《貞觀政要集校》，卷 2，頁 77。〔後晉〕劉昫等撰：〈李勣傳〉，《舊唐書》，卷 67，頁 2484。

〔註33〕 此條校對於結語時說明。

〔註34〕 《新語》此條：「及使至，高祖聞其表，甚怪之。」與原意不通，參《舊唐書》載「使人初至，高祖聞其無表，惟有啓與密，甚怪之。」應是《新語》漏了「無」字。

〔註35〕 〔唐〕劉肅撰：〈公直第五〉，《大唐新語》，卷 3，頁 41。

〔註36〕 〔唐〕溫大雅撰：《唐創業起居注》，（台北：台灣商務印書館，1983 年，《景印文淵閣四庫全書》本，第 303 冊），卷中，頁 973。

〔註37〕 〔唐〕劉肅撰：〈忠烈第九〉，《大唐新語》，卷 5，頁 71。

〔註38〕 《新語》〈忠烈第九〉第 121、122、124 三條亦可證明高祖不吝賞爵（此三條《舊唐書》亦有載）。

〔註39〕 〔後晉〕劉昫等撰：〈李勣傳〉，《舊唐書》，卷 67，頁 2484。

部，在瓦崗軍系統裡資格比李密更老，和多數出身庶族下層的瓦崗
軍將士以及其他山東人的關係比出身世族地主的關中貴族李密更密
切。〔註40〕

除此之外，李密歸唐態度，讓李淵產生疑慮，《舊唐書》載：

> 山東連城數百，知吾（李密）至此，遣使招之，盡當歸國。比於竇
> 融，勛亦不細，豈不以一台司見處乎？〔註41〕

大業十二年後，李密為山東起家的瓦崗軍首領，是反隋勢力其中較龐大的。
其降唐後云：「山東連城數百」，只要知道我（李密）已歸順唐軍，捎封信派
遣使令前往「招之，盡當歸國。」雖然瓦崗軍加入唐軍，對唐軍無疑是鼓舞，
然李淵知其「山東連城數百」之號招性，且李密「驕貴日久，又自負歸國之
功」，〔註42〕而李淵群臣多諫「李密狡猾好反」〔註43〕多少對其來降有所防備。
爾後，李淵得知李密前部下，不附王世充，令李密招集故時將士時，李淵在
以上的矛盾心態下，又徵召他回朝，而李密的反應是「大懼」，這「大懼」說
明李密在李淵政權下的心理，之後李密因反叛而被殺。李密降唐時間是武德
元年十月，不久被封邢國公，十二月反叛被殺，在這短短時間內，來降的瓦
崗軍首領被殺，當然對其他瓦崗軍將領有所衝擊，《通鑑》載此事：

> 李世勣在黎陽，上遣使以密首示之，告以反狀。世勣北面拜伏號慟，
> 表請收葬，詔歸其尸……舉軍縞素，葬密於黎陽山南。密素得士心，
> 哭者多嘔血。〔註44〕

為了安定軍心，不到三個月的時間，高祖找的人就是徐世勣，看重他的原因，
就是黃永年先生所說的背景，故，武德二年閏二月，授黎州總管，封曹國公，
賜姓李氏。封賞之優渥背後是有其政治性及策略性。

上段提到「不吝賞爵」是高祖用人態度。李密被殺，原因是意圖謀反，
似乎對於李淵「寬仁容眾」，不吝封賞互不矛盾，但李密被殺原因是否真的如
此單純，應該仔細推敲，且李淵在某情況下與上述「容眾」性格產生矛盾，《新
語》153 條載：

> 高祖以唐公舉義於太原，李靖與衛文升為隋守長安，乃收皇族害之。

〔註40〕黃永年著：〈李勣與山東〉，《唐代史事考釋》，頁 68。
〔註41〕〔後晉〕劉昫等撰：〈李密傳〉，《舊唐書》，卷 53，頁 2223。
〔註42〕〔宋〕司馬光：〈高祖武德元年〉，《資治通鑑》，卷 186，頁 5824。
〔註43〕〔宋〕司馬光：〈高祖武德元年〉，《資治通鑑》，卷 186，頁 5824。
〔註44〕〔宋〕司馬光：〈高祖武德元年〉，《資治通鑑》，卷 186，頁 5833。

及關中平，誅文升等，次及靖。靖言曰：「公定關中，唯復私仇；若爲天下，未得殺靖。」乃赦之。及爲岐州刺史，人或希旨，告其謀反。高祖命一御史按之，謂之曰：「李靖反，且實便可處分。」御史知其誣罔，與告事者行數驛，佯失告狀，驚懼，鞭撻行典，乃祈求於告事者曰：「李靖反狀分明，親奉進旨，今失告狀，幸救其命，更請狀。」告事者乃疏狀與御史，驗與本狀不同。即日還以聞。高祖大驚，御史具奏，靖不坐。御史失名氏，惜哉！〔註45〕

高祖釋放將被問斬的李靖，但事後對李靖態度，卻與59條高祖用人態度有所差異。153條第二則事件，「及爲岐州刺史，人或希旨，告其謀反」，李靖擔任岐州刺史，約是武德二年至武德五年，〔註46〕而武德二年發生一事件「靖至峽州，阻銑兵，久不得進。上怒其遲留，陰敕許紹斬之」，〔註47〕或許這條材料與《新語》153條第二則材料，似乎不能完全接合，但從「上怒」及「陰敕許紹斬之」，〔註48〕說明《新語》第二則事件未必是空穴來風。從這兩條材料，推知李靖當岐州刺史時，李淵對他有一定成見，而這成見，在義寧元年（或之前），已產生。《資治通鑑・隋紀八載》：

馬邑郡丞三原李靖素與淵有隙，淵入城，將斬之。靖大呼曰：「公興義兵，欲平暴亂，乃以私怨殺壯士乎！」世民爲之固請，乃捨之。世民因召置幕府。〔註49〕

由「有隙」兩字，得知李淵對李靖有成見，「將斬之」可看出這成見已達到要殺他的嚴重地步。然，《舊唐書・李靖傳》載：

靖姿貌瑰偉，少有文武材略，每謂所親曰：「大丈夫若遇主逢時，必當立功立事，以取富貴。」其舅韓擒虎號爲名將，每與論兵，未嘗不稱善，撫之曰：「可與論孫、吳之術者，惟斯人矣。」初仕隋爲長安縣功曹，後歷駕部員外郎。左僕射楊素、吏部尚書牛弘皆善之。

〔註45〕〔唐〕劉肅撰：〈舉賢第十三〉，《大唐新語》，卷6，頁87。
〔註46〕郁賢皓《唐刺史考全編》提到，岐州歷任刺史，武德元年是李神符，柴紹是武德六年至八年，在這兩人之間是李靖，但作者不知年份。換句話說，李靖任岐州刺史至少是武德二年至五年中的其中一年，最多就是武德二年至五年。《唐刺史考全編》第1冊，（安徽大學出版社，2000年1月出版），頁144。
〔註47〕〔宋〕司馬光：〈高祖武德二年〉，《資治通鑑》，卷187，頁5861。
〔註48〕胡三省在此評論云：「不以明詔而陰敕，猶欲以宿憾殺之。」參〔宋〕司馬光：〈高祖武德二年〉，《資治通鑑》，卷187，頁5861。
〔註49〕〔宋〕司馬光：〈恭帝義寧元年〉，《資治通鑑》，卷184，頁5762。

〔註50〕

這段材料說明李靖不論是軍事才華或是治理縣政，在隋朝已受人注意。韓擒虎「每與論兵，未嘗不稱善」，「仕隋為長安縣功曹，後歷駕部員外郎」楊素及牛弘皆讚揚他，此後，李靖將被斬時「太宗固請」，所以李靖才華洋溢，李淵不可能不知道。既然李淵知道李靖軍事的才華，當時又是動亂年代，依高祖用人態度，理應受到重用，怎反而對李靖產生殺之而後快的成見？

　　《通鑑》與《新語》、《舊唐書》都提到李淵將斬李靖時，李靖大呼「唯復私仇未得殺靖」、「以私怨斬壯士乎」、「以私怨殺壯士乎」，這私怨（有隙）如何產生？《舊唐書》提到李靖在大業末，升任馬邑郡丞。煬帝在大業十二年（西元616）十二月詔李淵塞外抗擊突厥。李淵在義寧元年（617年）四月，會突厥於馬邑，淵派遣高君雅拒之，高君雅為突厥所敗，高祖懼獲罪，此時李世民等人勸高祖李淵反叛。〔註51〕當時也在馬邑的李靖觀察高祖，已知道他有謀取天下的志向，於是「自鎖」後「上變」準備向朝廷告發，因途中堵塞作罷，而與李淵結下私仇。但是《新語》第25條提到，武德四年高祖平王世充後，其行臺僕射蘇世長歸順，高祖責備他晚歸，世長曰：「自古帝王受命，為逐鹿之喻。一人得之，萬夫斂手。豈有獲鹿之後，忿同獵之徒，問爭肉之罪也？」〔註52〕高祖與他有舊，遂笑而釋之。由此得知，李淵在戰時，連敵對陣營的蘇世長都能在歸順後「笑而釋之」，爾後，又對世長的諫言有所讚譽。如今，怎會對一個「自鎖上變」，且途中因堵塞而作罷的李靖產生這麼大的私怨，在這點上似乎說不通。

　　隋末之亂，有李氏當王之讖。六朝時期有關李氏（李弘）應讖當王的圖讖傳說，老子子孫降世當治世，流傳相當廣泛，〔註53〕至隋朝李姓（老子子孫）或彌勒轉世當皇帝的佛、道教讖語，也承續下來。《通鑑》卷182大業九

〔註50〕〔後晉〕劉昫等撰：〈李靖傳〉，《舊唐書》，卷67，頁2475。

〔註51〕筆者此段是依《舊唐書》之史料論述。然經李樹桐考證後，並非李世民勸李淵起義。其云：「大業十二年十二月，（高祖）調任太原留守，勸說起義者更多，高祖便不斷的延攬人才招收亡命暗作起義準備。十三年初，王仁恭、高君雅為突厥所敗，煬帝令繫高祖時，他即向其侍側的愛子太宗說明將要起義之意。」參李樹桐著：〈李唐太原起義考實〉，《唐史考辨》，（台北：中華書局，1985年5月四版），頁40。

〔註52〕〔唐〕劉肅撰：〈極諫第三〉，《大唐新語》，卷2，頁19。

〔註53〕參李豐楙著：《六朝隋唐仙道類小說研究》，（台北：學生書局，1997年2月初版二刷），頁282～290。

年（西元 613 年）

> 唐縣人宋子賢，善幻術，能變佛形，自稱彌勒出世，遠近信惑，遂
> 謀因無遮大會舉兵襲乘輿；事泄，伏誅，并誅黨羽千餘家。扶風桑
> 門向海明亦自稱彌勒出世，人有歸心者，輒獲吉夢，由是三輔人翕
> 然奉之，因舉兵反，眾至數萬，丁亥，海明自稱皇帝，改元白烏。
> 詔太僕卿楊義臣擊破之。〔註 54〕

這條材料，一年內宋子賢、向海明，都以轉世圖讖，起兵造反，後被誅。《通
鑑》卷 182 大業十一年（615 年）

> 初，高祖夢洪水沒都城，意惡之，故遷都大興。申明公李穆薨，孫
> 筠襲爵。叔父渾忿其容嗇，使兄子善衡賊殺之。……帝即位，渾累
> 官至右驍衛大將軍，改封郕公，帝以其門族強盛，忌之。會有方士
> 安伽陀言「李氏當爲天子」，勸帝盡誅海內凡李姓者。渾從子將作監
> 敏，小名洪兒，帝疑其名應讖，常面告之。〔註 55〕

洪水沒都城，意旨都城被洪水淹沒毀壞，又方士安伽陀言「李氏當爲天子」，李
氏與洪水，李洪（洪弘同音）應了圖讖，李渾是北周十二大將軍中之第七的李
遠家族，煬帝懼其家族強盛，雖然帝常面告李渾，但煬帝最後還是把李渾、李
敏殺了。不僅李渾因姓李而招忌，煬帝對李淵也是加以防範。《舊唐書》載：

> 高祖歷試中外，素樹恩德，及是結納豪傑，眾多款附。時煬帝多所
> 猜忌，人懷疑懼。會有詔徵高祖詣行在所，遇疾未謁。時甥王氏在
> 後宮，帝問曰：「汝舅何遲？」王氏以疾對，帝曰：「可得死否？」
> 高祖聞之益懼，因縱酒沉湎，納賄以混其迹焉。〔註 56〕

高祖不僅歷任內外官職，在平時對外又樹立恩德，讓他結交許多豪傑，得眾人
誠心依附。「結納豪傑，眾多款附」這情況，煬帝當然是會有所防範，故帝曰：
「可得死否？」一句，讓李淵「聞之益懼」進而以縱酒行賄來掩飾自己的行迹。

　　至隋末群雄蜂起，運用李姓應讖，有李密、李淵及李軌（王世充更改圖
讖用之）。雖然煬帝對於李姓有所防範，但運用圖讖最成功的李淵，對其他李
姓之群雄亦是如此。之前說到李密降唐之態度，雖讓李淵產生疑慮，但真讓
李淵痛下殺手的原因恐怕是李姓圖讖。《通鑑》唐武德元年（西元 618）載：

〔註 54〕〔宋〕司馬光：〈煬帝大業九年〉，《資治通鑑》，卷 182，頁 5686～5687。
〔註 55〕〔宋〕司馬光：〈煬帝大業十一年〉，《資治通鑑》，卷 182，頁 5695。
〔註 56〕〔後晉〕劉昫等撰：〈高祖紀〉，《舊唐書》，卷 1，頁 2。

密至稠桑，得敕，謂賈閏甫曰：「敕遣我去，無故復召我還，天子羈
云『有人確執不許』，此譖行矣。吾今若還，無復生理……苟得至黎
陽，大事必成。公意如何？」閏甫曰：「主上待明公甚厚；況國家姓
名，著在圖讖，天下終當一統。明公既已委質，復生異圖……此事
朝舉，彼兵夕至……爲明公計，不若且應朝命，以明元無異心……」
密怒曰：「唐使吾與絳、灌同列，何以堪之！且讖文之應，彼我所共。
今不殺我，聽使東行，足明王者不死；縱使唐遂定關中，山東終爲
我有。」〔註57〕

這條材料提到，李淵明確的敕李密去招集故時將士，卻無故將其招還，李密
認定有人讒毀。依李密推測，如果回去，定是被殺。所以李密想去黎陽投靠
徐世勣，以圖大事；而李密投靠原因就是「讖文之應」。又李密認爲「讖文之
應」是與李淵所共有，故李淵現在不殺他（或殺不了他），足以證明李密是應
圖讖而不死的王者，縱使「唐（李淵）遂定關中」，但李密認爲山東最終是他
所擁有。故李密降唐後態度如此自負，除了尚有李勣所代領瓦崗軍集團可當
依靠，當然，另一重要原因就是「讖文之應，彼我所共」及「足明王者不死；
縱使唐遂定關中，山東終爲我有」之李氏應世圖讖，所謂一山不容二虎，李
密若回歸瓦崗軍，如縱虎歸山，爾後必是李淵心頭之患，所以在種種層面考
慮下，李淵殺李密，這是必然。而李淵攻擊以李氏圖讖爲號招的陣營不只李
密；李軌於恭帝義寧元年（西元617年）以李氏應世圖讖而稱王，《舊唐書》
〈李軌列傳〉載：

李軌字處則，武威姑臧人也。……時薛舉作亂於金城，軌與同郡曹
珍、關謹、梁碩、李贇、安修仁等謀曰：「薛舉殘暴，必來侵擾，郡
官庸怯，無以禦之。今宜同心戮力，保據河右……」乃謀共舉兵，
皆相讓，莫肯爲主。曹珍曰：「常聞圖讖云『李氏當王』。今軌在謀
中，豈非天命也。」遂拜賀之，推以爲主。〔註58〕

當薛舉作亂於金城，曹珍等共推李軌爲主，以抗薛舉，其主要原因也是「李
氏」之讖。而李軌被殺亦是此因，《通鑑》武德二年（西元619）載：

李軌召其羣臣廷議曰：「唐天子，吾之從兄，今已正位京邑，一姓不
可自爭天下，吾欲去帝號，受其封爵，可乎？」曹珍曰：「隋失其鹿，

〔註57〕〔宋〕司馬光：〈高祖武德元年〉，《資治通鑑》，卷186，頁5380～5381。
〔註58〕〔後晉〕劉昫等撰：〈李軌傳〉，《舊唐書》，卷55，頁2248～2249。

> 天下共逐之，稱王稱帝者，奚當一人！唐帝關中，涼帝河右，固不
> 相妨。且已爲天子，奈何復自貶黜！……」軌從之。戊戌，軌遣其
> 尚書左丞鄧曉入見，奉書稱『皇從弟大涼皇帝臣軌』而不受官爵。
> 帝怒，拘曉不遣，始議興師討之。〔註59〕

李淵本想以拉攏方式，將李軌納入唐軍，故李軌才有「一姓不可自爭天下，吾欲去帝號，受其封爵」這樣的疑問，但最後他接受曹珍「已爲天子，奈何復自貶黜」的建議而作罷，故李軌派遣鄧曉見李淵，奉書稱「皇從弟大涼皇帝臣軌」，不受其封。李淵看到「大涼皇帝臣軌」，其態度是怒不可遏，不僅把鄧曉拘禁，且開始商議興師討伐李軌，武德二年五月河西悉平。

由上述之李氏圖讖，再加上李靖才華，李靖被李淵猜忌實屬正常。《舊唐書》〈宇文士及傳〉載：

> 士及不納遂與封倫等來降，高祖數之曰：「汝兄弟率思歸之卒，爲入
> 關之計，當此之時，若得我父子，豈肯相存，今欲何地自處？」士
> 及謝曰：「臣之罪誠不容誅，……往在涿郡，嘗夜中密論時事，後於
> 汾陰宮，復盡丹赤。……」高祖笑謂裴寂曰：「此人與我言天下事，
> 至今已六七年矣，公輩皆在其後。」〔註60〕

士及與封倫降唐，是高祖武德二年（西元 619）二月。士及對高祖云「嘗夜中密論時事，後於汾陰宮，復盡丹赤。」於夜中密論時事，且是復盡丹赤之事，必然是反隋之事。且高祖亦明與士及論天下事之時間，是在六、七年前，比裴寂等人都還要早。依年份推算，高祖反隋之志，應在煬帝大業八年（西元 612 年）就已開始祕密籌劃，但這幾年的計劃，在馬邑抗突厥過程中，一下子就被李靖給看穿（或是說李靖早已知道李淵反隋之計），李靖因而自鎖上變，雖然未成，這也代表李靖對世局有過人的洞悉力。又李靖將被斬殺前毫無畏懼，並對李淵說「不欲就大事，而以私怨斬壯士乎！」讓李淵壯而釋之，此過人洞悉力及膽識，若不爲李淵所用，無疑對李淵來說將會是一大阻力，加上當時李氏應世之讖，李淵也不得不對他作出防範。所以，往後戰役，李淵雖然用他，卻也處處提防。之前提到，武德二年七月李靖至硤州被蕭銑所阻，有段時間不能前進，高祖暗中下詔硤州都督許紹，把李靖處斬，許紹惜才，爲李靖請命。此事件後，李靖在武德四年向孝恭陳述進軍蕭銑十策，高祖聽

〔註59〕〔宋〕司馬光：〈高祖武德二年〉，《資治通鑑》，卷 187，頁 5840。
〔註60〕〔後晉〕劉昫等撰：〈宇文士及傳〉，《舊唐書》，卷 63，頁 2410。

從其計策，任李靖為行軍總管，兼攝孝恭行軍長史。《通鑑·唐紀》載：

> 四年，李靖說趙郡王孝恭以取蕭銑十策，孝恭上之。二月，辛卯，
> 改信州為夔州，以孝恭為總管，使大造舟艦，習水戰。〔註61〕

李靖之策高祖受用，委李靖於孝恭之行軍長史，並將孝恭實質軍權交由李靖，「三軍之任，一以委靖」，理由是孝恭「未更戎旅」，沒經歷過征戰，這是有問題的。《通鑑》載：

> 蠻酋冉肇則寇信州，趙郡公孝恭與戰，不利。李靖將兵八百，襲擊，
> 斬之，俘五千餘人；己丑，復開、通二州。孝恭又擊蕭銑東平王闍
> 提，斬之。〔註62〕

《通鑑》載，武德三年三月，開州蠻首冉肇則反叛，率兵攻打夔州，李孝恭與他作戰，失利，後因李靖領兵襲擊，使得這場戰役取得勝利。之後，李孝恭擊蕭闍提，將其斬之，這些都是孝恭所經歷征戰。李淵怎會在武德四年時，以「未更戎旅」的理由把孝恭統御三軍之實權，委任於李靖，這與事實有所矛盾。故這軍權實質轉移，應是李靖在隋朝的聲望，及武德二年襲營成功，後斬冉肇則俘擄五千餘人，最後加上李靖陳策之功，使得李淵表面以「未更戎旅」之由，實質卻是以李靖能力，作為統御實權轉換。李靖能力李淵雖然認同，但畢竟還是有提防之心。《舊唐書》在李靖斬冉肇則後有這樣記載：

> 高祖甚悅……因降璽書勞曰：「卿竭誠盡力，功效特彰。遠覽至誠，
> 極以嘉賞，勿憂富貴也。」又手敕靖曰：「既往不咎，舊事吾久忘之
> 矣。」〔註63〕

材料裡提到「遠覽至誠」、「既往不咎，舊事吾久忘之矣」，既然是「吾久忘之矣」的「自鎖上變」（或是另有事件）之舊事，怎現在還提起；又說「遠覽至誠」，可見李淵在此之前（之後未必沒有），時時注意李靖之心態是否有「不誠」，而這「不誠」又是以「李氏應讖」當作背景。在《通鑑》武德四年二月有條材料：

> 并州安撫使唐儉密奏：「真鄉公李仲文與妖僧志覺有謀反語，又娶陶
> 氏之女以應桃李之謠。諂事可汗，甚得其意，可汗許立為南面可汗；
> 及在并州，贓賄狼籍。」上命裴寂、陳叔達、蕭瑀雜鞫之。乙巳，

〔註61〕〔宋〕司馬光：〈高祖武德四年〉，《資治通鑑》，卷188，頁5904。
〔註62〕〔宋〕司馬光：〈高祖武德三年〉，《資治通鑑》，卷188，頁5879。
〔註63〕〔後晉〕劉昫等撰：〈李靖傳〉，《舊唐書》，卷67，頁2476。

仲文伏誅。〔註64〕

這條材料發生在武德四年，李仲文因有謀反語而被密奏，又娶陶氏之女，以應桃李之讖，於是李淵命裴寂等人，調查詢問此謀反事件，不久李仲文因此事件被斬。筆者將李氏應讖事件在武德年間排列如下：武德元年十二月李密反叛；武德二年李軌稱王；武德四年李仲文反叛。在這幾年當中，反叛兩件，不歸順一件，每一事件年代相近（若加上武德以前，會更多），更何況李靖「自鎖」事件在前，不得不讓李淵對李靖有所提防，也因如此，才會讓底下人趁此機，「及爲岐州刺史，人或希旨」，告其謀反之事件。由此可知，李淵「寬仁容眾」、「不吝爵賞」是李淵收人、用人方法，但若遇上「李氏應讖」之類捕風捉影的讖語，李淵的疑心與防衛可會狠準出擊。

三、結　語

　　唐代史料在某種程度上遭到更改，使得唐史裡的高祖充滿爭議，導致研究唐史學者對其評價褒貶不一，經過近來學者不斷考釋，使得高祖人物形象漸漸清晰。在唐朝，士人以擔任史官爲榮，雖然大部份士人無法進入國史館修史，但他們會以筆記體的形式記錄當時歷史事件；安史亂後國史散落於民間，〔註65〕使得民間筆記作者可記載國史部份片段於筆記中。《新語》所記載高祖，絕大部份的材料與《舊唐書》記載相差無幾，〔註66〕換句話說《新語》作者劉肅所選用的材料，有一部份極可能與《舊唐書》材料來源相同，但也有可能是《舊唐書》承襲《新語》之說法，所以《新語》裡記載高祖李淵的史事具有一定之信度（依正史的角度而言）。

　　作者劉肅在謄寫過程中，或後人傳抄中，文字難免有所遺漏，導致文句語意上會有不明之處，筆者以《新語》59 條爲例「……徐勣尙守黎陽倉，謂長史郭孝恪曰：「魏公既歸於唐，我士眾土地，皆魏公之有也……今宜具錄以啓魏

〔註64〕〔宋〕司馬光：〈高祖武德四年〉，《資治通鑑》，卷 188，頁 5904。

〔註65〕周勛初先生提到：「唐代筆記小說中史學的成份之特別濃鬱，還有這麼一層因素的激發，那就是《實錄》《國史》的散落人間，人們可以自由閱讀，任意剪裁，從而形成了這類著作的勃起。」文見周勛初〈唐代筆小說的材料來源〉，《周勛初文集》第 5 集，頁 82。

〔註66〕《大唐新語》記錄高祖材料共十一條材料，分別是 23、24、25、59、153、120、121、122、124、133、138 條，這十一條材料《舊唐書》都有相關記載，大部份文句上都一樣。關於 153 條，其前段與《舊唐書》相符，後段所多出一大段文句（從，及爲岐州刺史至結束）是《舊唐書》無記載。

公⋯⋯」〔註67〕這條所載人名及語詞有錯（筆者在註腳 122、124 已敘述校對經過），導致筆者讀此條時難以明白前後文。筆者於此再提出一闕漏語詞「今宜具錄以啓魏公」，作者劉肅無提到李勣要「具錄」什麼給李密，〔註68〕參《舊唐書》〈李勣傳〉即可明瞭，其載「⋯⋯今宜具錄州縣名數及軍人戶口，總啓魏公⋯⋯」〔註69〕李勣所「具錄」的文件是「州縣名數及軍人戶口」，使得《新語》所載有闕誤的材料，得以更加明瞭。雖然閱讀筆記材料有時會遇到文字闕漏，〔註70〕參核史書傳記後，可以補足其闕漏不明之處。但相對也可以輔助史傳材料之不足，以《新語》153 條為例，「（李靖）及為岐州刺史，人或希旨，告其謀反。高祖命一御史按之⋯⋯」〔註71〕此條前段部份《舊唐書》亦載，但筆者所引述部份《舊唐書》、《新唐書》及《通鑑》都無提到。史傳載李靖與李淵早有嫌隙，而李靖任岐州刺史是在武德二年至五年間，上節筆者提過武德元年、二年及四年，皆發生李氏圖讖所產生的軍事行動，在這幾年間，有人迎合李淵之意旨，誣告李靖謀反，的確可能發生，因事後史料證明，李淵對李靖有一定程度上的懷疑，故《新語》此條可補史傳記載的不足。

劉肅當時背景，德宗朝稅賦頗重（筆者在第四章第三節會論述），加上德宗恣意向地方、藩鎮收取貢禮，〔註72〕導致平民百姓，納稅日益嚴重，故劉

〔註67〕〔唐〕劉肅撰〈公直第五〉，《大唐新語》，卷 3，頁 41。

〔註68〕《舊唐書》載：「越王侗稱帝・六月，宇文化及擁兵十餘萬至黎陽。侗遣使授密太尉、尚書令、東南道大行臺行軍元帥、魏國公」參〔後晉〕劉昫等撰：〈李密傳〉，《舊唐書》，卷 84，頁 3683。

〔註69〕〔後晉〕劉昫等撰：〈李勣傳〉，《舊唐書》，卷 67，頁 2484。

〔註70〕《大唐新語》經過許德楠、李鼎霞先生之點校，雖已趨於完備，還是有不足之處。故大陸學者李南暉在在此書基礎上又校出數十條之錯誤雖經李南暉之校訂，但此書還是有些謬誤，如筆者所舉之例。雖說如此，此版本已是諸版本中最好，因此書點校說明裡提到：「此次校點整理，以稗海本為底本，以明嘉靖潘玄度刻本、四庫全書（文津閣本）寫本及明人抄本殘卷為主要對校本，並參校其他各書，擇善而從。」故筆者以許德楠、李鼎霞點校：《大唐新語》，（北京中華書局 1984 年 6 月）版本為主。

〔註71〕〔唐〕劉肅撰：〈舉賢第十三〉，《大唐新語》，卷 6，頁 87。

〔註72〕《劍橋中國隋唐史》：「德宗本人鼓勵地方送上直接入他私囊的法定以外的貢禮，從而助長了地方官員日益嚴重的財政自治和不法行為。」參〔英〕崔瑞德編：《劍橋中國隋唐史》，（北京：中國社會科學出版社，1990 年，12 月（2006年 12 月重印）），頁 462。又呂思勉云：「初定兩稅，計錢而輸綾絹，既而物價愈下，所納愈多。⋯⋯比大曆之數再倍。⋯⋯藩鎮所擅之地，則又縱其剝民而分取焉。《志》云：『常賦之外，進奉不息。』」參呂思勉著：《隋唐五代史》（上），（上海：上海古籍出版社，2005 年 11 月），頁 280～281。以下引用到

肅將孫伏伽上諫三事納入〈極諫〉，亦能說明作者之目的。而《大唐新語》記載李靖謀反的事件（153 條），劉肅安排在〈舉賢第十三〉似乎是提醒「理國者」，不能因爲個人嫌隙，將人材排除在外；23、24、25 條（孫伏伽、李綱、蘇世長諫言）是安排在《大唐新語》裡的〈極諫第三〉，用意當然是提醒「理國者」以此爲戒，或許劉肅當時可能遭遇到類似的背景，故從《大唐新語》篇名〈匡贊〉、〈極諫〉、〈舉賢〉……之安排，可以窺知劉肅撰作此書的意圖。

第二節　唐太宗

一、唐太宗感念杜如晦之匡贊

《新語》〈匡贊篇〉〔註73〕第一條記載杜如晦對於太宗之匡贊，在如晦死後，太宗嚐瓜而對其有所感念：

> 杜如晦，少聰悟，精彩絕人。太宗引爲秦府兵曹，俄改陝州長史。房玄齡聞於太宗曰：「餘人不足惜，杜如晦聰明識達，王佐之才。若大王守藩，無所用之，必欲經營四方，非此人不可。」太宗乃請爲秦府掾，封建平縣男，補文學館學士。……貞觀初，爲右僕射，玄齡爲左僕射。太宗謂之曰：「公爲僕射，當須大開耳目，求訪賢哲，此乃宰相之弘益。……」自是，臺閣規模，皆二人所定。……太宗每與玄齡圖事，則曰：「非如晦莫能籌之。」及如晦至，卒用玄齡之策。二人相須，以斷大事。迄今言良相者，稱房杜焉。及如晦薨，太宗謂虞世南曰：「吾與如晦，君臣義重。不幸物化，實痛於懷。……」後太宗嘗新瓜美，愴然悼之，輟其半，使置之靈座。……泫然流涕。以黃銀帶辟惡，爲鬼神所畏，命取金帶，使玄齡送之於其家也。〔註74〕

這條材料重點有三，一是杜如晦因房玄齡之薦，受太宗重用，二是如晦受太宗重用之因，三是如晦死後太宗追思。作者在〈匡贊篇〉描述這段，無非想說明君臣之情深。匡贊是匡正輔佐的意思，把杜如晦放進〈匡贊篇〉，作者提到原因

上述兩本書之版本依此。

〔註73〕匡贊是匡正輔佐之意。《舊唐書》載：「劉納言收其餘藝，參侍經史，自府入宮，久淹歲月，朝遊夕處，竟無匡贊。」參〔後晉〕劉昫等撰：〈秦景通傳〉，《舊唐書》，卷189，頁 4956。

〔註74〕〔唐〕劉肅撰：〈匡贊第一〉，《大唐新語》，卷1，頁 3～4。

是「太宗每與玄齡圖事，則曰：『非如晦莫能籌之。』及如晦至，卒用玄齡之策。二人相須，以斷大事。迄今言良相者，稱房杜焉。」但這條材料，只說明如晦至，卒用玄齡之策，後幫太宗斷大事。使得太宗對如晦有深厚君臣之情，似乎有點單簿。若將史料一一排列，可說明這段簡短描述的背後意義。

　　由兩唐書史臣評論，可得到一些線索。《舊唐書·杜如晦傳》史臣評論：

　　　　史臣曰：房、杜二公，皆以命世之才，遭逢明主，謀猷允協，以致昇平。……世傳太宗嘗與文昭圖事，則曰「非如晦莫能籌之」。及如晦至焉，竟從玄齡之策也。蓋房知杜之能斷大事……〔註75〕

《新唐書·列傳·杜如晦》載：

　　　　贊曰：……天下已平，用玄齡、如晦輔政。……唐柳芳有言：「帝定禍亂，而房、杜不言功；王、魏善諫，而房、杜讓其直；……是後，新進更用事，玄齡身處要地，不吝權，善始以終，此其成令名者。」諒其然乎！如晦雖任事日淺，觀玄齡許與及帝所親款，則謨謀果有大過人者，方君臣明良，志叶議從，相資以成……〔註76〕

上引新舊唐書贊論，《舊唐書》之贊與《新語》描述相差無幾，不過多加了幾個字。我們看《舊唐書》之贊「及如晦至焉，竟從玄齡之策也。蓋房知杜之能斷大事，杜知房之善建嘉謀」。由後兩句我們得知房玄齡與杜如晦兩人的特點，「杜能斷大事，房善建嘉謀」，故《新語》記載的「二人相須，以斷大事」參證《舊唐書》，彼此是一致的。又《新唐書》贊云：「如晦雖任事日淺，觀玄齡許與及帝所親款，則謨謀果有大過人者，方君臣明良，志叶議從，相資以成。」這段話道出杜如晦在太宗身旁「任事日淺」，因玄齡、太宗知人與善任，所以才會有「君臣明良，志叶議從，相資以成」的結果。然，《新語》所記的君臣深厚情感，如何在「任事日淺」這樣的時間培養出來呢？我們排除李世民內在性格不談，從外在因素探討，或許可解釋這問題？杜如晦生於開皇四年（或五年，西元 584 年左右），他開始投入政治是在大業年間。〔註77〕推算時間，大業元年（西元 605 年）杜如晦是二十二歲左右，此時，他尚未

〔註75〕〔後晉〕劉昫等撰：〈杜如晦傳〉，《舊唐書》，卷66，頁2472。

〔註76〕〔宋〕歐陽修等撰：〈杜如晦傳〉，《新唐書》，卷69，頁3866。

〔註77〕兩唐書裡記載，隋朝大業年間，杜如晦參加吏部人材預選，侍郎高孝基評論他「公有應變之才，當為棟梁之用，願保崇令德。」之後被選為滏陽尉，不久棄官而歸。又，杜如晦在貞觀四年過世，年四十六，往前推算，杜如晦生於開皇四或五年。

與秦王李世民接觸，史料寫杜如晦與李世民正式接觸的時間，是在高祖平京城時候，〔註78〕也就是大業十三、四年左右（大業十四年即是武德元年，西元618年），此時杜如晦應該是三十三、四歲。武德四年（西元621年）高祖立天策府特置秦王李世民爲天策上將，冬天，領司徒、陝東道大行臺，杜如晦三十七歲，任王府屬。任王府屬，是由房玄齡推薦的，也就是《新語》〈匡贊篇〉的第一段房玄齡與李世民的對話：

> 太宗引（如晦）爲秦府兵曹，俄改陝州長史。房玄齡聞於太宗曰：「餘人不足惜，杜如晦聰明識達，王佐之才。若大王守藩，無所用之，必欲經營四方，非此人不可。」太宗乃請爲秦府掾，封建平縣男，補文學館學士。〔註79〕

這條材料的對話在兩唐書與《資治通鑑》都有收錄。由這條材料第一、二句，可推斷太宗對於杜如晦尚不熟悉。因爲，剛開始杜如晦雖爲秦府兵曹，「俄改陝州長史」，又，房玄齡云：「餘人不足惜，杜如晦聰明識達，王佐之才。若大王守藩，無所用之，必欲經營四方，非此人不可。」故，李世民如果了解如晦有王佐材幹，怎會讓如晦不留在自己身邊（馬上外遷陝州長史），非要等到房玄齡推薦提醒？筆者以《舊唐書》及《通鑑》材料加以佐證，《舊唐書》載：

> ……杜如晦聰明識達，王佐才也。……太宗大驚曰：「爾不言，幾失此人矣，遂奏爲府屬……」〔註80〕

《資治通鑑》載：

> ……房玄齡曰：「餘人不足惜，至於杜如晦，王佐之才，大王欲經營四方，非如晦不可。」世民驚曰：「微公言，幾失之。即奏爲府屬。」……
> 〔註81〕

這兩條材料，可以較清晰看出秦王李世民態度。從那可看出「太宗大驚曰：爾不言，幾失此人矣」、「世民驚曰：微公言，幾失之。」，這「驚」字，是房玄齡提醒世民之後，太宗才有恍然大悟的表現，不然就「幾失之」。也因玄齡提醒，武德四年十月，宮城之西開文學館，杜如晦因而補進文學館當學士，《新語》云「補文學館學士」，這「補」字、「驚」字，證明太宗之前對於杜如晦

〔註78〕兩唐書記載，高祖平京城，杜如晦被秦王引爲秦王府兵曹參軍。
〔註79〕〔唐〕劉肅撰：〈匡贊第一〉，《大唐新語》，卷1，頁3。
〔註80〕〔後晉〕劉昫等撰：〈杜如晦傳〉，《舊唐書》，卷66，頁2468。
〔註81〕〔宋〕司馬光：〈高祖武德四年〉，《資治通鑑》，卷189，頁5932。

尚未完全了解，假若當時有注意，何須事後「補」進。故，杜如晦當時未受到秦王李世民特別的注意，即使有亦不多。之後，「如晦與玄齡常從世民征伐，參謀帷幄，軍中多事，如晦剖決如流」，〔註82〕杜如晦的才能這時才嶄露頭角，但這也是杜如晦三十七歲十月之後的事。

　　杜如晦在三十八歲之後，發生什麼事，可以讓太宗對死後的杜如晦念念不忘呢？玄武門之變。《資治通鑑》唐紀八載：

> ……（世民）命陳叔達於殿下唱名示之，且曰：「朕敘卿等勳賞或未當，宜各自言。」於是諸將爭功，紛紜不已。淮安王神通曰：「臣舉兵關西，首應義旗，今房玄齡、杜如晦等專弄刀筆，功居臣上，臣竊不服。」上曰：「義旗初起，叔父雖首唱舉兵……玄齡等運籌帷幄，坐安社稷，論功行賞，固宜居叔父之先……」〔註83〕

武德九年，太宗世民在堂上論功行賞，李神通提出這樣疑問「臣舉兵關西，首應義旗，今房玄齡、杜如晦等專弄刀筆，功居臣上，臣竊不服。」太宗回答是「玄齡等運籌帷幄，坐安社稷，論功行賞，固宜居叔父之先」，太宗的回答是可以提出質疑，因為唐高祖爭天下，不僅只靠李世民，還有建成、元吉，〔註84〕更不用說還有其他諸將，若真要論功行賞建成、元吉、李靖、李勣功勞不會比房玄齡、杜如晦這些人低。且在此之前，武德九年八月李淵內禪，十月太宗李世民就頒佈「功臣實封差第」

> 裴寂加食九百戶，通前為一千五百戶，長孫無忌、王君廓、尉遲敬德、房玄齡、杜如晦等五人食邑一千三百戶，長孫順德、柴紹、羅藝、趙郡王孝恭等四人食邑一千二百戶，侯君集、張公瑾、劉師立等三人食邑一千戶，李勣、劉弘基二人食邑九百戶，高士廉、宇文士及、秦叔寶、程知節四人七百戶，……張亮、李藥師、杜淹、元仲文十人各食四百戶，張長遜、張平高、李安遠、李子和、秦行師、馬三寶六人各食三百戶。〔註85〕

〔註82〕〔宋〕司馬光：〈高祖武德四年〉，《資治通鑑》，卷189，頁5932。

〔註83〕〔宋〕司馬光：〈高祖武德九年〉，《資治通鑑》，卷192，頁6022。《舊唐書》亦載此條，然《舊唐書》載此條年份為貞觀元年。筆者以《通鑑》年月為繫年，但太宗與李神通論功行賞，亦在玄武之變後，無防行文。

〔註84〕黃永年先生提出：「李淵太原起兵後一直讓建成、世民共同充當統帥，直到正式稱帝為止，其間建成、世民都完成了任務，並無顯著的高下優劣之分。」參黃永年著：〈論武德貞觀時統治集團的內部矛盾和鬥爭〉，《唐代史事考釋》，頁20。

〔註85〕〔後晉〕劉昫等撰：〈劉文靜傳〉，《舊唐書》，卷57，頁2294～2295。

這份名單，在黃永年《唐代史事考釋》中提到「以上站在李世民一邊，爲他奪取政權出了力共計二十七人，占新增補功臣三十六人的百分之七十五。」，〔註86〕且他又提到，世民雖與建成、元吉的矛盾進一步尖銳，但建成與元吉沒預料到李世民會發動玄武門軍事政變。〔註87〕導致情勢整個改觀，讓建成、元吉出乎預料的決定，竟然出自長孫無忌、房玄齡、杜如晦與尉遲敬德：

> 時房玄齡、杜如晦皆被高祖斥出秦府，不得復入。太宗令長孫無忌密召之，玄齡等報曰：「有敕不許更事王，今若私謁，必至誅滅，不敢奉命。」太宗大怒，謂敬德曰：「玄齡、如晦豈背我耶？」取所佩刀授敬德曰：「公且往，觀其無來心，可並斬其首持來也。」……於是玄齡、如晦著道士服隨無忌入，敬德別道亦至。〔註88〕

所以，上面那份名單，若不算裴寂，〔註89〕李世民奪政功臣當然非房、杜、長孫、尉遲這四位莫屬。所以唐太宗云：「玄齡等有籌謀帷幄定社稷功」這句話，可以有討論的空間，「定社稷功」這「社稷」不是指唐開國社稷，而是指「太宗朝」的社稷。這也才讓杜如晦在玄武門之變後官位如此平順。〔註90〕然如晦生命短暫，四十六歲卒。在玄武門之變後，他已四十二歲左右，雖然不到四年的時間中，他官位平步青雲，唐太宗給他豐厚的物質生活與權利，而且君臣一起革命的情感，亦不能讓他忘懷，故太宗對如晦的死，才會耿耿於懷，也才會有《新語》所述的事蹟。

由上所述，再參照杜氏在貞觀時期，對朝政的貢獻，可發現《新語》所

〔註86〕黃永年著：〈論武德貞觀時統治集團的內部矛盾和鬥爭〉，《唐代史事考釋》，頁13。

〔註87〕參看黃永年著：〈論武德貞觀時統治集團的內部矛盾和鬥爭〉，《唐代史事考釋》，頁19～25。

〔註88〕〔後晉〕劉昫等撰：〈尉遲敬德傳〉，《舊唐書》，卷68，頁2498。

〔註89〕黃永年指出：「其實這個父子（李淵與李世民）矛盾早在武德初年就存在，當時朝廷重臣裴寂和劉文靜之爭，就是這個矛盾的初步公開化。」裴寂是唐高祖身邊的重臣，劉文靜後來被李淵所殺，黃氏認爲「這實際上是李淵、裴寂爲防止內部出現派系小集團而畜意剪除李世民的羽翼。」但，當玄武之變後，李世民給劉文靜追封，徹底平反，而裴寂到最後是免官放歸本邑蒲州。參黃永年著：〈論武德貞觀時統治集團的內部矛盾和鬥爭〉，《唐代史事考釋》，頁4～8。

〔註90〕杜如晦在武德九年七月升右庶子杜如晦爲兵部尚書；九月封杜如晦爲蔡國公；貞觀三年二月任尚書右僕射，四年三月杜如晦薨。

載「迄今言良相者，稱房杜焉」〔註91〕值得斟酌的。《新語》載：

> 貞觀初，爲右僕射，玄齡爲左僕射。太宗謂之曰：「公爲僕射，當須
> 大開耳目，求訪賢哲……」自是，臺閣規模，皆二人所定。〔註92〕

雖然「臺閣規模，皆二人所定」，〔註93〕但依《舊唐書》載，兩人參與朝政時間是貞觀三年二月〔註94〕（西元 629 年），然貞觀三年十二月杜如晦因疾而辭位，貞觀四年（西元 630 年）三月薨，對於長達二十三年的「貞觀之治」，杜氏眞能爲朝貢獻程度有限，故《舊唐書》〈魏徵傳〉記載：

> 太宗謂侍臣曰：「貞觀以前，從我平定天下，周旋艱險，玄齡之功，
> 無所與讓。貞觀之後，盡心於我，獻納忠讜，安國利民，犯顏正諫，
> 匡朕之違者，唯魏徵而已。」〔註95〕

上述材料雖是讚美魏徵，但太宗談及貞觀之治前後大臣的貢獻，杜如晦似乎還比不上房玄齡與魏徵。然而後人爲何對杜如晦評價高，因《舊唐書》、《新唐書》將房、杜兩人合傳；史書記載杜氏幫李世民有「定社稷」之功，讓太宗對大唐江山有所發揮，成爲「貞觀之治」嘉話，讓後人產生杜如晦亦是「貞觀」賢相的移情作用。然杜氏是武德四年，經房玄齡推薦，正式進入秦王「顧問團」，後受太宗重用，這與房玄齡一開始跟李世民打天下的隨身顧問，有所不同，又按年份排列，從武德九年八月高祖內禪起，太宗才正式開始從政，貞觀三年二月杜如晦才以右僕射參預朝政，貞觀四年薨。故杜如晦眞正開始在太宗身邊（38 歲左右）至其生命結束（46 歲），這八年時間裡，最大功勞就是幫太宗登上帝位，從這角度他是賢相，若從「貞觀之治」〔註96〕的角度來說，杜氏在貞觀史上的貢獻不到四年時間，稱其爲賢相似乎有一種追念感懷的情懷在其中，不得視爲記實。

〔註91〕〔唐〕劉肅撰：〈匡贊第一〉，《大唐新語》，卷 1，頁 3。
〔註92〕〔唐〕劉肅撰：〈匡贊第一〉，《大唐新語》，卷 1，頁 3。
〔註93〕雖說如此，但筆者認爲這是撰史者的讚譽之辭。畢竟整個中央政府機構的行政規模，只由兩人所訂定，似乎有所不足，況且貞觀之前還有高祖李淵執政近九年，規模應是在高祖朝已建立。
〔註94〕《舊唐書》載：「（觀貞三年）二月戊寅，中書令、邢國公房玄齡爲尚書左僕射，兵部尚書、檢校侍中、蔡國公杜如晦爲尚書右僕射，刑部尚書、檢校中書令、永康縣公李靖爲兵部尚書，右丞魏徵爲守秘書監，參預朝政。」參〔後晉〕劉昫等撰：〈太宗紀〉，《舊唐書》，卷 2，頁 36。
〔註95〕〔後晉〕劉昫等撰：〈魏徵傳〉，《舊唐書》，卷 71，頁 2559。
〔註96〕從貞觀元年至二三年。杜如晦貞觀四年三月薨，不到四年時間。

二、太宗因上諫發怒的其中一個面向

太宗是歷史上勇於納諫的帝王之一，但他對於諫言亦有發怒之時，筆者由《新語》裡之相關記載，試說明其原因。《新語》第20條載：

> 太宗幸九成宮，還京，有宮人憩湋川縣官舍。俄而李靖、王珪至，縣官移宮人於別所，而舍靖、珪。太宗聞之，怒曰：「威福豈由靖等！何爲禮靖等而輕我宮人？」即令按驗湋川官屬。魏徵諫曰：「靖等，陛下心膂大臣；宮人，皇后賤隸。論其委任，事理不同。又靖等出外，官吏儆闕庭法式；朝覲；陛下問人間疾苦。靖等自當與官吏相見，官吏亦不可不謁也。至於宮人，供養之外，不合參承。若以此如罪，恐不益德音，駭天下耳目。」太宗曰：「公言是。」遂捨不問。〔註97〕

此條與《舊唐書》〈魏徵傳〉所載相差無幾。而《貞觀政要》〈論君道第一〉載：

> 貞觀初，太宗謂侍臣曰：「爲君之道，必須先存百姓，若損百姓以奉其身，猶割股以啖腹，腹飽而身斃。若安天下，必須先正其身。未有身正而影曲……朕每思傷其身者不在外物，皆由嗜欲以成其禍。若耽嗜滋味，玩悅聲色，所欲既多，所損亦大。既妨政事，又擾生人。〔註98〕

貞觀初太宗對大臣說明安天下之道。重點有二，一是正其身；二是淨其欲。人主常因外在事物而改變，若人主溺於其欲（私），身就不能正，不能正就會「所損亦大。既妨政事，又擾生人」（以私而害公）故正身與淨欲是人主對自身的要求。但即使如此，明主還是會有所矇蔽，太宗亦明白此點。《貞觀政要》〈論政體第二〉載：

> 上謂侍臣曰：「看古之帝王，有興有衰，猶朝之有暮，皆爲蔽其耳目，不知時政得失，忠正者不言，邪諂者日進，既不見過，所以至於滅亡。……」〔註99〕

所以爲政者，不僅要自律，還需他律，方能治國於太平。《新語》〈規諫〉篇，

〔註97〕 〔唐〕劉肅撰〈規諫第二〉，《大唐新語》，卷1，頁13～14。

〔註98〕 〔唐〕吳兢著，謝保成集校：〈論君道第一〉，《貞觀政要集校》，（北京：中華書局，2003年），卷1，頁11。以下引用本書版本依此。

〔註99〕 〔唐〕吳兢著：〈論政體第二〉，《貞觀政要集校》，卷1，頁33。

所要反應的就是這觀點。但這條材料，太宗爲何因「（縣）官移宮人於別所」而發怒，似乎有點不合情理。如魏徵所說「宮人，皇后賤隸」而《舊唐書》載「宮人，皇后掃除之隸」〔註100〕故宮人官品、身份是比李靖、王珪低，漳川縣官當然是「移宮人於別所」然而，這樣的行爲卻觸怒太宗，在此之前，〔註101〕太宗亦有類似行爲，《通鑑》貞觀二年十二月載：

> 上使太常少卿祖孝孫教宮人音樂，不稱旨，上責之。溫彥博、王珪諫曰：「孝孫雅士，今乃使之教宮人，又從而譴之，臣竊以爲不可。」上怒……〔註102〕

祖孝孫因「教宮人音樂」不符合皇上之意而被責難，故太宗發怒定有他之緣由。雷家驥先生提到這樣一段話：

> 秦漢丞相職責，在「掌丞天子，助理萬機。」隋唐宰相則在「助天子而統大政。」嚴格來說，宰相僅爲皇帝治理制度，乃是君權行使的輔助制度，用以助理君主治國及避免君主的意旨行爲產生政治危機，甚至招來亡國之禍。〔註103〕

宰相僅爲皇帝治理制度，是君權行使的輔助制度。換句話說，宰相（更何況樂官與縣官）觸犯君權（皇權），是不被皇帝所允許（因爲宰相只是輔助）。故人臣觸犯到皇權時，皇帝發怒或責備是爲了宣示人臣已侵犯到他的皇權。而皇權定義，會因帝位更替而有所不同。皇權這名詞是抽象，但皇帝可用實質的人、事、物將它表達出來。《隋書》載：

> 大業二年，突厥染干來朝，煬帝欲誇之，總追四方散樂，大集東都。……每歲正月，萬國來朝，留至十五日，於端門外，建國門內，綿延八里，列爲戲場。百官起棚夾路，從昏達旦，以縱觀之，至晦而罷。……三年，駕幸榆林，突厥啓民，朝於行宮，帝又設以示之。六年，諸夷大獻方物。突厥啓民以下，皆國主親來朝賀。乃於天津街盛陳百戲，自海內凡有奇伎……〔註104〕

〔註100〕〔後晉〕劉昫等撰：〈魏徵傳〉，《舊唐書》，卷71，頁2548。
〔註101〕《通鑑》載：貞觀五年九月，「上修仁壽宮，更命曰九成宮」，故《新語》此條必發生於貞觀五年九月之後。
〔註102〕〔宋〕司馬光：〈太宗貞觀二年〉，《資治通鑑》，卷193，頁6060。
〔註103〕雷家驥著：《隋唐中央權力結構及其演進》，（台北：東大圖書發行，1995年初版），頁263。以下引用本書版本依此。
〔註104〕〔唐〕魏徵等撰：〈音樂志〉，《隋書》，卷15，頁381。

此條材料說明，突厥來朝，煬帝欲誇己朝國力，而有上述作爲。從另一角度，煬帝所展示就是自己的皇（威）權。由此得知，皇權是有其延伸性，〔註105〕不僅限於軍事行動，〔註106〕凡舉皇宮建築、宮女演奏朝廷雅樂（俗樂）、陵寢……只要能展現其皇威，都能成爲皇權延伸。除此之外皇宮建築、宮女、陵寢……等亦是皇帝私財。《唐會要》載：

> 貞觀八年十月，營永安宮，至九年正月，改名大明宮，以備太上皇
> 清暑。公卿百僚，爭以私財助役。〔註107〕

「爭以私財助役」說明宮殿建築是屬於皇帝私財，在陳明光《唐代財政史新編》裡提到皇帝私財，包括恩鑭、行幸、興造之費、宮廷侍從的費用以及封賞。〔註108〕故《新語》所載太宗發怒緣由是「何爲禮靖等而輕我宮人？」，從「我宮人」判出「宮人」不僅是屬於皇帝皇權一部份，亦是「宮禁事物」（皇帝私財）不能被侵犯。其他類似情形《新語》亦載，《新語》30條

> 房玄齡與高士廉偕行，遇少府少監竇德素，問之曰：「北門近來有何
> 營造？」德素以聞太宗。太宗謂玄齡、士廉曰：「卿但知南衙事，我
> 北門小小營造，何妨卿事？」〔註109〕

太宗與房玄齡、高士廉說「卿但知南衙事，我北門小小營造，何妨卿事？」，何爲「南衙事」？雷家驥先生提到於唐世有南、北衙事務之分：

> 唐世分有南、北衙，北衙系統及事務，皆爲君主私人系統及事務；
> 南衙則代表政府。〔註110〕

故太宗對房、高二氏所說「卿但知南衙事」，意指大臣只管好政府裡的公事，至於「北門小小營造」，是「我」（皇帝）私人的事，大臣「何妨卿事」。從「我北門」推斷出「皇宮」之建築屬於皇帝「私財」，由太宗對房、高二氏說「卿但知南衙事」，推知「私財」屬於「北衙」系統，故上段所舉「私財」部份都

〔註105〕本文以皇帝「宮禁中事」亦即皇帝私領域爲主。

〔註106〕軍事行動，如戰爭、外使來朝的閱兵……等，這些都是皇權另一展示。以《隋書》爲例：「大業三年，煬帝在榆林，突厥啓民及西域、東胡君長，並來朝貢。帝欲誇以甲兵之盛，乃命有司陳冬狩之禮。」煬帝向突厥展現軍隊強盛。參〔唐〕魏徵等撰：〈禮儀志〉，《隋書》，卷8，頁167。

〔註107〕〔宋〕王溥撰：〈大明宮〉，《唐會要》，卷30，頁644。

〔註108〕參陳明光著：《唐代財政史新編》，（北京：中國財政經濟出版社，1999年二刷），頁96～101。以下引用此書版本依此。

〔註109〕〔唐〕劉肅撰：〈極諫第三〉，《大唐新語》，卷2，頁21～22。

〔註110〕雷家驥著：《隋唐中央權力結構及其演進》，頁266。

屬於「北衙」系統，而「北衙」系統更是直接展現皇權。又《新語》93 條載

> 權善才，高宗朝爲將軍，中郎將范懷義宿衛昭陵，有飛騎犯法，善
> 才繩之。飛騎因番請見，先涕泣不自勝，言善才等伐陵柏，大不敬。
> 高宗悲泣不自勝，命殺之……〔註111〕

由上述材料中，從宮女至陵寢旁的柏樹，若蒙皇帝的重視，皆可象徵皇權，
〔註112〕不僅是皇權，更是皇帝「北衙」事務。所以只要人臣侵犯皇帝「北
衙」事務，且加上皇帝本身認爲這些事務是屬於自己的「權利威嚴」，即使
是大臣，有可能被責罰。故人臣上諫，遇上不可理喻的皇帝，殺身之禍常伴
隨左右。但太宗畢竟是有其過人之處，《新語》28 條載：

> 皇甫德參上書曰：「陛下修洛陽宮，是勞人也；收地租，是厚斂也；
> 俗尚高髻，是宮中所化也。」太宗怒曰：「此人欲使國家不收一租，
> 不役一人，宮人無髮，乃稱其意！」魏徵進曰：「賈誼當漢文之時，
> 上書云：『可爲痛哭者三，可爲長歎者五』。自古上書，率多激切。
> 若非激切，則不能服人主之心。激切即似訕謗，所謂『狂夫之言，
> 聖人擇焉』。惟在陛下裁察，不可責之。否則於後誰敢言者？」乃賜
> 絹二十匹，命歸。〔註113〕

諫言提到修洛陽宮、宮女尙高髻，這些屬於「北衙事務」亦是屬於皇權的一
部份，無怪乎太宗因而發怒，然太宗之所以能成爲一代明君，因爲他在「宮
禁中事」（北衙）部份，處理的好，即使上諫內容「似訕謗」，太宗不會以私
（北衙）而害公（南衙），使得大臣勇於上諫，進而對治權有所發揮。也因如
此，讓後人評太宗皇帝「有政道、治道二元分離之意。」〔註114〕

三、論貞觀初刑網稍密

唐初太宗對於刑法過於嚴密而提出一質問，《新語》89 條載：

〔註111〕〔唐〕劉肅撰：〈持法第七〉，《大唐新語》，卷4，頁56。
〔註112〕王毅提到：「廣義制度文化系對皇權政體的支撐和保障，一般都要涉及非常繁
多文化領域的情況。」作者是以皇宮建築爲例。請參王毅著：《中國皇權制度
研究》，（大陸：北京大學出版社，2007 年 10 月初版），上冊，頁 52。
〔註113〕〔唐〕劉肅撰：〈極諫第三〉，《大唐新語》，卷2，頁 21。此條《貞觀政要》
亦記，參〔唐〕吳兢著，謝保成集校：〈論納諫第五〉，《貞觀政要集校》，卷
2，頁 106。
〔註114〕雷家驥著：《隋唐中央權力結構及其演進》，頁 273。

太宗問大理卿劉德威曰：「近來刑網稍密，何也？」對曰：「誠在君上，不由臣下。主好寬則寬，好急則急。律文：失入減三等，失出減五等。今則反是，失入無辜，失出則獲戾，所以吏各自愛，競執深文，畏罪之所致也。」太宗深納其言。〔註115〕

這條材料說明唐初執法官員似乎有執法過當之嫌疑。劉德威云：「誠在君上，不由臣下。主好寬則寬，好急則急。」，因此使得執法人員揣摩上意而執法過當。爲何有此情況發生，在貞觀五年時（河內人）李好德患疾，「語涉妄妖」，〔註116〕張蘊古審此案，後權萬紀彈劾張氏枉法，被太宗下令斬於東市。此事件後《舊唐書》載：

太宗既誅張蘊古之後，法官以出罪爲誡，時有失入者，又不加罪焉，由是刑網頗密……〔註117〕

先不論張氏有無枉法之問題，若只依唐律來論法官出入罪，〔註118〕張氏是不能被判死刑。《唐律疏議・斷獄律》「官司出入人罪及別使通狀失情」（總487）條載：

……即別使推事，通狀失情者，各又減二等；所司已承誤斷訖，即從失出入法。雖有出入，於決罰不異者，勿論。【疏】議曰：「別使推事」，謂充使別推覆者。「通狀失情」，謂不得本情，或出或入。「失入者，於失入減三等上又減二等；於失出減五等上又減二等……」〔註119〕

唐代司法訴訟程序大致是縣－州－尚書左右丞－三司授事－上表－撾登聞鼓。〔註120〕所以河內人李好德之訴訟，理應由河內縣官先審。〔註121〕《舊唐

〔註115〕〔唐〕劉肅撰：〈持法第七〉，《大唐新語》，卷4，頁55。

〔註116〕〔後晉〕劉昫等撰：〈張蘊古傳〉，《舊唐書》，卷190，頁4993。此條《通鑑》載於貞觀五年。

〔註117〕〔後晉〕劉昫等撰：〈刑法志〉，《舊唐書》，卷50，頁2140。

〔註118〕《唐律疏義・斷獄律》「官司出入人罪及別使通狀失情」條（總487）載：「諸官司入人罪」；注云：「謂故增減情狀足以動事者，若聞知有恩赦而故論決，及示導令失實辭之類。」也就是說司法官員故意增加（入人於罪）或減少（出人於罪）犯罪的事實與後果足以變動罪情的，或者聽說將有赦罪而故意判決執行刑罰，及暗示引導使罪犯不從實招供之類的情況，就是「出入罪」。而「出入罪」又有分故意與非故意；也就是故意「入人於罪」或非故意「入人於罪」；或是故意「出人於罪（幫人脫罪）」，非故意「出人於罪」。參〔唐〕長孫無忌撰：《唐律疏議》，卷30，頁604。

〔註119〕〔唐〕長孫無忌撰：《唐律疏義新注》，卷30，頁606。

〔註120〕陳登武著：《從人間世到幽冥界——唐代的法制、社會與國家》，（台北：五南

書》載「李好德風疾瞀亂，有妖妄之言，詔按其事」，〔註122〕由李氏因風疾而瞀亂（精神混亂）之敘述，得知李氏已先受審過，不然如何得知李氏已患「風疾」，再者皇帝下「詔」遣張蘊古按其事，張氏當時是大理丞，陳登武先生提到：「大理寺是司法覆核機關，不是受狀審理機關」〔註123〕更能證明此件已審。所以由上推知張蘊古所犯之「出入罪」，適用於筆者上述所引之唐律——「別使推事」條，張氏上奏「好德癲病有徵，法不當坐」〔註124〕所判是「出罪」，依律「失出」減五等上又減二等。而李氏是因「妖妄之言」而獲罪，罪責如何？《唐律疏議・賊盜律》「造祆書祆言及傳用惑眾」（總268）條載：

> 諸造祆書及祆言者絞。傳用以惑眾者，亦如之；其不滿眾者，流三千里。言理無害者，杖一百。即私有祆書，雖不行用，徒二年；言理無害者，杖六十。〔註125〕

李好德初審是因「風疾瞀亂」導致有「妖妄之言」不至於被判絞刑，〔註126〕然而妖言惑眾在當時茲事體大，故太宗詔張氏重新按之，張氏審後依原判上奏。依唐律最嚴重之結果作假設，假若初審法官故意判李氏不用絞刑（出罪），張氏覆核之，事後東窗事發，原法官因「出罪」之故依律應被判絞刑，但張氏是「別使推事」，依律「於失出減五等上又減二等」，不用被判死刑，更何況初審法官是否爲故意，史書無交待。但事後張氏卻被太宗因「阿縱好德，是亂吾法也」〔註127〕下令斬於東市，雖然太宗事後馬上懊悔，「因發制，凡決死者，命所司五覆奏，自蘊古始也」〔註128〕但錯殺之事實已成，但由太宗事後之態度更能證明此事執法不公。而在此事件（貞觀五年）之前，太宗亦有類似之情形，《新語》90條載：

圖書出股份有限公司），頁46。以下所引用此書版本依此。

〔註121〕（武德）四年，移懷州於今治野王城……懷州領河內、武德、軹、濟源五縣……天授元年，改爲河內郡。乾元元年，復爲懷州。舊領縣九：河內、武德、修武、獲嘉、武陟、溫、河陽、濟源、王屋。參〔後晉〕劉昫等撰：〈地理志二・河北道〉，《舊唐書》，卷39，頁1489。

〔註122〕〔後晉〕劉昫等撰：〈刑法志〉，《舊唐書》，卷50，頁2139。

〔註123〕陳登武著：《從人間世到幽冥界——唐代的法制、社會與國家》，頁46。

〔註124〕〔後晉〕劉昫等撰：〈刑法志〉，《舊唐書》，卷50，頁2139。

〔註125〕〔唐〕長孫無忌撰：《唐律疏議》，卷18，頁373。

〔註126〕因史料敘述不詳，故不知李好德是否有達到因祆言而惑眾（三人以上）之地步。若依史料記載而推測，應該是有，不然不會驚動到太宗皇帝。

〔註127〕〔後晉〕劉昫等撰：〈刑法志〉，《舊唐書》，卷50，頁2139。

〔註128〕〔後晉〕劉昫等撰：〈張蘊古傳〉，《舊唐書》，卷190，頁4994。

張玄素爲侍御史，彈樂蟠令叱奴騭盜官糧。太宗大怒，特令處斬。
中書舍人張文瓘執據律不當死。太宗曰：「倉糧事重，不斬恐犯者眾。」
魏徵進曰：「陛下設法，與天下共之。今若改張，人將法外畏罪。且
復有重於此者，何以加之？」騭遂免死。〔註129〕

《唐會要》繫此事件之年份爲貞觀二年。〔註130〕喬偉《唐律研究》提到「（唐朝）一般竊盜無死罪，最高刑罰爲加役流。……監守自盜可以加至死刑。」〔註131〕這段話似乎可說明太宗斬樂蟠縣令是有法源依據，但魏徵等人，向太宗力爭竊盜不處斬也有法律可依。《唐律疏議‧賊盜律》「監臨主守自盜及盜所監臨財物」（總283）條載：

諸監臨主守自盜及盜所監臨財物者，加凡盜二等，三十疋絞。【疏】
議曰：「……又如州、縣官人盜部內人財物，是爲『盜所監臨』。……」
〔註132〕

叱奴騭是樂蟠縣令，盜官糧，官糧是縣令「所監臨」〔註133〕之財物。依唐律推論，縣令監守自盜，罪加二等，假若所盜之物超過三十匹的價值，須絞死。但《新語》載，張文瓘與魏徵諫太宗曰：「據律不當死」，由此推知，叱奴騭所盜官糧價值應不超過三十疋。又《唐律疏議‧賊盜律》「盜制書官文書」（總273）條載：

諸盜制書者，徒二年。官文書，杖一百；重害文書，加一等；紙券，
又加一等。【疏】議曰：……「重害文書，加一等」合徒一年。注云：
「亦謂貪利之」，亦如上條盜印籍爲財用，無所施行。「重害」，謂徒
罪以上獄案及婚姻，良賤、勳賞、黜陟、授官、除免之類，稱「之
類」者，謂倉糧財物、行軍文簿帳……盜者各徒一年……〔註134〕

〔註129〕 〔唐〕劉肅撰：〈持法第七〉，《大唐新語》，卷4，頁55。《唐會要》亦載此事
件，參〔宋〕王溥撰：〈尚書省諸司中‧左右丞〉，《唐會要》，卷58，頁1170。
〔註130〕 〔宋〕王溥撰：〈尚書省諸司中‧左右丞〉，《唐會要》，卷58，頁1170。
〔註131〕 喬偉著：《唐律研究》，（濟南：山東人民出版社，1985年4月初版），頁226。
〔註132〕 〔唐〕長孫無忌撰：《唐律疏議》，卷19，頁388～389。
〔註133〕 監臨：有管轄權及處置權的官員。請參錢大群撰：《唐律疏義新注》，卷19，
頁620。另，賴瑞和提到：縣一級，長官是縣令……縣事也分六曹，即六個
部門：功（掌官吏考課、禮樂、學校等）、倉（掌租賦、倉庫、市肆等）……。
換句話說，糧倉是縣令所管轄及處置權的官員。參賴瑞和著：〈縣尉〉，《唐代
基層文官》，頁196。
〔註134〕 〔唐〕長孫無忌撰：《唐律疏議》，卷19，頁380。

張玄素彈核叱奴騭所盜官糧，叱奴騭應不是直接至倉糧盜取，而是利用公務文書之便，盜領官糧。疏議提到「亦謂貪利之」等同上條盜印罪，也就是因貪圖其本物之利，其罪等同盜取官文書印藉以得其財物。後又補述「重害文書」包括倉糧財物。換句話說，在唐代要領倉糧應該有類似票據的文書。而叱奴騭利用縣令職務之便，使用「重害文書」（貪圖其本物之利），盜領官糧，又疏議曰：「盜者各徒一年」，上一條唐律對於監守自盜的判決是「加凡盜二等，三十疋絞」，故叱奴騭所盜領官糧價值沒超過三十疋，依律不能處死，只有抓去坐牢。又《新語》17 條載：

> 太宗：有人言尚書令史多受賂者，乃密遣左右以物遺之。司門令史
> 果受絹一匹。太宗將殺之，裴矩諫曰：「陛下以物試之，遽行極法，
> 使彼陷於罪，恐非道德齊禮之義。」乃免。〔註135〕

此條依《舊唐書》所載年份，是為貞觀元年，太宗聽到「尚書令史多受賂」，為了要制止貪官污吏，於是採取上述手段。然《唐律疏議‧職制律》「監主受財枉法」（總138）條載：

> 諸監臨主司受財而枉法者，一尺杖一百，一疋加一等，十五疋絞……
> 不枉法者，一尺杖九十，二疋加一等，三十疋加役流。……〔註136〕

依唐律，官員受賂十五匹後，依賄賂之意而曲斷枉法才須絞刑，然上述此條官員受絹只有一匹，又不知有無枉法，依唐律應不能判死刑。雖然，受賂是不法行為，但太宗先引人入罪，錯在先，於道德上有其瑕疵，故裴矩上諫太宗納其言。然，從上述兩條材料可發現，唐初太宗似乎對法律之執行似乎過於嚴厲，故劉德威提到唐初執法較嚴厲是因「誠在君上，不由臣下」似乎有所依據，所以史書載太宗斬張氏之後，法官都以出罪為誡，對於因誤判入人罪的法官，太宗反而不作處罰，所以才導致「刑網稍密」的情況，然而唐初為何有這樣的現象，筆者引傅樂成先生一句話，其云：「太宗曾批評武德時的政治是『貨賂公行，紀綱紊亂』，這評語或許過苛，但與事實相去不會太遠。」〔註137〕所以唐太宗為了讓唐初「貨賂公行，紀綱紊亂」的現象有所改善，而讓律法執行過於嚴厲，這應該是其用意。

〔註135〕〔唐〕劉肅撰：〈規諫第二〉，《大唐新語》，卷1，頁13。

〔註136〕〔唐〕長孫無忌撰：《唐律疏議》，卷11，頁241。

〔註137〕參傅樂成著：〈貞觀之治〉，《隋唐五代史》，（台北：眾文圖書，1994 年 4 月二版），頁46。以下引用到本書版本依此。

四、太子承乾之廢立

太宗玄武門之變，對唐朝影響甚大，導致太宗自己也面臨此類似問題，《新語》第 4 條載：

> 太子承乾既廢，魏王泰因入侍，太宗面許立爲太子，乃謂侍臣曰：「青雀入見，自投我懷中，云：『臣今日始得與陛下爲子，更生之日；臣有一孽子，百年之後，當爲陛下殺之，傳國晉王。』父子之道，固當天性。我見其意，甚矜之。」青雀，泰小字也。褚遂良進曰：「失言，伏願審思，無令錯誤。安有陛下萬歲之後，魏王持國執權爲天子，而肯殺其愛子，傳國晉王者乎？陛下頃立承乾，後寵魏王，愛之逾嫡，故至於此。今若立魏王，須先措置晉王，始得安全耳。」太宗涕泗交下，曰：「我不能也。」因起入內。翌日，御兩儀殿，群臣盡出，詔留長孫無忌、房玄齡、李勣、褚遂良，謂之曰：「我有三子一弟，所爲如此，我心無憀。」因自投於牀。無忌爭趨持，上抽佩刀，無忌等驚懼。遂良於手爭取佩刀，以授晉王。因請所欲立，太宗曰：「欲立晉王。」無忌等曰：「謹奉詔。異議者請斬之。」太宗謂晉王曰：「汝舅許汝也，宜拜謝之。」晉王因下拜。移御太極殿，召百僚，立晉王爲皇太子。群臣皆稱萬歲。〔註138〕

此條明太宗立李治爲太子之大致情形。但爲何原爲太子之承乾被廢，《新語》於此條並無說明。但《新語》312 條載「太子承乾失德，魏王泰有奪嫡之漸」〔註139〕或許從此可看出些許問題。太子承乾因失德，而魏王李泰奪嫡之心漸濃，使得太子承乾似乎受到動搖，但這些原因似乎還不足以讓承乾太子之地位被廢。爲何不是因太子失德問題而被廢？承乾在二一歲左右時，「頗以游畋廢學」；〔註140〕二三歲時在農忙時修建宮室；喜好鄭、衛之樂；又私自帶突厥達哥支入宮，于志寧上書諫言，怒而派遣刺客殺之不成；二四歲（貞觀十六年，西元 642 年）承乾對於東宮庫物「發取無度」〔註141〕張玄素於是上諫，爾後更派遣刺客殺之亦不成。貞觀十六年八月《通鑑》載：

〔註138〕〔唐〕劉肅撰：〈匡贊第一〉，《大唐新語》，卷 1，頁 5。
〔註139〕〔唐〕劉肅撰：〈褒錫第二十四〉，《大唐新語》，卷 11，頁 163。
〔註140〕〔後晉〕劉昫等撰：〈張玄素傳〉，《舊唐書》，卷 75，頁 2641。又《通鑑》在貞觀十三年亦載此條，而貞觀元年《舊唐書》載承乾八歲，故推算貞觀十三年承乾爲二一歲。
〔註141〕〔宋〕司馬光：〈太宗貞觀十六年〉，《資治通鑑》，卷 196，頁 6175。

上（太宗）曰：當今國家何事最急？諫議大夫褚遂良曰：「今四方無
虞，唯太子、諸王宜有定分最急。」上曰：「此言是也。」時太子承
乾失德，魏王泰有寵，羣臣日有疑議……〔註142〕

由上述之例至貞觀十六年，太宗及諸大臣已知承乾失德，而褚遂良諫議太宗
宜定太子、諸王之名分，但是太宗作了一項決定《新語》312 條載：

（太宗）謂侍臣曰：「當今朝臣，忠謇無逾魏徵。我遣輔太子，用絕
天下之望。」乃以為太子太師，徵以疾辭。詔答曰：「漢之太子，四
皓為助。朕之賴卿，即其義也。知公疾病，可臥護之。」〔註143〕

太宗未廢太子承乾，並且斷絕那些有疑慮與想奪嫡之群臣，故太宗遣魏徵為
太子太師，〔註144〕由此得知太子承乾被廢，主要原因並不是他的失德。但失
德問題的確對太宗心理造成影響。《新語》212 條載：

魏王泰有寵於太宗，所給月料逾於太子。褚遂良諫曰：「聖人制禮，
尊嫡卑庶。故立嫡以長，謂之儲君，其所承也，重矣。俾用物不計，
與王者共之。庶子雖賢，不是正嫡。先王所以塞嫌疑之漸，除禍亂
之源。伏見儲君料物翻少魏王，陛下非所以愛子也。」〔註145〕

《舊唐書》於貞觀十五年（西元 641 年）載魏王愛好文學，幼而聰穎，是太
宗愛子，故太宗作出上述寵愛魏王的態度。而時間點剛好是褚遂良上諫太宗
定太子名份問題前夕，故太子失德，的確讓太宗對於廢立太子的心理因素造
成影響。也因如此，李泰「奪嫡之漸」應是恃寵而驕，並可推知李泰與承乾
當時局面如同「玄武門之變」前夕太宗與建成一般。而承乾被廢太子主要原
因是什麼？《唐律疏議·戶婚律》「立嫡違法」（總158）條載：

諸立嫡違法者，徒一年。即嫡妻年五十以上無子者，得立嫡以長，
不以長者亦如之。【疏議】曰：立嫡者，本擬承襲。嫡妻之長子為嫡
子，不依此立，是名「違法」……依令：「無嫡子及有罪疾，立嫡孫；
無嫡孫以次立嫡子同母弟；無母弟。立庶子；立嫡孫同母弟；無母

〔註142〕〔宋〕司馬光：〈太宗貞觀十六年〉，《資治通鑑》，卷 196，頁 6176～6177。
〔註143〕〔唐〕劉肅撰：〈褒錫第二十四〉，《大唐新語》，卷 11，頁 163。
〔註144〕雷家驥先生提出，為何太宗會遣魏徵作太子太師，因為太宗認為「立嫡」除
嫡長子之外，嫡長子之兄弟亦有繼承權，但魏徵認為「立嫡以長」才能根絕
兄弟奪嫡之心，故太宗派魏徵作太師，除了贊成魏徵之意，亦是表現出維護
嫡長制度之誠意。詳細論述請參雷家驥著：《隋唐中央權力結構及其演進》，
頁 296～297。
〔註145〕〔唐〕劉肅撰：〈知微第十六〉，《大唐新語》，卷 7，頁 113。

弟，立庶孫。曾、玄以下準此。……」〔註146〕

依唐律足以讓太子被廢原因是「無嫡子及有罪疾」，〔註147〕然承乾是太宗之嫡子，依「無嫡子」這條律法，並無問題與不法，所以只剩「有罪疾」能讓太宗廢承乾太子之位。「疾」的部份《舊唐書》載「承乾先患足，行甚艱難」，〔註148〕「罪」的部份，貞觀十七年（西元643年）齊王祐反叛，牽扯出太子也意圖謀反，太宗命長孫無忌等人「參鞫之」，結果察驗屬實，故太子承乾被廢，最主要是因「謀反罪」，而失德只能算次要因素。承乾被廢後，太宗所立的太子就是高宗李治，〔註149〕中間過程如《新語》第4條，故不複述。然，立李治爲太子後中間有一插曲。《新語》第346條載：

> ……（吳王）恪善騎射，太宗尤愛之。承乾既廢，立高宗爲太子，又欲立恪。長孫無忌諫曰：「晉王仁厚，守文之良主也。且舉棋不定，前哲所戒。儲位至重，豈宜數易？」太宗曰：「朕意亦如此，不能相違，阿舅後無悔也。」由是恪與無忌不協……〔註150〕

從這條材料得知，太宗立李治爲太子時，心理還有上述過程。若把問題簡單化（不考慮政治因素），只依唐律「無嫡子及有罪疾，立嫡孫；無嫡孫以次立嫡子同母弟；無母弟。立庶子」〔註151〕之概念，太宗之嫡長子是承乾，其同母弟只有魏王泰及晉王治（高宗），而李恪是庶子，依唐律排序，應排在李治之後。假若太宗立吳王恪，會讓後世子孫造成太子之位可經營而來之錯覺，導致兄弟奪嫡戲碼。而太宗之所以喜愛李恪，無不是與寵愛魏王道理相同──賢材又有聲望。所以立嫡以賢，對唐朝因繼位而衝突的問題只會嚴重化，故太宗立李治而不立李恪，亦是魏徵「立嫡以長」觀念之延伸。

於此順帶一提《新語》346條後段的問題，346條後段載：

〔註146〕〔唐〕長孫無忌撰：《唐律疏議》，卷12，頁259。

〔註147〕此一觀點由雷家驥先生提出，請參看《隋唐中央權力結構及其演進》，頁276～304。但雷先生
對於太子承乾因失德而未廢太子之位，無提出說明，又太宗欲受吳王恪爲太子之部份，也未提出。

〔註148〕〔後晉〕劉昫等撰：〈李承乾傳〉，《舊唐書》，卷76，頁2648。

〔註149〕爲何不是魏王李泰，太宗聽承乾之辯，若立李泰無異鼓勵子弟及群臣奪嫡之風，畢竟李泰圖謀奪嫡是實情，故太宗有詔，李泰「潛有代宗之望」，於是不立李泰。詳參雷家驥：《隋唐中央權力結構及其演進》，頁299～300。

〔註150〕〔唐〕劉肅撰：〈酷忍第二十七〉，《大唐新語》，卷12，頁179～180。

〔註151〕〔唐〕長孫無忌撰：《唐律疏議》，卷12，頁259。

高宗即位，房遺愛等謀反，敕無忌推之。遺愛希旨引恪，冀以獲免。

無忌既與恪有隙，因而斃恪。臨刑，罵曰：「長孫無忌！竊弄威權，

搆害良善。若宗社有靈，當見其族滅！」不久，竟如其言。〔註152〕

關於吳王恪之死，史書記載過於隱晦，《舊唐書》只載：「永徽中，會房遺愛謀反，遂因事誅恪，以絕眾望，海內冤之」〔註153〕《新唐書》與《舊唐書》雷同。長孫氏為何殺李恪，史書載因房遺愛謀反，而事有所牽連，故以謀反罪誅李恪。但長孫氏誅李恪後，《舊唐書》載「以絕眾望，海內冤之」這兩句似乎有絃外之音。黃永年生先考釋劉洎之死，是因劉洎想乘太宗病危，擁太子李治（高宗）即位，以奪取最高權力之關係。〔註154〕姑且不論黃氏懷疑太宗欲將太子之位傳給李恪，可能與此事件有關，〔註155〕但由劉洎想擁李治登上皇位行動，可推測李治的太子之位在當時情況不穩。為何有這樣推測？因李恪「有文武才，太宗常稱其類己。既名望素高，甚為物情所向」，〔註156〕且太宗一度想把太子之位傳給李恪，由此得知李恪在當時擁有一定的政治勢力，足以與李治相抗衡（故斬李恪是以絕眾望）；又《新語》云：「高宗即位，房遺愛等謀反」，房遺愛屬於魏王李泰之人馬，〔註157〕太宗廢太子承乾，亦無傳位給李泰，然李泰政治實力雄厚，從他與承乾相互角力可得知，況且太宗亦曾想傳太子之位於李泰；故太宗傳太子之位於李治時，至少有這兩股勢力對李治太子之位產生壓力，故李治之太師劉洎作出逆上之舉動，部份原因有可能是因此而來。然，長孫氏為何想殺李恪，《新語》載太宗想傳位給李恪，「由是恪與無忌不協」，而《舊唐書》史臣評論云：

史臣曰：太宗諸子，吳王恪、濮王泰最賢，皆以才高辯悟，為長孫無

忌忌嫉，離間父子，遽為豺狼，而無忌破家，非陰禍之報歟？〔註158〕

長孫氏因「忌嫉」與李恪不協的確是事實，也因如此房遺愛才會「希旨引恪，

〔註152〕〔唐〕劉肅撰：〈酷忍第二十七〉，《大唐新語》，卷12，頁179～180。

〔註153〕〔後晉〕劉昫等撰：〈吳王恪傳〉，《舊唐書》，卷76，頁2650。

〔註154〕參黃永年：〈說永徽六年廢立皇后事真相〉，《唐代史事考釋》，頁79～80。

〔註155〕參黃永年：〈說永徽六年廢立皇后事真相〉，《唐代史事考釋》，頁80，註腳第7。

〔註156〕〔後晉〕劉昫等撰：〈吳王恪傳〉，《舊唐書》，卷76，頁2650。

〔註157〕《舊唐書》載：「時皇太子承乾有足疾，泰潛有奪嫡之意，招駙馬都尉柴令武、房遺愛等二十餘人，厚加贈遺，寄以腹心。黃門侍郎韋挺、工部尚書杜楚客相繼攝泰府事，二人俱為泰為結朝臣，津通賂遺。」參〔後晉〕劉昫等撰：〈濮王泰傳〉，《舊唐書》，卷76，頁2655。

〔註158〕〔後晉〕劉昫等撰：〈吳王恪傳〉，《舊唐書》，卷76，頁2666。

冀以獲免。無忌既與恪有隙，因而斃恪」，然遺愛想迎合誰的「旨意」，而引李恪連坐，不得而知，依《新語》材料之敘述，應是迎合長孫氏的「旨意」，[註159] 因李恪被殺之前曰：「長孫無忌！竊弄威權，構害良善」，由此得知長孫氏早想殺李恪，李恪被殺，可說是長孫氏之政治勢力扳倒李恪之政治集團，又李治登上皇位時太宗謂晉王曰：「汝舅（長孫氏）許汝也，宜拜謝之」，而李恪指控長孫氏「竊弄威權」，似乎說明長孫氏支持晉王李治登上皇位是有其政治目的，也因如此，黃永年先生所考釋永徽六年，廢立皇后眞相的背後是高宗欲擺脫顧命重臣的控制。而《新語》作者劉肅對於長孫氏殺吳王恪之事件，亦不表贊同，因爲他將346條編排在〈酷忍第二十七〉，可見作者由篇名安排上來作褒貶。

五、結　語

　　唐代史料在某種程度上遭到更改，使得太宗在唐史裡過度被美化，讓後世唐史研究者對太宗之讚譽超過高祖，但經過近來學者不斷考釋，使得太宗人物形象漸漸清晰。《新語》記錄太宗部份，絕大部份材料都與《舊唐書》記載相差無幾，[註160] 換句話說，《新語》作者劉肅所選用材料有一部份是與《舊唐書》材料來源相同。

　　作者將杜如晦（房玄齡爲輔）放進〈匡贊第一〉裡的第一條，代表作者對杜氏之重視，然杜氏一生中最大貢獻是輔佐李世民登上皇位，劉肅將杜氏安排在第一條似乎別有用意，劉肅之生卒背景史料無載，但作者在成書之書序提到成書時間：「時元和丁亥歲有事於圜丘之月序」，[註161] 由此推知作者至少經歷過二十七年的德宗朝，[註162] 德宗朝前後剛好是唐代藩鎮割據及宦

〔註159〕假若房遺愛是迎合高宗之旨意，代表高宗性格並非像史書所寫那懦弱，因爲他運用長孫氏與吳王李恪之不協，剷除可威脅他之政治勢力。因史多闕文，這只是筆者猜想。但黃永年先生提到：「高宗只是後來身體不好，智力上並無不健全之處。」所以他運用皇后廢立，來擺脫長孫氏等顧命大臣之控制，可見有其政治手腕。參黃永年著：〈說永徽六年廢立皇后事眞相〉，《唐代史事考釋》，頁81～82。

〔註160〕這三十九條材料只有18、19、28、30、90、271《舊唐書》無記載，但18條《通鑑》有載；28、30條《貞觀政要》有載；90條《唐會要》有載。故只有19及271條在可信之史書上無載，其它材料與《舊唐書》、《貞觀政要》、《新唐書》、《資治通鑑》、《唐會要》大部份文句上相類似，有的大部份是相同。故《新語》載太宗之史料基本與《舊唐書》內容一致。

〔註161〕〔唐〕劉肅撰：〈序〉，《大唐新語》，頁1。

〔註162〕劉肅《新語》完成時是憲宗元和丁亥歲（西元807年）。因《舊唐書》、《新

官把持內政之時期。杜如晦與房玄齡之匡贊，與作者當時想「重文德、賊狙詐、歸正（統）」之理想相互呼應，然作者之詳細背景還需進一步研究，但可以從《大唐新語》篇名之安排，得知劉肅撰此書的原本用意。

太宗是歷史上勇於納諫的賢君之一，但諫臣上諫內容以北衙事為主無關乎國事，或者北衙事務與國事混為一談，太宗似乎會因此而有憤怒之情形，〔註163〕從此角度觀察可以支持雷家驥先生所提出「（太宗）有政權（皇權）、治權二元分離的意念」之理論。

隋末唐初因整個社會秩序正在重建，故有「諸曹案典，多有受賂者」〔註164〕的情況，太宗以亂世用重典的方式來處理貪官枉法，使得唐初有「近來刑網稍密」之過程。但太宗畢竟是明君，知道唐初法官執法過當，對於張文瓘、魏徵、裴矩、劉德威等臣相之諫言無不接受，使得唐初法令漸入軌道。

「立嫡以長」或「立嫡以賢」是古代封建帝王社會常出現之問題。雖然太宗立嫡最後是以魏徵觀念作為依規，但此觀念對以玄武門之變而奪嫡成功的他來說，這是他內心最矛盾之規範。故太子承乾因失德而漸失寵，魏王泰因此得到太宗關愛，使得李泰覺得有奪嫡之機，差點導致另一次「玄武門之變」的產生。雖然太宗作了當時較適當的處置，但內心之矛盾在傳位給李治後，再度產生，導致吳王恪因此遭忌而被長孫無忌枉殺。然《新語》載吳王恪被殺之前所說的一段話「長孫無忌！竊弄威權，構害良善」新、舊唐書，無此句之記載，而此句亦道出長孫氏的另一面，可補正史之不足。且劉肅將此條安排在〈酷忍第二十七〉可看出作者對此事件之歷史評價。

第三節 論唐睿宗內禪

一、前 言

唐初，太宗經「玄武門之變」，迫使高祖內禪，進而將帝位傳於他，使高

唐書》、《通鑑》無作者傳，不知作者生卒，又劉肅完成《新語》時，歲數無法得知，故保守往前推30年，差不多是代宗朝末年以及整個德宗朝。

〔註163〕筆者只以《新語》材料作探討，還不夠全面（應對太宗朝整個奏章作全面討論），但筆者所作出結論不違背，雷家驥先生「（太宗）有政權（皇權）、治權二元分離的意念」之立論。

〔註164〕〔後晉〕劉昫等撰：〈裴矩傳〉，《舊唐書》，卷63，頁2409。

祖退居太上皇。雖然太宗的才略創造了唐初「貞觀之治」之嘉話，但「玄武門之變」對唐代朝政影響甚大，在安史之亂前，扣除「玄武門之變」，前後共發生宮廷政變三次，〔註165〕且何永成先生認爲，唐太宗透過玄武門之變，取得正權的手段，對於往後唐朝帝位的承繼將產生不良的影響，似乎是鼓勵日後身爲皇子者的群起效尤。〔註166〕由於「玄武門之變」的影響，睿宗朝的「睿宗內禪」亦與「高祖內禪」情況相類似。

《大唐新語》第9條載：

> 景雲二年二月，睿宗謂侍臣曰：「有術士上言，五日內有急兵入宮，卿等爲朕備之。」左右失色，莫敢對。張説進曰：「此有讒人設計，擬搖動東宮耳。陛下若使太子監國，則君臣分定，自然窺覦路絶，災難不生。」姚崇、宋璟、郭元振進曰：「如説所言。」睿宗大悦，即日詔皇太子監國。時太平公主將有奪宗之計，於光範門內乘步輦，俟執政以諷之，眾皆恐懼。宋璟昌言曰：「太子有大功於天下，眞社稷主，安敢妄有異議。」遂與姚崇奏：「公主就東都，出寧王以下爲刺史，以息人心。」睿宗曰：「朕更無兄弟，唯有太平一妹，朝夕欲得相見。卿勿言，餘並依卿所奏。」公主聞之，大怒。玄宗懼，乃奏崇、璟離間骨肉，請加罪黜，悉停寧王以下外授。崇貶申州刺史，璟楚州刺史。〔註167〕

《新語》此條材料繫年爲景雲二年二月（711）。前一年景雲元年六月（710）韋后集團被李隆基（玄宗）與太平公主兩大集團剿滅，睿宗再次登基。然而不到一年的時間卻發生「睿宗謂侍臣曰：『有術士上言，五日內有急兵入宮，卿等爲朕備之』」這樣的事情，從睿宗這句話可以觀察出幾件事：一是睿宗皇位並不穩固；二是李隆基集團在剿韋后集團後聲勢大漲；三是李隆基集團與太平公主集團鬥爭之白熱化。

二、睿宗與太平公主政治上的關係

由唐睿宗登基的情況，多少可以看出筆者爲何會有上面三點推論的情

〔註165〕陳寅恪先生提到：「中央政治革命凡四次，俱以玄武門之得失及屯衛北門禁軍之向背爲成敗之關鍵。」參陳寅恪著：〈政治革命及黨派分野〉，《隋唐制度淵源略論稿》，頁127。

〔註166〕參高明士、邱添生、何永成、甘懷眞等編著：《隋唐五代史》，頁128。

〔註167〕〔唐〕劉肅撰：〈匡贊第一〉，《大唐新語》，卷1，頁8。

況，《資治通鑑‧卷209》記載：

> 甲辰，少帝（重茂）在太極殿東隅西向，相王（睿宗）立於梓宮旁，
> 太平公主曰：「皇帝（少帝）欲以此位讓叔父，可乎？」……時少帝
> 猶在御座，太平公主進曰：「天下之心，已歸相王，此非兒座！」遂
> 提下之。……〔註168〕

李隆基（玄宗）與太平公主兩大集團剿韋后集團成功後，少帝（重茂）在太
平公主的要求下被迫讓位，雖然睿宗本身並無參與剿韋后之行動，然而睿宗
憑藉李隆基集團與太平公主兩大集團支持下登上帝位，並非由自己政治實力
所取得，故睿宗在如此情況下登上帝位，必須找此二大集團或是其中一個集
團，做為自己的政治依靠，但是在當時現實政治環境下，要將這兩集團聯合
起來做為自己政治靠山是不可能，〔註169〕所以睿宗在景雲二年才會有「有術
士上言，五日內有急兵入宮，卿等為朕備之」這樣情況，之後張說、姚崇、
宋璟等人又以肯定的態度進言說明「此有讒人設計，擬搖動東宮耳」，之後睿
宗聽到張說等人的諫言不僅是全盤接受，而睿宗的反應是「大悅」。從這反應
得知睿宗剛開始也是認為「五日內有急兵入宮」的「急兵」是東宮（玄宗）
集團；又從張說等大臣的果斷進言認為是「東宮」（玄宗）集團是被人「讒言」，
故可以推論睿宗在某種程度上，有與太平公主集團聯合的默契。

太平公主的勢力在武后時已開始慢慢培養，《舊唐書‧攸暨妻太平公主傳》
載：

> 太平公主者，高宗少女也，以則天所生，特承恩寵……多權略，則
> 天以為類己，每預謀議，宮禁嚴峻，事不令洩。公主亦畏懼自檢，
> 但崇飾邸第。二十餘年，天下獨有太平一公主，父為帝，母為后，
> 夫為親王，子為郡王，貴盛無比。〔註170〕

上面材料提到太平公主因武則天之威勢「畏懼自檢」，而不敢過份擴權，不過
在武則天朝時太平公主已是「貴盛無比」。至中宗朝太平公主因售官勢力更加

〔註168〕〔宋〕司馬光：〈睿宗景雲元年〉，《資治通鑑》，卷209，頁6649。

〔註169〕雖然韋后亂政是由李隆基集團與太平公主集團聯合剿滅，但不代表這兩集團
之後彼此之間沒心結。《舊唐書》載：「景雲元年八月……太平公主用事，尤
忌東宮（玄宗）宮中左右持兩端，而潛附太平者，必陰伺察，事雖纖芥，皆
聞於上，太子不自安。」參〔後晉〕劉昫等撰：〈玄宗元獻皇后楊氏傳〉，《舊
唐書》，卷52，頁2184。

〔註170〕〔後晉〕劉昫等撰：〈太平公主傳〉，《舊唐書》，卷183，頁4738。

擴大，《新唐書・安樂公主傳》載：

> 安樂公主……太平等七公主皆開府，而主府官屬尤濫，皆出屠販，
> 納訾售官，降墨敕斜封授之，故號「斜封官」。〔註171〕

由上段材料可知太平公主與安樂公主因斜封官而擴權，且「個樹朋黨，更相
譖毀」〔註172〕使得中宗對於這樣的問題，不知如何是好。由此得知此時太平
公主勢力比武則天時期更是興盛，也因如此，太平公主在中宗朝時，遭到韋
后及安樂公主政治上的打壓，更甚者欲除太平公主而後快。《新語》132 條載：

> 先是（節湣太子誅武三思後），宗楚客、紀處訥、冉祖雍等奏言：「相
> 王（睿宗）及太平公主與太子同謀，請收付獄。」〔註173〕

李重俊（節湣太子，中宗第三子）不滿韋后集團干政，率羽林軍發動政變，
雖殺武三思及武崇訓父子及其親黨，中宗、韋后及安樂公主等因登玄武門樓
避兵鋒，節湣太子最後因政變失敗而被殺。韋后集團利用節湣太子這次失敗
的政變，對於其他主要的政敵進行攻詰，首要對象當然就是太平公主，才會
有宗楚客等人對於太平公主的誣告；在宗楚客誣告的材料裡，提及「相王（睿
宗）及太平公主與（節湣）太子同謀」，誣告與太子同謀，宗楚客等人爲何將
相王（睿宗）與太平公主聯同一起誣告？有兩種情況可以解釋，第一睿宗本
身政治勢力過於龐大，可以威脅到韋后政治集團；第二睿宗與太平公主集團
有聯合的默契，第一種情況不可能發生，假若睿宗有自己的政治勢力，即可
靠自己勢力登上皇位，不必依太平公主集團及隆基集團合力將其拱上皇位，
故只有第二種情況的可能性存在。

　　唐史上發現睿宗與太平公主兄妹最早聯合起來，發動政變的時間，是武
后朝誅張易之兄弟時，《舊唐書・中宗本紀》記載：

> 並州牧相王旦（睿宗）及太平公主有誅易之兄弟功，相王加號安國相
> 王，進拜太尉、同鳳閣鸞臺三品；公主加號鎮國太平公主……〔註174〕

這條材料《舊唐書》所繫的年份是在神龍元年（705），睿宗與太平公主聯合
的時間一定可以往前推。也因如此，當時政壇上，睿宗與太平公主不僅在血
緣上是兄妹，更重要在政治上聯合的關係。所以到了中宗駕崩後才會有《舊

〔註171〕〔宋〕歐陽修等撰：〈安樂公主傳〉，《新唐書》，卷83，頁3654。

〔註172〕參〔宋〕司馬光：〈中宗景龍三年〉，《資治通鑑》，卷209，頁6637。

〔註173〕〔唐〕劉肅撰：〈忠烈第九〉，《大唐新語》，卷5，頁76。

〔註174〕〔後晉〕劉昫等撰：〈中宗紀〉，《舊唐書》，卷7，頁136。

唐書‧蘇瓌傳》此條記載：

> 初，遺制遣韋庶人輔少主知政事，授安國相王太尉，參謀輔政。中
> 書令宗楚客謂溫曰：「今須請皇太后臨朝，宜停相王輔政。且皇太后
> 於相王居嫂叔不通問之地，甚難爲儀注，理全不可。」瓌獨正色拒
> 之，謂楚客等曰：「遺制是先帝意，安可更改！」楚客及韋溫大怒，
> 遂削相王輔政而宣行焉。〔註175〕

這段在《舊唐書》繫年爲景龍四年（710），〔註176〕裡面記載「授安國相王（睿
宗）太尉，參謀輔政。」宗楚客反對，反對的理由是「皇太后於相王居嫂叔
不通問之地，甚難爲儀注，理全不可。」宗楚客根據《禮記‧曲禮》「嫂叔不
通問」〔註177〕的理由罷相王（睿宗）輔政的權力；筆者再引《通鑑》的材料，
發現宗楚客是爲了要罷相王輔政，找出這條理由來反對相王，《通鑑》載：

> 太平公主與上官昭容謀草遺制，立溫王重茂爲皇太子，皇后知政事，
> 相王旦參謀政事。宗楚客密謂韋溫曰：「相王輔政，於理非宜；且於
> 皇后，嫂叔不通問。聽朝之際，何以爲禮！」〔註178〕

《通鑑》這條材料所要敘述的內容與《舊唐書》是一樣，不過《通鑑》記載：
「太平公主與上官昭容謀草遺制，立溫王重茂爲皇太子，皇后知政事，相王
旦參謀政事。」換句話說，太平公主刻意安排自己所信任之人——相王（睿
宗），欲進入當時權力核心，這份心思卻被宗楚客識破而作罷，從這條材料更
能顯示出相王（睿宗）與太平公主聯合之默契。景龍四年六月（710），宗楚
客密言上書韋后引圖讖，欲讓韋后效法武則天革除唐命，首要排除政敵，除
了當今的皇帝（重茂），就是太平公主與相王（睿宗），《通鑑》載：

> 楚客又密上書稱引圖讖，謂韋氏宜革唐命。謀害殤帝，深忌相王及
> 太平公主，密與韋溫、安樂公主謀去之。〔註179〕

由這條材料，可確定相王（睿宗）已與太平公主集團聯合，不然宗楚客、韋
溫及安樂公主不會「深忌」太平公主的勢力，更不會「謀去之」。

〔註175〕〔後晉〕劉昫等撰：〈蘇瓌傳〉，《舊唐書》，卷88，頁2879。

〔註176〕景龍四年（710）六月中宗崩，韋後欲以武則天模式專政，同年同月李隆基集
　　　　團與太平公主集團發動政變，剷除韋後集團，睿宗登基後改元爲景雲元年。

〔註177〕〈禮記注疏‧曲禮‧卷二〉，《十三經注疏》第5冊，（臺北：藝文印書館，1979
　　　　年），頁37。

〔註178〕參〔宋〕司馬光：〈睿宗景雲元年〉，《資治通鑑》，卷209，頁6642。

〔註179〕參〔宋〕司馬光：〈睿宗景雲元年〉，《資治通鑑》，卷209，頁6643。

由上論述證明睿宗早在神龍元年（705），已跟太平公主在政治上有聯合的默契，而這聯合的時間照常理來論，至少還可以往前推。所以景雲二年（711）睿宗認爲「有急兵入宮」而這「急兵」是東宮集團，就可以得到合理解釋了。爲何會有「術士上言」五日內會有政變？這關係到「東宮集團」與「太平公主集團」之間的關係。

三、太子李隆基集團的形成

李隆基「兼潞州別駕」〔註180〕時已有自己政治勢力。《舊唐書‧王毛仲傳》記載：

> 玄宗在藩邸時，常接其豪俊者，或賜飲食財帛，以此盡歸心焉。
> 〔註181〕

李隆基在垂拱三年（687）被封爲楚王，天授三年十月（692）出閣，並且開府設置官屬，當時李隆基才七歲，不可能培養自己政治勢力；長壽二年（693）改封臨淄郡王，又出閣，在長安年間（701～704）歷右衛郎將，此時李隆基差不多十七、八歲，這時才可能「常接其豪俊者，或賜飲食財帛，以此盡歸心焉」，然此時李隆基的政治勢力，並不足以與太平公主集團相抗衡。

在景雲元年（710），李隆基集團的勢力才有大幅的改觀，《資治通鑑‧睿宗景雲元年》記載：

> 相王子臨淄王隆基，先罷潞州別駕，在京師陰聚才勇之士，謀匡復
> 社稷。……隆基皆厚結其豪傑。〔註182〕

李隆基在「京師陰聚才勇之士」，〔註183〕此時李隆基集團的勢力漸漸壯大，然李隆基知其自己勢力明顯不足，故與太平公主聯合對抗韋后集團，誅韋后集

〔註180〕〔後晉〕劉昫等撰：〈玄宗紀上〉，《舊唐書》，卷8，頁165。李隆基生於垂拱元年（685），神龍元年（705），遷衛尉少卿。景龍二年四月（708）兼潞州別駕。
〔註181〕〔後晉〕劉昫等撰：〈王毛仲傳〉，《舊唐書》，卷106，頁3252。
〔註182〕參〔宋〕司馬光：〈睿宗景雲元年〉，《資治通鑑》，卷209，頁6643～6644。
〔註183〕李隆基在誅韋後之前，在京城開始密謀誅韋行動。而此時所謂的「才勇之士」《通鑑》載：「兵部侍郎崔日用素附韋、武，與宗楚客善，知楚客謀，恐禍及己，遣寶昌寺僧普潤密詣隆基告之，勸其速發。隆基乃與太平公主及公主子衛尉卿薛崇暕，苑總監鍾紹京，尚衣奉御王崇曄、前朝邑尉劉幽求、利仁府折衝麻嗣宗，謀先事誅之。」不僅以上人員還有「果毅葛福順陳、陳玄禮見隆基訴之，隆基諷以誅諸韋，皆踴躍請以死自效。萬騎果毅李仙鳧亦預其謀。」參〔宋〕司馬光：〈睿宗景雲元年〉，《資治通鑑》，卷209，頁6644。

團成功後，李隆基個人政治聲望達到高點，有功人員亦是封侯拜相，《資治通鑑・睿宗景雲元年》記載：

> 是日（誅韋成功之日），赦天下……臨淄王隆基爲平王兼知內外閑廄，押左右廂萬騎，薛崇暕賜爵立節王。以鍾紹京守中書侍郎，劉幽求守中書舍人，並參知機務。麻嗣宗行右金吾衛中郎將。〔註184〕

這條材料裡面除了薛崇暕是太平公主人馬外，其餘都是李隆基在京城時「陰聚才勇之士」，除此之外原爲果毅的葛福順亦升大將軍。〔註185〕故此次誅韋成功，李隆基集團在實質的權力上大大提升。而李隆基本身及其兄弟亦如是，《舊唐書》載：

> 進封臨淄王（李隆基）爲平王……壬寅，左千牛中郎將、宋王成器爲左衛大將軍，司農少卿同正員、衡陽王成義爲右衛大將軍，太府少卿同正員、巴陵王隆範爲左羽林衛大將軍，太僕少卿同正員、彭城王隆業爲右羽林衛大將軍。……癸卯，殿中兼知內外閑廄、檢校龍武右軍、仍押左右廂萬騎平王諱同中書門下三品。中書侍郎、潁川郡公鍾紹京爲中書令。〔註186〕

這份冊封名單，是李隆基尚未封太子之前的冊封名單，時間是景雲元年（710）六月辛醜至癸卯的時間，這份名單意義是在於，李隆基及其兄弟已能控制禁軍權，至六月丁未睿宗「立平王隆基爲太子」〔註187〕李隆基之長兄李成器於六月戊申爲「雍州牧、揚州大都督、太子太師」，〔註188〕此時太子集團也已成形；黃永年先生對於此事件的看法如下：

> ……由於立下大功需要酬庸。但李隆基只是睿宗的第三子，卻越過睿宗的長子宋王成器、次子申王成義，在同年七月已巳被睿宗冊立

〔註184〕 參〔宋〕司馬光：〈睿宗景雲元年〉，《資治通鑑》，卷209，頁6647。

〔註185〕 《舊唐書》載：「以紹京、幽求知政事，署詔敕。崇簡、嗣宗及福順、宜德，功大者爲將軍，次者爲中郎將。」而葛福順是跟隨李隆基劉韋后集團一位將令，《舊唐書》載：「韋后稱制……其營長葛福順、陳玄禮等相與見玄宗訴冤，會玄宗已與劉幽求、麻嗣宗、薛崇簡等謀舉大計，相顧益歡，令幽求諷之，皆願決死從命。……福順等請號而行，斯須斬韋播、韋璿、高嵩等頭來，玄宗舉火視之。」以上兩條材料請參〔後晉〕劉昫等撰：〈王毛仲傳〉，《舊唐書》，卷106，頁3252～3253。

〔註186〕 〔後晉〕劉昫等撰：〈睿宗紀〉，《舊唐書》，卷7，頁152～153。

〔註187〕 〔宋〕司馬光：〈睿宗景雲元年〉，《資治通鑑》，卷209，頁6650。此時只是擬制尚未冊封，李隆基冊封太子時間爲景雲元年（710）七月已巳。

〔註188〕 〔宋〕司馬光：〈睿宗景雲元年〉，《資治通鑑》，卷209，頁6650。

爲皇太子，這就不止一般的酬庸，而是鑒於李隆基此時勢力迅速膨脹，得到諸王公卿的支持，認爲他「合居儲位」……〔註189〕

筆者再引《資治通鑑・睿宗景雲元年》裡的一條材料來說明：

> ……每宰相奏事，上（睿宗）輒問：「嘗與太平議否？」又問：「與三郎議否？」然後可之。三郎，謂太子也（李隆基）。…〔註190〕

宰相每奏事於睿宗時，睿宗會提出「嘗與太平議否？」、「與三郎議否？」這樣的疑問，從這疑問中，得知睿宗在這兩大集團的勢力下，讓他提出這兩點的疑問，從另一角度解釋，睿宗對於太平公主與太子李隆基這兩股勢力不得不重視。

四、「東宮集團」與「太平公主集團」之間的摩擦

李隆基被冊封爲太時，剛開始太平公主對李隆基的態度是「太平公主以太子年少，意頗易之」，〔註191〕故太平公主對於李隆基之立儲並沒有反對，〔註192〕且公主與睿宗是兄妹亦是政治合作夥伴，加上她也是誅韋功臣，當時她的勢力可說是盛極一時，《通鑑》一條材料可以說明：

> ……公主所欲，上無不聽，自宰相以下，進退繫其一言，其餘薦士驟歷清顯者不可勝數，權傾人主，趨附其門者如市。……〔註193〕

李隆基當上太子後的作爲，讓太平公主驚覺太子並非她原初所想那屝弱，在趙劍敏著《大唐玄宗時代》裡寫到這樣一段話：

> 李隆基入居東宮後，開府設置太子官屬，以張說爲國子司業，褚無量爲侍讀，賈曾爲太子舍人，張暐爲宮門大夫，姜皎、崔滌、李令問、王守一、薛伯陽等人爲東宮官員。他廣招人才，舉賢任能，使東宮官員一時名重朝野。〔註194〕

〔註189〕參黃永年著：〈說李武政權〉，《唐代史事考釋》，頁114。
〔註190〕〔宋〕司馬光：〈睿宗景雲元年〉，《資治通鑑》，卷209，頁6651。此條《大唐新語》亦有收錄，但有闕文故以《通鑑》版本，《新語》內文請參，《大唐新語》，頁144～145。
〔註191〕〔宋〕司馬光：〈睿宗景雲元年〉，《資治通鑑》，卷210，頁6656。
〔註192〕劍橋中國隋唐史載：「……未來的玄宗成了皇太子。沒有關於太平公主反對這一立儲的記載……」參崔瑞德、費正清編：《劍橋中國隋唐史》，頁296。
〔註193〕〔宋〕司馬光：〈睿宗景雲元年〉，《資治通鑑》，卷209，頁6651。
〔註194〕參趙劍敏著：《大唐玄宗時代》，（上海：上海人民出版社，2007年6月），頁52。以下引用到此書版本依此。

又李隆基在政治上也有削弱太平公主勢力動作，《舊唐書》載：

> 先是，姚元之、宋璟知政事，奏請停中宗朝斜封官數千員。及元之
> 等出爲刺史，太平公主又特爲之言，有敕總令復舊職。〔註195〕

《通鑑》繫姚元之、宋璟上諫罷斜封官之年份爲景雲元年（710）八月，與李隆基當上太子後晚一個月。〔註196〕此條材料後又載「及元之等出爲刺史，太平公主又特爲之言，有敕總令復舊職」可見罷斜官之事件，對太平公主是有相當程度之影響，〔註197〕故太平公主改變對太子李隆基的態度，〔註198〕《舊唐書》載：

> 時太平公主用事，尤忌東宮（李隆基）。宮中左右持兩端，而潛附太
> 平者，必陰伺察，事雖纖芥，皆聞於上，太子心不自安。〔註199〕

又《舊唐書・王琚傳》載：

> 玄宗爲太子監國，爲太平公主所忌，思立孱弱，以竊威權，太子憂
> 危。〔註200〕

因爲太子李隆基並非太平公主所想像中那樣『孱弱』，所以公主「數爲流言，云

〔註195〕〔後晉〕劉昫等撰：〈柳澤傳〉，《舊唐書》，卷77，頁2682。

〔註196〕爲何能確定宋璟與姚崇與太子集團站在同一陣線，除了他們諫議睿宗罷除斜封官這條線索外，從《舊唐書・張說傳》一條記載亦可推論：「始玄宗在東宮，說（張說）已蒙禮遇，及太平用事，儲位頗危，說獨排其黨，請太子監國，深謀密畫，竟清內難，遂爲開元宗臣。」這條材料記載張說獨排太平公主之黨，請太子監國，假若宋璟與崇是太平公主黨，他們不會支持張說的諫言；然而《大唐新語》載：「張說進曰：『……陛下若使太子監國，則君臣分定……』姚崇、宋璟、郭元振進曰：『如說所言。』」又《通鑑》載：「張說曰：『此必讒人欲離間東宮。願陛下使太子監國，則流言自息矣。』姚元之曰：『張說所言，社稷之至計也。』」所以由《大唐新語》與《通鑑》材料佐證姚元之（崇）與宋璟當時是與太子集團站在同一陣線，假若不是至少也是站在與太平公主集團之對立面。以上材料版本《舊唐書》，參〔後晉〕劉昫等撰：〈張說傳〉，《舊唐書》，卷97，頁3057。參《大唐新語》，卷1，頁8。參《資治通鑑》第7冊，卷210，頁6662。

〔註197〕《通鑑》載：「姚元之、宋璟及御史大夫畢構上言：『先朝斜封官悉宜停廢。』上從之。癸巳，罷斜封官凡數千人。」由此可知太平公主爲何會極力上諫將斜封官恢復舊職。〔宋〕司馬光：〈睿宗景雲元年〉，《資治通鑑》，卷210，頁6654。

〔註198〕王壽南先生提到：「太平公主對付隆基的策略有二，一是謀廢太子隆基，二爲擴充勢力，其黨羽竇懷貞、蕭至忠、崔湜等俱列要職。」參王壽南著：〈太平公主與玄宗之政爭〉，《唐代人物與政治》，頁59。

〔註199〕〔後晉〕劉昫等撰：〈玄宗元獻皇后楊氏傳〉，《舊唐書》，卷52，頁2184。

〔註200〕〔後晉〕劉昫等撰：〈王琚傳〉，《舊唐書》，卷106，頁3249。

『太子非長，不當立』」，〔註201〕此時太子集團與太平公主集團的摩擦已正式展開。景雲二年（711）太平公主欲擴張其勢力，想拉攏其他勢力，《舊唐書》載：

> 景雲二年……時太平公主與竇懷貞等潛有異圖，將引安石預其事，公主屢使子婿唐晙邀安石至宅，安石竟拒而不往。睿宗嘗密召安石，謂曰：「聞朝廷傾心東宮，卿何不察也？」安石對曰：「陛下何得亡國之言，此必太平之計。太子有大功於社稷，仁明孝友，天下所稱，願陛下無信讒言以致惑也。」睿宗矍然曰：「朕知之矣，卿勿言也。」太平於簾中竊聽之，乃構飛語，欲令鞫之，賴郭元振保護獲免。〔註202〕

太平公主想拉韋安石加入其陣營，但被婉拒。此條材料還有一段話值得討論，就是「睿宗嘗密召安石，謂曰：『聞朝廷傾心東宮，卿何不察也？』」；既然是睿宗「密召安石」來討論「朝廷傾心東宮」之問題，爲何太平公主可以「於簾中竊聽之」，所以由太平公主竊聽之動作，可以確定此次密召，睿宗早已與太平公主有默契，不然太平公主怎知道時間、地點，竊聽這段談話內容，由此推論，睿宗在太子與太平公主這兩大集團摩擦之時刻，他較傾心於太平公主集團。

此事件不久後太平公主又有動作，〔註203〕《舊唐書》載：

> 時太平公主謀不利於玄宗，嘗於光範門內乘輦伺執政以諷之，眾皆失色。璟昌言曰：「東宮有大功於天下，眞宗廟社稷之主，安得有異議！」乃與姚崇同奏請令公主就東都。玄宗懼，抗表請加罪於璟等，乃貶璟爲楚州刺史。〔註204〕

到底太平公主在光範門內，跟各位宰臣表達什麼，使得大家「皆失色」，《新唐書·太平公主傳》有記載：

> 玄宗以太子監國，使宋王、岐王總禁兵。主忌權分，乘輦至光範門，召宰相白廢太子。〔註205〕

由這兩則材料對照起來，明白太平公主因爲在光範門內「召宰相白廢太子」，所以「眾皆失色」，才會有宋璟的上諫。此時（711）太平公主集團與太子集團

〔註201〕〔宋〕司馬光：〈睿宗景雲元年〉，《資治通鑑》，卷210，頁6656。

〔註202〕〔後晉〕劉昫等撰：〈韋安石傳〉，《舊唐書》，卷92，頁2957。

〔註203〕太平公主在光範門內所言將廢太子之事件，《通鑑》將其繫年繫在韋安石事件之後。參〔宋〕司馬光：〈睿宗景雲二年〉，《資治通鑑》，卷210，頁6662。

〔註204〕〔後晉〕劉昫等撰：〈宋璟傳〉，《舊唐書》，卷96，頁3031～3032。

〔註205〕〔宋〕歐陽修等撰：〈太平公主傳〉，《新唐書》，卷83，頁3651。

之間的政治鬥爭，已浮出檯面。爲了安定當時政局，宋璟與姚元之密言於睿宗，《大唐新語》載：

> 時太平公主將有奪宗之計……（宋璟）遂與姚崇奏：「公主就東都，出寧王以下爲刺史，以息人心。」睿宗曰：「朕更無兄弟，唯有太平一妹，朝夕欲得相見。卿勿言，餘並依卿所奏。」〔註206〕

然而從《大唐新語》只知道太平公主將有奪宗之計，無法瞭解宋璟與姚崇兩人爲何密奏的詳細原因，由《舊唐書》與《通鑑》記載可以補足，《舊唐書》載

> 太平公主干預朝政，宋王成器爲閑廄使，岐王範、薛王業皆掌禁兵，外議以爲不便。〔註207〕

而《通鑑・睿宗景雲二年・一月》・載：

> 璟與姚元之密言於上曰：「宋王陛下之元子，豳王高宗之長孫，太平公主交構其間，將使東宮不安。請出宋王及豳王皆爲刺史，罷岐、薛二王左、右羽林使，使爲左、右率以事太子。太平公主請與武攸暨皆於東都安置。」〔註208〕

《舊唐書》與《通鑑》這兩條材料記載「太平公主干預朝政」，干預朝政到什樣的地步「太平公主交構」太子李隆基兄弟之間的情感，將使「東宮不安」，所以「外議以爲不便」導致宋璟與姚崇提出「公主就東都，出寧王以下爲刺史，以息人心」以及「罷岐、薛二王左、右羽林使，使爲左、右率以事太子。」之諫言，〔註209〕睿宗的回答是「朕更無兄弟，唯有太平一妹，朝夕欲得相見。卿勿言，餘並依卿所奏。」由此可見，太平公主雖然極力拉攏宰相勢力，以及在政治上作出打壓太子李隆基之動作，這些動作，無法影響太子李隆基對於睿宗與太平公主集團所產生的壓力。此次的政治鬥爭，太子集團陣中的宋璟與姚崇兩位宰相被罷職貶爲刺史，卻換來一些成果，一是太子李隆基在禁軍的掌握上更有確定性；〔註210〕二是太子能參與朝政六品以下的處份權，〔註211〕其中禁軍

〔註206〕〔唐〕劉肅撰：〈匡贊第一〉，《大唐新語》，卷1，頁8。

〔註207〕〔後晉〕劉昫等撰：〈姚崇傳〉，《舊唐書》，卷96，3023。

〔註208〕〔宋〕司馬光：〈睿宗景雲二年〉，《資治通鑑》，卷210，頁6662。

〔註209〕《劍橋中國隋唐史》載：「在711年初期，姚崇和宋璟知道睿宗的長子李成器和高宗留下的長孫李守禮都比皇太子有更充分的理由繼承皇位，於是就勸諫睿宗應把他們派往地方任職，以挫敗太平公主的陰謀。」參《劍橋中國隋唐史》，頁307。

〔註210〕雖然《通鑑》記載姚崇與宋璟上諫睿宗：「罷岐、薛二王左、右羽林使」但是後面又有提到岐、薛二王「使爲左、右率以事太子。」這道命令使得太子李

之掌握，亦是太平公主政變失敗主要原因之一。

五、太平公主集團政變失敗

太子李隆基與太平公主兩大集團的政治鬥爭，不僅只有上節所討論的事件，當然持續到太平公主倒臺爲止。在景雲二年（711）四月卻發生一件事：睿宗提出內禪想法，《通鑑》載：

> 上（睿宗）召群臣三品以上，謂曰：「朕素懷澹泊，不以萬乘爲貴，曩爲皇嗣，又爲皇太弟，皆辭不處。今欲傳位太子，何如？」群臣莫對。太子使右庶子李景伯固辭，不許。殿中侍御史和逢堯附太平公主，言於上曰：「陛下春秋未高，方爲四海所依仰，豈得遽爾！」上乃止。〔註212〕

睿宗召三品以上官，向他們宣佈欲內禪，最後被太平公主制止，這舉動看似毫無依據，但仍有些線索可以解釋，《通鑑》在景雲二年（711）二月記載一條材料：

> 左、右萬騎與左、右羽林爲北門四軍，使葛福順等將之。〔註213〕

上節提到景雲二年正月，姚崇與宋璟上諫睿宗，太平公主移往東都，並罷岐、薛二王左、右羽林軍之職，擔任左、右衛率以事太子；二月，左、右萬騎與左、右羽林由葛福順將之，葛福順是太子李隆基秘密籌劃剿韋后集團的人物之一，後因立大功升上將軍，今他接掌禁軍，說明了太子集團已能完全控制整個禁軍，〔註214〕這對睿宗與太平公主集團造成不小壓力，讓睿宗在四月提出內禪最重要的原因之一，雖然最後被太平公主制止，睿宗仍下令：「凡政事皆取太子處分。其軍旅死刑及五品已上除授，皆先與太子議之，然後以聞。」，〔註215〕由此可知，太子此次順勢接收睿宗釋出的權力。在此之後，太平公主亦極力拉攏朝中

隆基對於禁軍更有掌握。參〔宋〕司馬光：〈睿宗景雲二年〉，《資治通鑑》，卷210，頁6662。

〔註211〕睿宗在景雲二年（711）二月下詔「命太子監國，六品以下除官及徒罪下下，並取太子處分。」〔宋〕司馬光：〈睿宗景雲二年〉，《資治通鑑》，卷210，頁6663。

〔註212〕〔宋〕司馬光：〈睿宗景雲二年〉，《資治通鑑》，卷210，頁6664。

〔註213〕〔宋〕司馬光：〈睿宗景雲二年〉，《資治通鑑》，卷210，頁6664。

〔註214〕雖然太平公主有安排自己人事在禁軍中，然就如黃永年先生所言：「太平公主所控制羽林長官常元楷、李慈等之被架空也正和韋后所安插的羽林長官韋播、韋璿、高崇相同。」參黃永年著：〈說李武政權〉，《唐代史事考釋》，頁116。

〔註215〕〔宋〕司馬光：〈睿宗景雲二年〉，《資治通鑑》，卷210，頁6665。

宰相，及安排自己人事參與國事，如《舊唐書·陸象先傳》所載：

> 景雲二年冬……太平公主將引中書侍郎崔湜知政事，密以告之，湜
> 固讓象先，主不許之，湜因亦請辭。主遽言於睿宗，乃並拜焉。……
> 太平公主時既用事，同時宰相蕭至忠、岑羲及湜等咸傾附之，唯象
> 先孤立，未嘗造謁。〔註216〕

太平公主雖然拉攏朝中宰相，但已是強弩之末，睿宗在先天元年（712）仍傳
位於太子李隆基，〔註217〕《通鑑·先天元年七月》載：

> 制傳位於太子，太子上表固辭。太平公主勸上雖傳位，猶宜自總大
> 政。上乃謂太子曰：「汝以天下事重……朕雖傳位，豈忘家國！其軍
> 國大事，當兼省之。」〔註218〕

睿宗傳位於太子李隆基，但還是保有三品以上官員之處份權，先天元年八月，
睿宗下誥：

> ……睿宗為太上皇。上皇自稱朕，命曰誥……皇帝自稱予，命曰制、
> 敕，日受朝於武德殿。三品以上除授及大刑政決於上皇，餘皆決於
> 皇帝。〔註219〕

對於保有「三品以上除授」的傳位，黃永年先生提出見解：「這顯然是在李隆
基勢力壓迫下的再一次讓步，否則既已內禪退居太上皇帝，又何需保存一部
分最高權力。」〔註220〕所以睿宗與太平公主是在玄宗壓迫下作出這樣的讓步，
使得太平公主必需更積極的採取政治上行動《大唐新語》載：

> 太平公主，沉斷有謀，則天愛其類己……其宰相有七，四出其門。
> 玄宗孤立而無援。〔註221〕

《大唐新語》此條材料《舊唐書》亦有收錄：

> 公主懼玄宗英武，乃連結將相，專謀異計。其時宰相七人，五出公

〔註216〕〔後晉〕劉昫等撰：〈陸象先傳〉，《舊唐書》，卷88，頁2876。
〔註217〕《劍橋中國隋唐史》載：「太平公主這時占有強有力的政治地位，但朝廷的總
的形勢正在惡化。劉幽求以一名新都督代替帶兵保持東北邊境的安寧達 20
年之久的薛訥，從而帶來了災難……四川的土著發動叛亂，與突厥可汗的和
親未能實現。睿宗無意執政的情緒日趨明顯，最後決定讓位於皇太子。」參
《劍橋中國隋唐史》，頁311。
〔註218〕〔宋〕司馬光：〈玄宗先天元年〉，《資治通鑑》，卷210，頁6674。
〔註219〕〔宋〕司馬光：〈·玄宗先天元年〉，《資治通鑑》，卷210，頁6674。
〔註220〕黃永年著：〈說李武政權〉，《唐代史事考釋》，頁114～115。
〔註221〕〔唐〕劉肅撰：〈諛佞第二十一〉，《大唐新語》，卷9，頁144～145。

主門，常元楷、李慈掌禁兵，常私謁公主。〔註222〕

從上述材料得知，太平公主與睿宗一直想藉宰相權左右朝庭中樞，進而壓制玄宗，但無法有效抑制玄宗勢力，故太平公主運用禁軍武力欲發動政變，這舉動被玄宗知情，《通鑑・玄宗開元元年（713）》載：

> 秋，七月，魏知古告公主欲以是月四日作亂，令元楷、慈以羽林兵
> 突入武德殿，懷貞、至忠、羲等於南牙舉兵應之。上乃與岐王範、
> 薛王業、郭元振、及龍武將軍王毛仲……內給事高力士、果毅李守
> 德等定計誅之。〔註223〕

於是玄宗在太平公主欲作亂之時間（713年7月4日），提前一天將太平公主集團剷除《舊唐書》載：

> 秋七月甲子，太平公主與僕射竇懷貞、侍中岑羲、中書令蕭至忠、
> 左羽林大將軍常元楷等謀逆，事覺，皇帝率兵誅之。窮其黨與，……
> 中書舍人李猷、中書令崔湜、尚書左丞盧藏用……等皆誅之。〔註224〕

事件結束後，隔天睿宗下誥曰：「朕將高居無爲，自今後軍國刑政一事以上，並取皇帝處分。」〔註225〕由上論述過程中得知，睿宗幾次欲傳位李隆基，皆被太平公主反對，這也就是睿宗雖釋出權力仍保有最高權力主要原因，此次政變，太平公主集團被玄宗剿滅，睿宗已無政治依靠，只有釋出最高權力，當眞正的太上皇，由此得知，睿宗內禪是被玄宗勢力所迫。

六、結　語

　　睿宗此次內禪，與唐高祖內禪原因多有相似之處，唐太宗與唐玄宗皆非

〔註222〕〔後晉〕劉昫等撰：〈太平公主傳〉，《舊唐書》，卷183，頁4739。至於《大唐新語》所謂的宰相有七，四出其門，與《舊唐書》宰相有七人，五出公主門，這兩者看似有出入，《通鑑》・〈玄宗開元元年〉亦有此條之記載，而其按語有解釋這出入。簡潔的說，就是對於陸象先認定是否爲太平公主黨之問題，假若是，就是五人，不是就是四人。然而這多一人少一人，也無法否定太平公主依太上皇之勢，安排自己宰相，對玄宗造成壓力。參〔宋〕司馬光：〈玄宗開元元年〉，《資治通鑑》，卷210，頁6682～6683。

〔註223〕〔宋〕司馬光：〈玄宗開元元年〉，《資治通鑑》，卷210，頁6684。

〔註224〕〔後晉〕劉昫等撰：〈睿宗紀〉，《舊唐書》，卷7，頁161～162。又此條所載秋七月甲子，依《通鑑》按語所述爲七月三日。參〔宋〕司馬光：〈玄宗開元元年〉，《資治通鑑》，卷210，頁6683。

〔註225〕〔後晉〕劉昫等撰：〈睿宗紀〉，《舊唐書》，卷7，頁162。

長子，因立下奇功而得勢，太宗運用武力扳倒太子集團逼高祖退位，玄宗是運用武力扳倒太平公主集團逼睿宗退位；可見太宗「玄武門之變」對於唐政治鬥爭影響甚遠。

《大唐新語》第 9 條末段雖載：「玄宗懼，乃奏崇、璟離間骨肉，請加罪黜……崇貶申州刺史，璟楚州刺史。」但作者劉肅將其編入「匡贊」篇裡，原因在於作者認為太平公主當時勢力，將對玄宗造成影響，張說、姚崇、宋璟、郭元振等人適時提出諫言，不僅讓睿宗「大悅」而接受，最後輔佐李隆基登上皇位，故此條材料安排在匡贊，透露作者對於此事件之想法：贊成太子（李隆基）監國及公主遷就東都，換言之，作者是贊成太子集團之作法。

《大唐新語》與《舊唐書》對於睿宗內禪所有材料，能否完全貼近當時之史實，答案當然是否定，這些材料只能表達當時事件的某一面相，以《大唐新語》第 9 條及第 280 為例；第 9 條姚崇等人諫言睿宗太子監國，睿宗反應是「大悅，即日詔皇太子監國」；第 280 條太平公主得勢「其宰相有七，四出其門。玄宗孤立而無援。」這兩條都由玄宗角度寫下史事，假若從睿宗角度思考，太子集團姚崇等人諫言太子監國，與太平公主政治上聯合的睿宗反應將會是「大悅」嗎？太平公主得勢「玄宗孤立而無援」假若玄宗孤立無援，怎能得知太平公主何時能發動政變？又怎能將太平公主集團剿滅？

《大唐新語》部份材料與《舊唐書》同出一源，作者劉肅將第 9 條編入「匡贊」篇，第 280 條編入「諛佞」篇，顯然作者對歷史事件表達其看法，這與史學家有某種程度上不同，雖然兩者都是在寫歷史，但筆記小說作者，可以自由發揮自己之想法，故也可從作者對於材料之編排，瞭解作者的思想。

第四章　《大唐新語》人物事蹟考釋
——宰相之部

第一節　論房玄齡直諫態度轉變的其中一個面向

　　房玄齡直言為秦王李世民謀策，秦王猶豫不決時，最後由杜如晦做最後定案，〔註1〕之後歷史學者對唐初房玄齡與杜如晦兩位大臣給予「房謀杜斷」的歷史評價，影響此評價最重要關鍵是「玄武門之變」前夕，然秦王李世民當上皇帝為唐太宗時，房玄齡直言上諫的態度，有很大改變，不似當年在秦王身邊時那樣果敢直諫，為何有這樣改變，以下文章試申論之。

一、房玄齡直言性格

　　房玄齡直言性格由《舊唐書》評論可推之一二，書載：「蓋房知杜之能斷大事，杜知房之善建嘉謀。」〔註2〕史臣對房玄齡做出這樣的評語，必是房玄齡直言嘉謀於唐太宗。

　　當隋朝平定陳國時，房玄齡對其父說出這樣的看法：

　　……開皇中，隨父彥謙至長安。時天下宴安，論者以為國祚無疆。

　　玄齡密告彥謙曰：「隋帝盜有天下，不為後嗣長計，混淆嫡庶，使相

〔註1〕《大唐新語》載：「……太宗每與玄齡圖事，則曰：『非如晦莫能籌之。』及如晦至，卒用玄齡之策。二人須以斷大事，迄今言良相者，稱房杜焉。」參〔唐〕劉肅撰：〈極諫第一〉，《大唐新語》，卷1，頁3。
〔註2〕〔後晉〕劉昫等撰：〈房玄齡傳〉，《舊唐書》，卷66，頁2472。

傾奪。今雖清平，其亡可翹足而待。」彥謙驚止之⋯⋯〔註3〕

隋朝人民正在享受太平，房玄齡卻與他父親密言「其亡可翹足待」，其父也因房玄齡直言不得不「驚止之」，由此得知，房玄齡有其見識、膽識及政治敏感度，能看到未來政治走向的，講出一般人不敢講的話。隋末，房玄齡因此得到秦王李世民賞識，《新語》載：

> ⋯⋯大業之季，其（房玄齡）言皆驗。及義師濟河，玄齡杖策謁於軍門，太宗以爲謀主，每歎曰：「昔光武云：『自吾得鄧禹，人益親。』寡人有玄齡，亦猶禹也。」⋯⋯〔註4〕

秦王李世民將房玄齡納入帳下當「謀主」，聽的就是房玄齡過人的建言，至「玄武門之變」前夕，房玄齡敢於建言態度亦是如此。《舊唐書》載：

> 隱太子（李建成）見太宗勳德尤盛，轉生猜間⋯⋯玄齡因謂長孫無忌曰：「今嫌隙已成，禍機將發，天下恟恟，人懷異志⋯⋯此之際會，安可不深思也！僕有愚計，莫若遵周公之事，外寧區夏，内安宗社⋯⋯古人有云，『爲國者不顧小節』，此之謂歟。⋯⋯」無忌曰：「久懷此謀，未敢披露，公今所説，深會宿心。」〔註5〕

當時太子李建成與秦王李世民關係如同水火，太子李建成欲除秦王，秦王李世民身邊幕僚知道當時處境，長孫無忌知道在政治上要如何作爲，但「未敢披露」，只有房玄齡敢講出別人不敢講的話，就是要李世民「不顧小節」行使「周公之事」，李世民事後知道房玄齡等建議，心中仍存疑，故召房玄齡策謀，《通鑑》載：

> 世民召玄齡謀之，玄齡曰：「大王功蓋天地，當承大業，今日憂危，乃天贊也，願大王勿疑。」乃與府屬杜如晦共勸世民誅建成、元吉。
> 〔註6〕

這條材料說明秦王李世民心中尚有疑惑，不敢作出決定，最後由房玄齡說服；此條看出，房玄齡諫言存在很大風險，畢竟當時高祖立李建成爲太子，房玄齡這項建言不僅是動搖國本，亦是逆上殺頭之罪，況且李世民與太子又是兄弟，假若房玄齡建言風聲走漏或是李世民重兄弟之情，這種建言定會引來殺

〔註3〕〔唐〕劉肅撰：〈知微第十六〉，《大唐新語》，卷7，頁110。
〔註4〕〔唐〕劉肅撰：〈知微第十六〉，《大唐新語》，卷7，頁110。
〔註5〕〔後晉〕劉昫等撰：〈房玄齡傳〉，《舊唐書》，卷66，頁2460。
〔註6〕〔宋〕司馬光：〈高祖武德九年〉，《資治通鑑》，卷191，頁6005。

身之禍，可見房玄齡之膽識。

二、「玄武門之變」功臣遭忌

　　玄武門之變（西元 626 年 6 月）後，李世民登基爲唐太宗，對於幫他登基之要臣，須有所作爲，唐太宗將自己人馬安排在中央官員的人事上，便於掌握中央行政，《舊唐書》載：

> ……武德九年（626）……七月壬辰，太子左庶子高士廉爲侍中，右庶子房玄齡爲中書吏部尚書楊恭仁爲雍州牧，太子左庶子長孫無忌爲吏部尚書，右庶子杜如晦爲兵部尚書……〔註7〕

王吉林先生對此次人事調動提出他的觀點：

> 這次人事調動上，很明確的可以看出兩點：第一、太宗……只不過將他自己親信，也任命爲宰相，故宰相人數大增，便於太宗掌握朝局。……第二、在尚書省的六部中，自以吏部、兵部爲最要，因而太宗以其策劃「玄武門之變」的核心分子長孫無忌、杜如晦分掌吏、兵兩部，控制全國的文武百官。……〔註8〕

因太宗當上皇帝，故有王吉林先生所上述兩點，而「秦府舊班底」靠太宗之賜，晉身爲中央朝庭宰相，太宗不僅在中央官員上有任命，於武德九年十月（626），又頒布「功臣實封差第」

> 裴寂加食九百戶，通前爲一千五百戶，長孫無忌、王君廓、尉遲敬德、房玄齡、杜如晦等五人食邑一千三百戶，長孫順德、柴紹、羅藝、趙郡王孝恭等四人食邑一千二百戶，侯君集、張公瑾、劉師立等三人食邑一千戶，李勣、劉弘基二人食邑九百戶，高士廉、宇文士及、秦叔寶、程知節四人七百戶，……張亮、李藥師、杜淹、元仲文十人各食四百戶，張長遜、張平高、李安遠、李子和、秦行師、馬三寶六人各食三百戶。〔註9〕

這份名單，筆者在第三章第二節〈論唐太宗感念杜如晦之匡贊〉中，引用黃永年先生論點：「以上站在李世民一邊，爲他奪取政權出了力共計二十七人，

〔註7〕〔後晉〕劉昫等撰：〈太宗紀〉，《舊唐書》，卷2，頁30。

〔註8〕參王吉林著：〈從唐太宗的用人看貞觀年間宰相制度的變動〉，《唐代宰相與政治》，（台北：文津出版社，1999 年 6 月），頁 56～57。以下引用此書版本依此。

〔註9〕〔後晉〕劉昫等撰：〈劉文靜傳〉，《舊唐書》，卷57，頁2294。

占新增補功臣三十六人的百分之七十五。」〔註10〕因如此，這股「秦王府舊班底」儼然成爲當時政局上新勢力，這股勢力亦造成高祖朝故有舊臣壓力，進而對此勢力產生不平之心，《通鑑・唐紀八》載：

> ……（世民）命陳叔達於殿下唱名示之，且曰：「朕敘卿等勳賞或未當，宜各自言。」於是諸將爭功，紛紜不已。淮安王神通曰：「臣舉兵關西，首應義旗，今房玄齡、杜如晦等專弄刀筆，功居臣上，臣竊不服。」上曰：「義旗初起，叔父雖首唱舉兵……玄齡等運籌帷幄，坐安社稷，論功行賞，固宜居叔父之先……」〔註11〕

筆者在〈論唐太宗感念杜如晦之匡贊〉討論過，唐太宗因玄武門之變，將房玄齡、杜如晦及長孫無忌等人列爲開國第一功臣，因此引來高祖朝舊臣淮安王李神通之不滿；這些「玄武門政變」功臣進入朝廷中央態度，亦讓人有評議之處，武德九年十月《舊唐書・蕭瑀傳》載：〔註12〕

> ……太宗即位，（蕭瑀）遷尚書左僕射，封倫爲右僕射。……于時房玄齡、杜如晦既新用事，疏瑀親倫，瑀心不能平，遂上封事論之，而辭旨寥落。太宗以玄齡等功高，由是忤旨，廢于家。〔註13〕

太宗即位，「房玄齡、杜如晦既新用事」後疏遠蕭瑀，左僕射蕭瑀因此不平，爾後蕭瑀上諫，太宗因「玄齡等功高」，廢蕭瑀於家中。《舊唐書》無載房、杜二人疏遠蕭瑀原因，考察其他史書可找到線索，《通鑑・武德九年九月（626）》載（在蕭瑀上諫前不久）：

> 房玄齡嘗言：「秦府舊人未遷官者，皆嗟怨曰：『吾屬奉事左右，幾何年矣，今除官，反出前宮、齊府人之後。』」上曰：「王者至公無私，故能服天下之心……故設官分職，以爲民也，當擇賢才而用之，豈以新舊爲先後哉！……」〔註14〕

房玄齡替其他秦王府舊同事在太宗面前抱不平，認爲秦府舊人「奉事（世民）

〔註10〕 黃永年著：〈論武德貞觀時統治集團的內部矛盾和鬥爭〉，《唐代史事考釋》，頁13。

〔註11〕 〔宋〕司馬光：〈高祖武德九年〉，《資治通鑑》，卷192，頁6022。然《舊唐書》載此條年份爲貞觀元年。筆者以《通鑑》年月爲繫年，但太宗與李神通論功行賞，亦在玄武之變後，無防行文。

〔註12〕 此條材料《通鑑》亦載，其繫年月爲武德九年十月。參〔宋〕司馬光：〈高祖武德九年〉，《資治通鑑》，卷192，頁6023。

〔註13〕 〔後晉〕劉昫等撰：〈蕭瑀傳〉，《舊唐書》，卷63，頁2401。

〔註14〕 〔宋〕司馬光：〈高祖武德九年〉，《資治通鑑》，卷192，頁6023。

左右，幾何年矣」功勞不小，結果在李世民當上皇帝後，「皆嗟怨」官位比「前宮」及「齊府」的人還要低，可見這些秦王府舊班底，對於當時政治檯面上的前宮與前朝官員，是有不滿，蕭瑀是前朝宰臣，房玄齡與杜如晦排他心態是可想而之，才有「即新用事」疏遠蕭瑀政治上的動作，此動作背後原因不僅有「事秦府幾何年矣」的心態，還隱藏著「政變有功」之傲心，由於上述原故，房玄齡在朝廷上推舉人材時，發生一些問題，《通鑑》在貞觀二年（628）記載房玄齡推舉人材之相關材料：

> 上謂房玄齡等曰：「為政莫若至公。……高熲為隋相，公平識治體，隋之興亡，繫熲之存沒。朕既慕前世之明君，卿等不可不法前世之賢相也！」〔註15〕

房玄齡當上宰相，推舉人材，以秦王府時的舊班底為主，〔註16〕畢竟這些人跟他有過革命情感，然而當上皇帝的李世民，卻不能有這樣觀念，所以有「王者至公無私……當擇賢才而用之」的思想，故唐太宗在貞觀二年提醒房玄齡推舉人材的態度。然而房玄齡推舉秦王府人材的態度，卻已造成其他朝臣不滿，《通鑑·貞觀三年》（629）載：

> 房玄齡、王珪掌內外官考，治書侍御史萬年權萬紀奏其不平，上命侯君集推之。〔註17〕

官員考核直接影響官員升遷，侍御史權萬紀看到考核有不公平，於是上奏，事後魏徵上諫為房玄齡圓說，太宗釋懷此事件，但秦王府幕僚之勢力，確實造成貞觀初年朝廷人事安排上的糾紛，造成糾紛最主要兩個原因，一是與秦王府幕僚與唐太宗是舊識；二是玄武門政變成功之傲心。

由於上述原故，加上「玄武門政變」功臣仕途順遂，接踵而來是遭他人忌妒。《通鑑·貞觀二年》（628）載：

> 春，正月，辛亥，右僕射長孫無忌罷。時有密表稱無忌權寵過盛者，上以表示之……又召百官謂之曰：「朕諸子皆幼，視無忌如子，非他

〔註15〕〔宋〕司馬光：〈太宗貞觀二年〉，《資治通鑑》，卷192，頁6048。

〔註16〕《通鑑》一條材料記載可說明當時之情況：濮州刺史龐相壽坐貪污解任，自陳嘗在秦王幕府；上憐之，欲聽還舊任。魏徵諫曰：「秦王左右，中外甚多，恐人人皆恃恩私，足使為善者懼。」上欣然納之……賜帛遣之，相壽流涕而去。魏徵上諫內容提到：「秦王左右、中外甚多」說明秦王府舊班底不僅在中央朝廷，就連委任於外之官員，也多有當時為秦府之幕僚。〔宋〕司馬光：〈太宗貞觀三年〉，《資治通鑑》，卷193，頁6070。

〔註17〕〔宋〕司馬光：〈太宗貞觀三年〉，《資治通鑑》，卷193，頁6069～6070。

人所能間也。」無忌自懼滿盈，固求遜位。〔註18〕

長孫無忌在太宗朝時，被史臣評：「英冠人傑，定立儲闈，力安社稷，勛庸茂著。」〔註19〕標準的賢相，但這位「賢相」貞觀二年（628）時，已經被上表密奏「權寵過盛」，這上奏反應兩項問題，一是唐太宗上任不久，長孫氏即有權寵過盛之問題，二是密奏者看見第一項之情況，心中不平而密奏，之後「無忌自懼滿盈，固求遜位」，此不平現像亦發生在房玄齡身上，筆者之前所舉蕭瑀與權萬紀上諫等材料，都說明「玄武門政變」之功臣在朝廷上，有人表達出不平之心，然而這些功臣的心態相對也有轉變。

三、房玄齡與唐太宗心態之轉變

「秦王府幕僚」普遍認爲，他們在秦王府事奉李世民已久，加上他們自負有功，不僅政治上疏遠前朝官員，房、杜與長孫無忌……等人官位平順，導致政治上遭人忌妒，加上秦王李世民當上皇帝後心態轉變，使得這些功臣們逐漸改變行事風格，作風漸於低調，由房玄齡諫言態度轉變可得知。《大唐新語》第三十條載：

> 房玄齡與高士廉偕行，遇少府少監竇德素，問之曰：「北門近來有何營造？」德素以聞太宗。太宗謂玄齡、士廉曰：「卿但知南衙事，我北門小小營造，何妨卿事？」玄齡等拜謝。魏徵進曰：「臣不解陛下責，亦不解玄齡等謝。既任大臣，即陛下股肱耳目，有所營造，何容不知。責其訪問官司，臣所不解。陛下所爲若是，當助陛下成之；所爲若非，當奏罷之。此乃事君之道。玄齡等問既無罪，而陛下責之，玄齡等不識所守，臣實不喻。」太宗深納之。〔註20〕

《貞觀政要》繫此條年份爲貞觀八年（634），〔註21〕房玄齡與高士廉同問太宗「北門近來有何營造？」被太宗稍稍責斥「我北門小小營造，何妨卿事？」房玄齡與高士廉馬上拜謝，不敢多問一句，魏徵對於房、高二人態度有所不悅，上諫指責。之前筆者論及房玄齡在玄武門之變前勇於直言，而《新語》

〔註18〕〔宋〕司馬光：〈太宗貞觀二年〉，《資治通鑑》，卷192，頁6046。

〔註19〕〔後晉〕劉昫等撰：〈長孫無忌傳〉，《舊唐書》，卷65，頁2456。

〔註20〕參〔唐〕劉肅撰：〈極諫第三〉，《大唐新語》，卷2，頁21～22。

〔註21〕參〔唐〕吳兢著，謝保成集校：〈納諫第五〉，《貞觀政要集校》，卷5，頁131。謝保成註曰：「《會要》作「十五年」，《通鑑》亦繫貞觀十五年（641）。按：高士廉爲右僕射在十二年，當從《會要》、《通鑑》繫年。」

此條記載房玄齡的態度，與唐太宗未當上皇帝時態度明顯不同，《新語》此條不是孤例，貞觀二年（628）十一月唐太宗因祖孝孫教宮人音樂，不符太宗之意，太宗在朝廷上責難，溫彥博與王珪上諫後，被太宗責斥，《舊唐書》載：

> 珪（王珪）及溫彥博諫……太宗怒曰：「卿皆我之腹心，當進忠獻直，何乃附下罔上，反爲孝孫言邪！」彥博拜謝。珪獨不拜，曰：「臣本事前宮，罪已當死。……今臣所言，豈是爲私？……」帝默然而罷。翌日，帝謂房玄齡曰：「自古帝王，能納諫者固難矣……昨責彥博、王珪，朕甚悔之。公等勿以此而不進直言也。」〔註22〕

唐太宗因祖孝孫不稱旨而發怒，後溫彥博與王珪上諫，太宗責斥在先反悔在後，當時人在現場的房玄齡默然，事後唐太宗也因房玄齡態度有所責備；又《貞觀政要》載：

> 張蘊古爲大理丞。相州人李好德素有風疾，言涉妖妄，詔令鞫其獄。蘊古言：「好德癲病有徵，法不當坐。」……持書侍御史權萬紀劾奏之，太宗大怒，令斬於東市。既而悔之，謂房玄齡曰：「公等食人之祿須憂人之憂……今不問則不言，見事都不諫諍，何所輔弼？……」
>
> 〔註23〕

此條《貞觀政要》繫年爲貞觀五年（631），太宗怒斬張蘊古，房玄齡未諫，事後被太宗責難「見事都不諫諍，何所輔弼？」，由此語仍知房玄齡當上「輔弼」後見到唐太宗有犯錯之處「都不諫諍」；貞觀八年（634），太宗因皇甫德參上諫而發怒，房玄齡等人沉默沒有直諫，由魏徵上諫；〔註24〕貞觀十年（636）太宗因三品以上官員，多輕視魏王而發怒，玄齡態度是「惶懼流汗拜謝」後由魏徵上諫；〔註25〕貞觀十一年（637）柳範直接點出，房玄齡在太宗身旁多

〔註22〕〔後晉〕劉昫等撰：〈王珪傳〉，《舊唐書》，卷70，頁2528～2529。

〔註23〕參〔唐〕吳兢著，謝保成集校：〈論刑法第三一〉，《貞觀政要集校》，卷8，頁431。

〔註24〕《通鑑》載：中牟丞皇甫德參上言：「修洛陽宮，勞人；收地租，厚斂；俗好高髻，蓋宮中所化。」上怒，謂房玄齡等曰：「德參欲國家不役一人，不收斗租……」欲治其謗訕之罪。魏徵諫曰：「……自古上書不激切，不能動人主之心……唯陛下裁察。」參〔宋〕司馬光：〈太宗貞觀八年〉，《資治通鑑》，卷194，頁6109。此條《新語》28條亦載，參〔唐〕劉肅撰：〈極諫第三〉，《大唐新語》，卷2，頁21。

〔註25〕《通鑑》載：魏王泰有寵於上，或言三品以上多輕魏王。上怒……曰：「……朕但不聽諸子縱橫耳，聞三品以上皆輕之，我若縱之，豈不能折辱公輩乎！」房玄齡等皆惶懼流汗拜謝。魏徵獨正色曰：「臣竊計當今群臣，心無敢輕魏王

年，未盡匡正皇帝之責；〔註26〕《通鑑・太宗貞觀十八年（644）》載：

> 上聞洺州刺史程名振善用兵……勞勉之……名振失不拜謝。上試責
> 怒，以觀其所爲，曰：「山東鄙夫，得一刺史，以爲富貴極邪！……」
> 名振謝曰……舉止自若，應對愈明辯。上乃歎曰：「房玄齡處朕左右
> 二十餘年，每見朕譴責餘人，顏色無主。……」即日拜右驍衛將軍。
> 〔註27〕

這條直接證明房玄齡在唐太宗身邊二十餘年，房氏「每見朕譴責餘人」，不管
唐太宗責斥理由是對或錯，房玄齡都會「顏色無主」不知所措，這與李世民
未當上皇帝時勇於直諫的態度前後不一，房玄齡爲何會有這樣的改變？

上節提到李世民當上皇帝後，與在秦王府時心態不同，當秦王時或許與秦
府幕僚情同兄弟，當上皇帝，用人態度要改變，不能侷限「秦王府」內部之人，
對於功臣的兄弟之情，也要轉爲君臣之禮，故太宗對於功臣也要所防範。

長孫無忌在貞觀二年（628）因人密奏權寵過盛，雖然唐太宗對大臣說這
樣舉動，無法離間他與長孫氏君臣之間的情誼，〔註28〕然太宗之回答卻間接
反應出，不滿長孫氏之朝臣，已看到唐太宗對於長孫氏等功臣之顧忌，故長
孫氏以「自懼滿盈」罷相，這樣的政治動作，不僅給不滿他的官員看，更重
要是給太宗看。前段筆者提到貞觀二年太宗怒責王珪、溫彥博，房玄齡未上
諫，事後唐太宗不滿房氏之態度，〔註29〕依房玄齡對政治敏銳度，應已察覺
唐太宗對功臣心態上有轉變，在貞觀年六年（632），太宗言語流露出一些訊
息，《舊唐書》載：

> ……嘗侍宴慶善宮，時有班在其上者，敬德怒曰：「汝有何功，合坐
> 我上？」任城王道宗次其下，因解喻之。敬德勃然，拳毆道宗目，

〔註26〕　者……」參〔宋〕司馬光：〈太宗貞觀十年〉，《資治通鑑》，卷194，頁6123。
《通鑑》載：「安州都督吳王恪數出畋獵，頗損居人；侍御史柳範奏彈之。……
上曰：『長史權萬紀事吾兒，不能匡正，罪當死。』柳範曰：『房玄齡事陛下，
猶不能止畋獵，豈得獨罪萬紀！』上大怒，拂衣而入。……」〔宋〕司馬光：
〈太宗貞觀十一年〉，《資治通鑑》，卷195，頁6134。

〔註27〕　〔宋〕司馬光：〈太宗貞觀十八年〉，《資治通鑑》，卷197，頁6213～6214。

〔註28〕　《通鑑》載：時有密表稱無忌權寵過盛者……無忌自懼滿盈，固求遜位，皇
后又力爲之請，上乃許之。〔宋〕司馬光：〈太宗貞觀二年〉，《資治通鑑》，卷
192，頁6046。

〔註29〕　唐太宗不滿房玄齡當時沉默之態度，原因可能有「玄武門之變」前房玄齡敢
於直言，唐太宗習慣房玄齡勇於諫言之態度，然而當上皇帝後，房玄齡卻變
成不敢直言，因而有所不滿。以上是筆者對於唐太宗一個心理推測。

幾至眇。太宗不懌而罷，謂敬德曰：「朕覽漢史，見高祖功臣獲全者
少，意常尤之……然卿居官輒犯憲法，方知韓、彭夷戮，非漢祖之
愆。國家大事，唯賞與罰，非分之恩，不可數行……」〔註30〕

「玄武門政變功臣」對於自己功高已是普遍心態，當上皇帝的唐太宗也須有
所防範。尉遲敬德自視功高，不滿侍宴有人排班在他之上，後任城王李道宗
勸說，卻遭尉遲敬德「拳歐」，此事尉遲氏仗勢功高犯錯在先，但太宗卻講出
「韓、彭夷戮，非漢祖之愆」之內心話，此事件太宗採勸導態度，卻也對尉
遲敬德提出「非分之恩，不可數行」的警告，由此話仍知尉遲氏已犯過好幾
次「非分之恩」，只不過李世民不與漢高祖般殺功臣，依房氏之見識，必定知
道太宗心態已換，加上他屢屢遭忌，使得他性格必須有所改變，《舊唐書·房
玄齡傳》載：

> 玄齡抗表陳讓，太宗遣使謂之曰：「昔留侯讓位，竇融辭榮，自懼盈
> 滿，知進能退，善鑒止足，前代美之。公亦欲齊蹤往哲，實可嘉尚。
> 然國家久相任使，一朝忽無良相，如失兩手。公若筋力不衰，無煩
> 此讓。」玄齡遂止。〔註31〕

此條《舊唐書》繫年為貞觀十六年（642）房玄齡要罷相，罷相原因唐太宗替
他說明「留侯讓位，竇融辭榮，自懼盈滿，知進能退」，在此之前房玄齡在朝
廷，位高權重，《通鑑·太宗貞觀十三年（639）》記載：

> ……玄齡自以居端揆十五年，男遺愛尚上女高陽公主，女為韓王妃，
> 深畏滿盈，上表請解機務；上不許……〔註32〕

房玄齡在朝廷不僅位高權重，又是皇帝之親家，熟讀歷史的房玄齡，知道功
高震主，加上皇帝對功臣心態改變，故有「深畏滿盈」之行動，太宗也知道
房玄齡「自懼盈滿，知進能退」，所以才能有當時地位，然太宗猜忌之心還是
會有，《通鑑·貞觀十九年（645）》載：

> 上之發京師也，命房玄齡得以便宜從事，不復奏請。或詣留臺稱有密，
> 玄齡問密謀所在，對曰：「公則是也。」……上聞留守有表送告密人，

〔註30〕〔後晉〕劉昫等撰：〈尉遲敬德傳〉，《舊唐書》，卷68，頁2499～2500。此條
《舊唐書》載於貞觀八年，但《通鑑》載於貞觀六年九月（參《通鑑》第七
冊，頁6098），又《唐會要》亦載於貞觀六年九月（參《唐會要》，卷45，頁
937。）故依《通鑑》年份。
〔註31〕〔後晉〕劉昫等撰：〈房玄齡傳〉，《舊唐書》，卷66，頁2462。
〔註32〕〔宋〕司馬光：〈太宗貞觀十三年〉，《資治通鑑》，卷195，頁6143。

上怒……問告者爲誰，曰：「房玄齡。」上曰：「果然。」叱令腰斬。

璽書讓玄齡以不能自信，「更有如是者，可專決之。」〔註33〕

這條材料看出兩點，一是玄齡至貞十九年還被人遭忌，而告其謀反，反映在此之前，告其謀反必是甚多；第二是房氏將告密者，送至太宗處，太宗叱令腰斬，但太宗出京師時，令玄齡便宜行事，但房氏卻將告密者送至太宗處，由此反應房玄齡對太宗是有疑慮，不然房玄齡可如太宗所云：「有如是者，可專決之」直接殺告密者，何必再將其送至太宗處，此舉動是房玄齡向太宗證明自己毫無叛心，卻間接反映太宗對功臣有疑慮之心態，而太宗此心態，可以往前推至貞觀二年長孫氏「罷相」事件，所以房玄齡面對太宗的改變，他的心態也轉變成「自懼盈滿，知進能退」的黃老態度，深怕「橫恩不可數得」，使得房玄齡不像「玄武門之變」前勇於直言，這讓他在政治這條路上少有殺身之禍。

四、結　語

由於太宗對於功臣心態轉變，加上房玄齡仕途順遂屢遭人忌妒，使得房玄齡從政心態也有所改變，不能像「玄武門政變」前那樣果敢直言，故《舊唐書·魏徵傳》貞觀十二年（638）載：

太宗謂侍臣曰：「貞觀以前，從我平定天下，周旋艱險，玄齡之功，

無所與讓。貞觀之後，盡心於我，獻納忠讜，安國利民，犯顏正諫，

匡朕之違者，唯魏徵而已。……」〔註34〕

由於玄齡深怕在宦場遭忌，使得他必須時時戒慎恐懼，不能像玄武前至貞觀初，適時給與太宗諫言。由於上位者的猜忌及功臣遭忌，導致玄齡改變的重要原因，造成玄齡無法給與太宗適時諫言，才會有柳芳指責房氏沒有盡規範帝王之責，及太宗所說貞觀後能犯顏直諫只有魏徵的結果。故從這角度去解釋這結果，或許可爲房玄齡平反。

第二節　論長孫無忌之性格轉變

長孫無忌在歷史學家的評價上無非是賢臣良相，他不僅輔佐太宗開創「貞觀之治」，也輔佐高宗延續「貞觀」之清流，再創造史學家口中的「永徽之治」。

〔註33〕〔宋〕司馬光：〈太宗貞觀十九年〉，《資治通鑑》，卷197，頁6217。

〔註34〕〔後晉〕劉昫等撰：〈魏徵傳〉，《舊唐書》，卷71，頁2559。

然劉肅將長孫無忌殺害吳王李恪之材料,安排在〈酷忍〉篇裡,[註35] 這是筆者節所要討論的重點。

一、長孫無忌在太宗朝之性格

後世學者對無長孫無忌之評論,無非是從《舊唐書》之評論延續下來,《舊唐書》對於長孫氏是如何評論,筆者引文如下:

> 無忌戚里右族,英冠人傑,定立儲闈,力安社稷,勳庸茂著,終始不渝。及黜廢中宮,竟不阿旨,報先帝之顧託,爲敬宗之誣構。嗟乎!忠信獲罪,今古不免,無名受戮,族滅何辜。主暗臣姦,足貽後代。[註36]

從長孫無忌家世背景來看,長孫氏在隋朝已相當貴盛,長孫無忌(594～659)是唐太宗文德皇后之兄,「玄武門政變」功臣之一,且「少與太宗友善」,[註37] 使得他在太宗朝時官位一帆風順,[註38] 貞觀二年因此遭忌,《通鑑·貞觀二年》(628)載:

> 春,正月,辛亥,右僕射長孫無忌罷。時有密表稱無忌權寵過盛者,上以表示之……又召百官謂之曰:「朕諸子皆幼,視無忌如子,非他人所能間也。」無忌自懼滿盈,固求遜位。[註39]

由於長孫氏「固求遜位」,加上「文德皇后又爲之陳情」,[註40] 故太宗解長孫無忌右僕射之職,但乃拜開府儀同三司。在貞觀七年時,太宗又冊拜長孫無忌爲司空,而長孫無忌亦堅絕辭讓,由長孫氏堅絕辭讓這一面向上來論,

---

[註35] 《大唐新語》載:吳王恪母曰楊妃,煬帝女也。恪善騎射,太宗尤愛之。承乾既廢,立高宗爲太子,又欲立恪。長孫無忌諫曰:「晉王仁厚,守文之良主也。且舉棋不定,前哲所戒。儲位至重,豈宜數易?」太宗曰:「朕意亦如此,不能相違,阿舅後無悔也。」由是恪與無忌不協。高宗即位,房遺愛等謀反,敕無忌推之。遺愛希旨引恪,冀以獲免。無忌既與恪有隙,因而斃恪。臨刑,罵曰:「長孫無忌!竊弄威權,構害良善。若宗社有靈,當見其族滅!」不久,竟如其言。參〔唐〕劉肅撰:〈酷忍第二七〉,《大唐新語》,卷12,頁179～180。

[註36] 〔後晉〕劉昫等撰:〈長孫無忌傳〉,《舊唐書》,卷65,頁2456。

[註37] 〔後晉〕劉昫等撰:〈長孫無忌傳〉,《舊唐書》,卷65,頁2446。

[註38] 貞觀元年轉吏部尚書,七月拜尚書右僕射,二年爲開府儀同三司,七年十一月冊拜司空,十六年冊拜司徒,十九年檢校侍中,二十二年以司徒兼檢校中書令知尚書門下二省事,算是集三省大權於一身。

[註39] 〔宋〕司馬光:〈太宗貞觀二年〉,《資治通鑑》,卷192,頁6046。

[註40] 〔後晉〕劉昫等撰:〈長孫無忌傳〉,《舊唐書》,卷65,頁2447。

長孫氏似乎是一位以盈滿爲誡而知謙讓之臣，然《隋唐嘉話》所載一條材，
可提供長孫氏另一面向之性格：

> 長孫趙公朝宴，酒酣樂闋，顧羣公曰：「無忌不才，幸遇休明之運。
> 因緣寵私，致位上公，人臣之貴，可謂極矣。公視無忌，何如越公？」
> 或對曰：「不如」，或曰：「過之」。公曰：「吾自揣誠不羨越公。越公
> 之貴也老，而無忌之貴也少。」〔註41〕

「越公」是隋朝宰相楊素。長孫氏不羨慕「越公」，他認爲「越公之貴也老，
而無忌之貴也少。」長孫無忌卒於唐顯慶四年（659），時年六十五歲，長孫
無忌在貞觀二十二年（648）極三省大權於一身，雖然是「貴」但時年已五十
四歲，不算是「少」，故長孫無忌說此句話時，應該是在貞觀二年（628）至
七年（633）時候，當時長孫氏才三十四歲至三十九歲，符合「無忌之貴也少」
之當時說話情境，此句話卻透露出長孫氏恃寵而驕之心態，故貞觀二年「有
密表稱無忌權寵過盛者」，就不只是如太宗所說「非他人所能間也」，純粹離
間太宗與長孫氏之間的情誼，而是眞有這樣一個實情，因此長孫氏在貞觀二、
七年所表現出「以盈滿爲誡」〔註42〕態度，不是長孫氏所自願表達，而是來
自外在壓力——唐太宗忌功臣（請參筆者在上一章論述），但唐太宗用人方式
也能適時適宜，使得玄武門政變功臣之長才，在太宗朝有所發揮，君臣合力
創造後人所樂道「貞觀之治」。

　　雖然長孫無忌「驕縱」之心，太宗朝時被壓抑下來，但不代表從此消失。
「玄武政變」功臣大都有恃寵而驕之心，《大唐新語》208條載：

> 侯君集得倖於太宗，命李靖教其兵法。既而奏曰：「李靖將反，至隱
> 微之際，輒不以示臣。」太宗以讓靖，靖對曰：「此君集反耳。今中
> 夏乂安，臣之所教，足以安制四夷矣。今君集求盡臣之術者，是將
> 有異志焉！」……至十七年四月，大理因紇乾承基告太子承乾、漢
> 王元昌與侯君集反。太宗大驚，亟命召之，以出期不鞫問，且將貰
> 其死。群臣固爭，遽請斬之，以明大法。…………太宗特原其妻並
> 一子爲庶人，流之嶺南。〔註43〕

《大唐新語》此條《新唐書》與《通鑑》都有記載。然《通鑑》有一段話《大

〔註41〕　〔唐〕劉餗撰：《隋唐嘉話》，卷上，頁13。
〔註42〕　〔後晉〕劉昫等撰：〈長孫無忌傳〉，《舊唐書》，卷65，頁2447。
〔註43〕　〔唐〕劉肅撰：〈知微第十六〉，《大唐新語》，卷7，頁111～112。

唐新語》未載錄：

> 初，上使李靖教君集兵法，君集言於上曰：「李靖將反矣。」上問其
> 故，對曰：「靖獨教臣以其粗而匿其精，以是知之。」上以問靖，靖
> 對曰：「此乃君集欲反耳。今諸夏已定，臣之所教足以制四夷，而君
> 集固求盡臣之術，非反而何！」江夏王道宗，嘗從容言於上曰：「君
> 集志大而智小，自負微功恥在房玄齡、李靖之下，雖爲吏部尚書，
> 未滿其志。以臣觀之，必將爲亂。」……及君集反誅，上乃謝道宗
> 曰：「果如卿言。」〔註44〕

侯君集「得倖於太宗」才有太宗命「李靖教君集兵法」，然而江夏王李道宗亦
看出侯君集侍寵而驕「志大而智小，自負微功恥在房玄齡、李靖之下」，且不
能滿足現況屈居於人下之心態，所以當太宗之子承乾、魏王泰暗中較勁太子
之位時，侯君集是站在太子承乾這一方，無非想按「玄武功臣」之模式，讓
自己在太宗之後的君王朝廷上，當上比現在更高職位，但政治現實卻出乎侯
君集意料之外，太子承乾被鬥垮，侯君集之後被問斬，雖然在問斬過程中，
太宗「不鞠問，且將貰其死」不想審問且欲讓侯君集免死，但茲事體大，太
宗不得不斬殺侯君集。長孫無忌在此事件中扮演什麼樣的角色，史料上看不
出來，至少不會與太子承乾站在同一陣營，因爲他所支持的是李治，也就後
來的高宗（參論太子承乾之廢立一節），但長孫氏會不會有類似侯君集之想
法，這是可討論的。

二、長孫無忌被唐高宗流放之因

上節史學評論家將長孫無忌之死歸罪於高宗「忠信獲罪，今古不免，無
名受戮，族滅何辜。主暗臣姦，足貽後代」，這評語讓高宗背負殺賢臣罵名，
然長孫氏之被貶謫是否全是高宗之過錯，這還須檢視一翻。《舊唐書・吳王恪
傳》的史臣評論云：

> 史臣曰：太宗諸子，吳王恪、濮王泰最賢，皆以才高辯悟，爲長孫無
> 忌忌嫉，離間父子，遽爲豺狼，而無忌破家，非陰禍之報歟？〔註45〕

又《舊唐書》載：

> 道宗（江夏王李道宗）軍謀武勇，好學下賢，於群從之中，稱一時

〔註44〕〔宋〕司馬光：〈太宗貞觀十七年〉，《資治通鑑》，卷197，頁6194。
〔註45〕〔後晉〕劉昫等撰：〈吳王恪傳〉，《舊唐書》，卷76，頁2666。

之傑。無忌、遂良銜不協之素，致千載之冤。永徽中，無忌、遂良忠而獲罪，人皆哀之。殊不知誣陷劉洎、吳王恪於前，枉害道宗於後，天網不漏，不得其死也宜哉！〔註46〕

《舊唐書》對於長孫氏之族滅（破家）的史臣評論，在〈吳王恪傳〉的史臣評云「無忌破家，非陰禍之報歟？」、在〈宗室評傳〉云：「無忌、遂良忠而獲罪……不得其死也宜哉！」，但〈長孫無忌傳〉的史臣曰卻載「無名受戮，族滅何辜。」同樣是《舊唐書》之評論，因撰史者不同，角度也就有所不同？而長孫氏之族滅是因高宗的「昏儒」所造成的無辜？還是自己所造成的「陰禍」？《新語》第5條載：

高宗朝，晉州地震，雄雄有聲，經旬不止。高宗以問張行成，行成對曰：「陛下本封於晉，今晉州地震，不有徵應，豈使徒然哉！夫地，陰也，宜安靜，而乃屢動。自古禍生宮掖，釁起宗親者，非一朝一夕。或恐諸王、公主，謁見頻煩，承間伺隙。復恐女謁用事，臣下陰謀。陛下宜深思慮，兼修德，以杜未萌。」高宗深納之。〔註47〕

這條材料《舊唐書》所繫之年份爲永徽元年六月（650）。〔註48〕張行成藉晉州地震，向高宗上諫，這舉動以現在的觀點來說似乎有迷信的成份，假若把上諫裡的讖緯思想放在一旁，只看張行成所提出政治諫言的部份，張氏的諫言似乎點出當時政局的氛圍，也就是所謂「或恐諸王、公主，謁見頻煩，承間伺隙。復恐女謁用事，臣下陰謀」。筆者在〈論太宗廢立太子〉的章節提到，李治雖然已立爲太子，其政治地位還是有所不隱，因爲至少有廢太子承乾及魏王李泰兩大集團對於太子之位虎視眈眈，向晉王李治施加壓力。當太宗駕崩，李治爲高宗時，這兩集團還有一定的勢力，故張氏所云「或恐諸王、公主，謁見頻煩，承間伺隙。」是意有所指，因爲此條諫言時間，剛好是高宗即位沒多久。除此之外，張氏又提到「復恐女謁用事，臣下陰謀」關於女謁用事，筆者認爲可能事關武則天，但牽扯到武則天進宮時間的歷史公案問題，過於複雜，且非本章所要討論之重點，故在此節不談。而張行成最後所諫言的「臣下陰謀」，說明張氏當時所看到的君臣似乎存在著緊張關係。而高宗對此諫言的態度是「深納之」，並沒有表示反對或提出任何疑異，換句話說高宗

〔註46〕 〔後晉〕劉昫等撰：〈江夏王李道宗傳〉，《舊唐書》，卷60，頁2357。

〔註47〕 〔唐〕劉肅撰：〈匡贊第一〉，《大唐新語》，卷1，頁6。

〔註48〕 〔後晉〕劉昫等撰：〈五行志〉，《舊唐書》，卷37，頁1347。

不僅同意張行成諫言，似乎也知道張氏的意有所指。

張行成在貞觀十九年（645）時被太宗指派爲太子少詹事，而高季輔爲太子右庶子。但貞觀二十三年（649）太宗病死隔天，高宗馬上升「太子少詹事、兼尚書左丞張行成爲兼侍中、檢校刑部尚書，太子右庶子、兼吏部侍郎、攝戶部尚書高季輔爲兼中書令、檢校吏部尚書」〔註49〕黃永年先生提到這樣的觀點：

> 宰相太少需要增補，這看來是正常的。但太宗時不補，高宗一上臺
> 就大增補，而且增補的是在定州一起輔佐過高宗的張行成、高季輔，
> 是長孫無忌、褚遂良掌大權時被太宗外貶的李勣，其目的就很明顯，
> 是要分長孫無忌、褚遂良的權。〔註50〕

所以張行成的諫言，高宗爲何會「深納之」；且知道張氏意有所旨的對象，其原因就在於此觀點。所以高宗登基時早已知道大臣是有所專權，而這大臣就是長孫無忌；〔註51〕但長孫無忌當時是太宗臨死前所託付的顧命大臣；是高宗李治的舅舅；又是請太宗確定李治當太子的要臣，所以在這層關係結構上，高宗只能以「深納之」的態度作爲收場。

在此之後，長孫無忌是否有專權呢？《舊唐書》記載一段高宗與長孫氏的對話：

> 永徽二年……帝（高宗）曰：「又聞所在官司，猶自多有顏面。」無
> 忌曰：「顏面阿私，自古不免。然聖化所漸，人皆向公，至於肆情曲
> 法，實謂必無此事。小小收取人情，恐陛下尚亦不免……」〔註52〕

《通鑑》亦載：

> 上謂宰相曰：「聞所在官司，行事猶互觀顏面，多不盡公。」長孫無
> 忌對曰：「此豈敢言無，然肆情曲法，實亦不敢。至於小小收取人情，
> 恐陛下尚不能免。」〔註53〕

高宗問長孫氏「所在官司，猶自多有顏面」，說明高宗已經注意到現今的權臣長孫氏有「多有顏面」的情況，也就是依照情面處理事情的問題，這樣的問

〔註49〕〔後晉〕劉昫等撰：〈高宗紀〉，《舊唐書》，卷4，頁66。
〔註50〕參黃永年著：〈說永徽六年廢立皇后事眞相〉，《唐代史事考釋》，頁82。
〔註51〕長孫無忌在貞觀二十二年時，以「司徒、趙國公無忌兼檢校中書令知尚書門下二省事。」也就是集門下、尚書與中書三省大權於一身。參〔後晉〕劉昫等撰：〈太宗紀〉，《舊唐書》，卷3，頁60。
〔註52〕〔後晉〕劉昫等撰：〈長孫無忌傳〉，《舊唐書》，卷65，頁2454。
〔註53〕〔宋〕司馬光：〈高宗永徽二年〉，《資治通鑑》，卷199，頁6275～6276。

題會因私情而妨礙公務，也就是《通鑑》所載的「多不盡公」，不過長孫氏正面回應是有這樣的實情，然長孫氏亦巧妙回答避開結黨營私的嚴重性，這段話卻點出當時政局的一個面向，也就是長孫無忌攬大權的情況，不然怎會有「行事猶互觀顏面，多不盡公」的狀況。而在此（永徽二年九月）之前，朝廷發生一件事情，《新語》43 條載

> 韋仁約彈中書令〔註54〕褚遂良，出爲同州刺史。遂良復職，黜仁約
> 爲清水令。〔註55〕

爲何韋仁約會彈劾褚遂良？《舊唐書》記載：

> 韋思謙，鄭州陽武人也。本名仁約，字思謙……擢授監察御史……
> 時中書令褚遂良賤市中書譯語人地，思謙奏劾其事……〔註56〕

而《資治通鑑》亦載：

> 監察御史陽武韋思謙，劾奏中書令褚遂良抑買中書譯語人地。大理
> 少卿張叡冊以爲准估無罪。思謙奏曰：「估價之設，備國家所須，臣
> 下交易，豈得准估爲定！叡冊舞文，附下罔上，罪當誅。」是日，
> 左遷遂良爲同州刺史，叡冊循州刺史。〔註57〕

此條《通鑑》所繫之年份爲永徽元年十月（650）。褚遂良收購翻譯田地，結果被韋思謙彈劾，然大理臣張叡冊認爲是「准估」，但韋思謙認爲，估價是要交由國家市場官吏來估價，〔註58〕不能私下自估；且依《唐律疏議・戶婚律》「妄認盜貿賣公私田」（總166）條，也不能私下買賣田地：

> 諸妄認公私田，若盜貿、賣者，一畝以下答五十，五畝加一等；過
> 杖一百，十畝加一等，罪止徒二年。【疏】議曰：妄認公私之用，稱
> 爲己地，若私竊貿易，或盜賣與人者，一畝以下答五十，五畝加一

〔註54〕 原文是「韋仁約彈右僕射褚遂良」經李南暉校改後爲「中書令褚遂良」，參李
南暉：〈大唐新語校札〉，《古籍整理研究學刊》（2000 年）第 5 期，頁 32。

〔註55〕 〔唐〕劉肅撰：〈剛正第四〉，《大唐新語》，卷 2，頁 29。

〔註56〕 〔後晉〕劉昫等撰：〈韋思謙傳〉，《舊唐書》，卷 88，頁 2861。

〔註57〕 〔宋〕司馬光：〈高宗永徽元年〉，《資治通鑑》，卷 199，頁 6272～6273。

〔註58〕 《唐律疏議・雜律》「市司評物價不平及評贓不實致罪有出入」條（總 419）
條載：「諸市司評物價不平者，計所貴賤，坐贓論：入己者，以盜論。……」
【疏】議曰：「謂公私市易，若官司遣評物價，或貴或賤，令價不平，計所加
減之價，坐贓論。『入己者』，謂因評物價……而得賤物入己者，以盜論……」
由此條唐律得知，唐代爲了維護當時的經濟秩序，有市場管理官員來評物價，
而此條法律就是要懲治市場管理官員評物價不公正之條例。參〔唐〕長孫無
忌撰：《唐律疏議》，卷 26，頁 536～537。

等；二十五畝有餘，杖一百；過杖一百，十畝加一等；五十五畝有
餘，罪止徒二年。〔註59〕

褚遂良收購翻譯官田地，不僅犯了《唐律》第419條（不能私自估價），也犯
了166條（妄認盜貿賣公私田）兩條。且褚遂良當時是中書令，《通鑑》記載
褚遂良是「抑買」強行購買，〔註60〕已屬強迫的行為，在唐朝仗勢強迫以低
價買賣屬官（翻譯官）之田地，依《唐律》是要治罪，《唐律疏議・職制律》
「挾勢乞索」（總148）條載：

　　諸因官挾勢及豪強之人乞索者，坐贓論減一等；將送者為從坐。

〔註61〕

褚遂良「因官挾勢」強行買進屬官田地，在律上要依「坐贓」罪處，〔註62〕
所以褚氏私下強行購買屬官田地，至少已犯到三條以上的律法，且政府宰相
公然違法，在唐律上實應重判，〔註63〕後褚遂良經韋思謙彈劾後，被左遷同
州刺史，〔註64〕算是嚴懲，但褚遂良在一年後又被調回中央，〔註65〕卻將彈

〔註59〕　〔唐〕長孫無忌撰：《唐律疏議・戶婚律》，卷13，頁267～268。
〔註60〕　《舊唐書》載：「宦者主宮中市買，謂之宮市，抑買人物，稍不如本估。……
　　　　　人將物詣市，至有空手而歸者，名為宮市，其實奪之。」參〔後晉〕劉昫等
　　　　　撰：〈張健封傳〉，《舊唐書》，卷140，頁3830～3831。
〔註61〕　〔唐〕長孫無忌撰：《唐律疏議・職制律》，卷11，頁249。
〔註62〕　《唐律疏議・雜律》「坐贓致罪」（總389）條載：「諸坐贓致罪者，一尺笞二
　　　　　十，一疋加一等；十疋徒一年，十疋加一等，罪止徒三年。……」〔唐〕長孫
　　　　　無忌撰：《唐律疏議・雜律》，卷26，頁516。
〔註63〕　雷家驥先生提到：「（褚）遂良在此案是以宰相身份，被兩位著名的御史彈劾
　　　　　『抑買中書譯語人地。』此罪涉嫌長官枉法求財于所屬……假如情況更嚴重，
　　　　　涉嫌犯了〈職制律〉第48條的『監臨主司枉法受財』罪，則最高刑為絞刑。」
　　　　　雷家驥先生考證此「抑買土地」案件實為收賄案件，故雷先生是以《唐律・
　　　　　名例律》第33及34條下去判讀。參雷家驥著：《武則天傳》，（北京：人民出
　　　　　版社，2001年11月初版），頁106～107。而筆者再以唐代田地買賣須以公家
　　　　　單位來估價作為補充，若有違著，即違反唐律。以下引用到雷家驥著《武則
　　　　　天傳》的版本依此。
〔註64〕　同州是上輔（州）並非偏遠之處，又同州刺史之官品是從三品。《舊唐書》：「同
　　　　　州，上輔。」薛作雲提到：「唐於九府之外，設州以治地方。……州的等級，
　　　　　分為四輔（同、華、岐、蒲）、六雄、十望、緊、上、中、下。」又云：「武
　　　　　德令，三萬戶以上為上州（輔）。永徽令，二萬戶以上為上州（輔）。……上
　　　　　州刺史一人，從三品。……」參薛作雲著：《唐代地方行政制度研究》，（台北：
　　　　　商務印書館印行，1974年初版），頁17～18。以下引用到本書版本依此。
〔註65〕　《舊唐書》載：「（永徽元年）十一月己未，中書令、河南郡公褚遂良左授同
　　　　　州刺史。」在「（永徽三年）三月……同州刺史、河南郡公褚遂良為吏部尚書、

劾他的韋思謙「黜爲清水令」。爲何有這樣的權利，因爲長孫無忌與褚遂良是太宗顧命大臣，最重要的是長孫氏與褚氏共同把持中央行政權。〔註66〕所以高宗在永徽二年詢問長孫氏「所在官司，猶自多有顏面」，因而導致長孫氏處理公事有「多不盡公」之情況，故由此對話顯示高宗已經注意到長孫氏不僅在弄權且在玩法。

當然長孫無忌弄權不僅只有上面那條，長孫審問房遺愛謀反案，所牽扯出相關人士無不是含冤，〔註67〕重點是含冤之人，又是與長孫氏不合之人。

《新語》346條後段載：

> 高宗即位，房遺愛等謀反，敕無忌推之。遺愛希旨引恪，冀以獲免。
>
> 無忌既與恪有隙，因而斃恪。臨刑，罵曰：「長孫無忌！竊弄威權，
>
> 構害良善。若宗社有靈，當見其族滅！」不久，竟如其言。〔註68〕

此事件《通鑑》繫年爲高宗永徽三年十一月（652）。〔註69〕房遺愛心知（希旨）長孫無忌與李恪不合，所以污衊李恪一同入罪，長孫無忌亦順水推舟，治李恪謀反罪；不僅李恪，連江夏王李道宗也一同入罪。《舊唐書》載：

> 四年（永徽四年），房遺愛伏誅，長孫無忌、褚遂良素與道宗不協，
>
> 上言道宗與遺愛交結，配流象州，道病卒，年五十四。〔註70〕

而《通鑑》載：「江夏王道宗素與長孫無忌、褚遂良不協，故皆得罪。」〔註71〕所以這次謀反事件，實爲政治事件，長孫無忌借房遺愛之誣告，打擊與己不合

同中書門下三品。」參〔後晉〕劉昫等撰：〈高宗紀上〉，《舊唐書》，卷4，頁68～70。

〔註66〕雷家驥生先提到：「（褚）遂良被御史大夫李乾祐、監察御史韋思謙彈劾抑買土地一案，而被貶爲同州刺史時，他唯一的救星就是無忌。直至三年正月遂良以同州刺史複拜爲吏部尚書・同中書門下平章事後，他更是依附無忌。」參雷家驥著：《武則天傳》，頁105。

〔註67〕《舊唐書》載：「及謀洩，吏逮之，萬徹不之伏，遺愛證之，遂伏誅。臨刑大言曰：「薛萬徹大健兒，留爲國家效死力固好，豈得坐房遺愛殺之乎！」參〔後晉〕劉昫等撰：〈薛萬徹傳〉，《舊唐書》，卷69，頁2519。孟憲實先生提到：「這個謀反案件，不能說完全沒有根據，但也不是證據確鑿。從實際的情況看，這些對長孫無忌不滿的人，背後是有一些政治牢騷，分別說過一些過頭的話。但是，他們本質上並沒有一個謀反計劃。」參孟憲實著：《唐高宗的真相》，（台北：遠流出版社，2008年11月初版），頁88。以下引用到本書版本依此。

〔註68〕〔唐〕劉肅撰：〈酷忍第二十七〉，《大唐新語》，卷12，頁179～180。

〔註69〕〔宋〕司馬光：〈高宗永徽三年〉，《資治通鑑》，卷199，頁6280。

〔註70〕〔後晉〕劉昫等撰：〈江夏王李道宗傳〉，《舊唐書》，卷60，頁2356。

〔註71〕〔宋〕司馬光：〈高宗永徽四年〉，《資治通鑑》，卷199，頁6281。

之政敵，故從此角度觀察，長孫無忌之擴權已經要到高宗須插手的地步。《通鑑·高宗永徽四年》（653）載：

> 春，二月，甲申，詔遺愛、萬徹、令武皆斬，元景（荊王李元景）、恪（吳王李恪）、高陽、巴陵公主並賜自盡。上泣謂侍臣曰：「荊王，朕之叔父，吳王，朕兄，欲句其死，可乎？」兵部尚書崔敦禮以為不可，乃殺之。〔註72〕

高宗想乞求荊王與吳王免於一死，但被兵部尚書回絕。〔註73〕由此推知高宗對於長孫氏這樣的擴權，在往後勢必需對長孫無忌採取政治行動。而這政治行動，也就是黃永年先生所提出的一個觀點，高宗運用廢立皇后的事件，作政治鬥爭的工具，排除在高宗朝過份擴權的長孫無忌的政治勢力。〔註74〕而《新語》348條記載亦可看出高宗欲殺長孫氏之決心：

> 則天以長孫無忌不附己，且惡其權，深銜之。許敬宗希旨樂禍，又伺其隙。會櫟陽人李奉節告太子洗馬韋季方、監察御史李巢交通朝貴，有朋黨之事，詔敬宗推問。敬宗甚急，季方自殺。又搜奉節，得私書與趙師者。遂奏言：「趙師即無忌，少發，呼作趙師。陰為隱語，欲謀反耳。」高宗泣曰：「我家不幸，親戚中頓有惡事。往年高陽公主與朕同氣，與夫謀反。今阿舅復作噁心。近親如此，使我慚見百姓，其若之何？」望日，又令審問，敬宗奏曰：「請准法收捕。」高宗又泣曰：「阿舅果耳，我決不忍殺之。」竟不引問，配流黔州。則天尋使人逼殺之。……〔註75〕

《新語》這條材料記載，許敬宗如何誣告長孫無忌之過程，然許敬宗只憑在

〔註72〕〔宋〕司馬光：〈高宗永徽四年〉，《資治通鑑》，卷199，頁6280～6281。

〔註73〕孟憲實認為：對於高宗皇帝的請求只要有「誰站出來，誰就是與長孫無忌過不去。支持了皇帝的請求，就等於反對了長孫無忌的審判。」而孟憲實又提出長孫無忌此時的權力已經過大。參孟憲實著：《唐高宗的真相》，頁92～102。

〔註74〕黃永年先生提到：「遺令托孤往往只是老皇帝一廂情願，新皇帝和這些老皇帝所信托的顧命重臣一般多無歷史淵源，未必樂意接受這種監護式的輔政……廢立皇后只是鬥爭的焦點，不是長孫無忌、諸遂良被貶殺的根本原因。」又云：「高宗已不把希望寄托在這些重臣宰相身上，而另行培植在外朝的新勢力。……這些人懂得不把現在的重臣宰相攆下臺，他們爬上去掌權將不知等待到何日。因此很容易成為高宗用來反對重臣宰相的得力助手。……於是在永徽六年掀起廢立皇后的軒然大波，成為高宗和元老重臣之爭的焦點。」參黃永年著：〈說永徽六年廢立皇后事真相〉，《唐代史事考釋》，頁77～84。

〔註75〕〔唐〕劉肅撰：〈酷忍第二十七〉，《大唐新語》，卷12，頁181～182。

李奉節家中搜到一封私信，指名要給「趙師」，許敬宗又推論「趙師即無忌，少發，呼作趙師。陰爲隱語，欲謀反耳。」於是安一條謀反罪在長孫無忌身上，高宗聽到此事件，不顧長孫無忌是自己親舅，亦不認長孫氏是幫助自己登基之功臣，沒有任何懷疑，直接相信許敬宗所推問的話，而云「我家不幸」，隔日亦只聽信許敬宗審問之詞，「竟不引問」長孫氏之語，故高宗的確如黃永年先生所說「藉武后之廢立作爲政治鬥爭之工具」，來剷除朝中之權臣。

三、結　語

高宗在唐史上被定位爲「昏儒」之君，立論的原因無非是因高宗立武則天爲皇后，而貶謫長孫無忌與褚遂良，導致這兩位「賢相」因此而亡；而武則天爲皇后後，整個國家朝政慢慢被武后所把持，而歷史學者由這角度評論高宗，認定高宗爲昏君。高宗貶謫長孫無忌與褚遂良等人，筆者上述提到因爲長孫無忌與褚遂良等人的過分擴權，在《新語》348 條亦說明長孫無忌之權利過大「則天以長孫無忌不附己，且惡其權，深銜之。」〔註76〕使得這兩位權臣已經侵犯高宗的皇權，導致高宗必須作出剷除朝中權臣的政治手段。

劉肅把長孫無忌殺吳王李恪材料，安排在〈酷忍〉裡，不僅可觀察劉肅對於此條批評與《舊唐書・吳王恪》、《舊唐書・江夏王李道宗》是同源，且透露劉肅以李氏爲尊政治主張（筆者在下節有專論），所以劉肅才將材料安排在〈酷忍〉一篇裡。

〔註76〕〔唐〕劉肅撰：〈酷忍第二十七〉，《大唐新語》，卷 12，頁 181～182。

第五章　結　論

　　筆者在第一章，借《唐代文化》裡的一段話說明「筆記」、「筆記小說」之間的差異。筆記「是隨筆所記的零星材料」，當然這材料就可無所不包，只要符合作者「隨筆所記」即是筆記，然筆記小說是「兼具筆記、狹義小說雙重特點的著述」，作者的「有意創作」、「有意爲之」的人、事、物，是「狹義小說」與「廣義小說」最重要的區別。

　　《大唐新語》一名，承襲《世說新語》，且裡面門類設立、體制，也相類似，故小說史、筆記小說史，都將《大唐新語》規類爲「世說體」的「筆記小說」。然而體制上的承襲，不代表作者意志也跟著承襲。在第二章，筆者談到由於唐初史學風氣盛行，影響唐士人欲爲史官之心態，在僧多粥少的情況下，唐士人私下著史風氣頗盛。又因撰寫國史者，未必將撰史工作在國史館進行，有些是在私人住所進行修史，使得民間士人有機會目睹國史，加上安史一把火，燒盡兩都，皇帝倉皇逃出，史官將部份史料帶入民間保存，致使國史多數散落於民間，中唐士人更有機會拿到國史，進而對國史作剪裁，記錄下來，成爲歷史性質之筆記，這也是安史亂後，歷史性質筆記、筆記小說大增之主要原因，《大唐新語》恰好是這時代所創，故劉肅所創作之動機，便成爲《大唐新語》是歷史性「筆記」或是歷史性「筆記小說」最重要關鍵。除此之外，劉肅對《大唐新語》的篇章安排，及內容材料的安插排列，得知劉肅創作《大唐新語》是要戒鑒當時帝王，欲恢復初、盛唐時期的光輝，因此從書中材料內容，可觀察出劉肅當時的政治主張與思想。

　　由於上述原故，第三、四章，筆者是以《大唐新語》裡的人物考釋爲主。唐高祖之歷史事蹟在近代學者努力考證下，慢慢還原其被歷史扭曲一面向，

史傳載高祖李淵與李靖早有嫌隙，然《大唐新語》所載一句話，點出高祖李淵欲殺李靖之心，在李淵殺心之背後，是包覆著當時以李氏圖讖爲主的大環境思想背景，又劉肅將孫伏伽上諫唐高祖之三件事，編排在〈極諫〉裡，不外乎是要提醒「理國者」以此爲戒。

杜如晦與房玄齡被唐太宗封建國第一功臣，雖然有高祖朝之能臣不以爲然，但無礙於唐太宗對房、杜兩人之封賞，而劉肅將房、杜兩人之事跡，放在《大唐新語》第一篇第一條，顯示作者對於此條之重視，杜如晦一生最大貢獻是輔佐唐太宗登上帝位，反映出作者劉肅認爲，需要如房、杜兩人材能之賢相，匡救當時之朝政。

「立嫡以長」與「立嫡以賢」，在唐朝傳皇位時常常出現的問題，然而劉肅對此問題不作任何評論，但劉肅所關注的是「以李氏爲正統」，所以只要史料上有人侵犯到「李氏皇室」之成員，不管是能臣、宰相或者是皇室本身，作者劉肅會將其史料編排在負面之篇章，反應出作者對於「以李氏爲正統」的一貫主張。

房玄齡在唐太宗李世民登上帝位前，是位勇於直諫謀士，然李世民當上皇帝時，房玄齡之直諫性格消失，轉變成畏事不敢直言之性格，除了「玄武門政變」功臣遭忌的原因之外，還有唐太宗對於「玄武門政變」功臣有所提防，致使房玄齡直諫性格有所轉變。

三、四章之人物考釋，雖然在章節標題上，只有唐高祖、唐太宗、唐睿宗、房玄齡、長孫無忌、作者劉肅一共六人，但在考釋過程中還涉及到其他人物，例如孫伏伽、李密、李靖、杜如晦、魏徵……等人，這些人經過考證過，不管是人物性格、情節、事件、地點、甚至對話，都與史料相符，也就是說以上《大唐新語》裡所描繪人物，不可能是作者有意爲之的創作，更不是作者有意爲之的虛擬人物及事件情節。且劉肅在剪裁國史時，因詔文或者奏文過長，有時會出現「文多不盡載」之文句，筆者將《大唐新語》與《舊唐書》之詔文及奏摺之內文互相核對，相差無幾，[註1] 故劉肅因詔、奏之文過長，依自己所需，保留詔、奏之部份原文，後加上「文多不盡載」，而劉肅這動作，直接證明劉肅是作「筆記」，而非「有意爲之」創作一個人物性格與情節之「狹義小說」。

至於《大唐新語》較容易被後人拿來，視爲小說的材料，不外乎是〈諧

[註1] 參附錄表二。

謔〉、〈隱逸〉及〈記異〉三篇，然筆者比對〈諧謔〉篇材料，在《大唐新語》
著作之前或與《大唐新語》時代相近之著作也都有著錄，〔註2〕而〈隱逸〉與
〈記異〉兩篇與《舊唐書》所載文字大部份相符，只不過《舊唐書》沒收錄
較「玄妙」的部份，〔註3〕這反映出劉肅受唐代佛、道教之影響，也因如此，
劉肅所錄較符合原始材料，進而可補充《舊唐書》所刪去史料。

　　綜合上述，以今「狹義小說」觀點論《大唐新語》一書，應不能稱其「小
說」，然而站在「廣義小說」觀點，加上它又有「筆記」之特性，《大唐新語》
亦能稱為「筆記小說」，但為了與今「狹義小說」觀點區分，筆者認為「歷史
性筆記」是最符合《大唐新語》一書之特性。

〔註2〕　參附錄表三。
〔註3〕　參附錄表四。

附　錄

表一　《大唐新語》材料與其他書籍材料相同、相似表

《大唐新語》篇章	其他書目篇章	備　　註
〈匡贊〉第 1 條	《舊唐書·杜如晦傳》	
〈匡贊〉第 2 條	《貞觀政要全譯·論政體第二》	《新唐書·魏徵傳》有相同材料
〈匡贊〉第 3 條	《舊唐書·張行成傳》	
〈匡贊〉第 4 條	《舊唐書·褚遂良傳》	
〈匡贊〉第 5 條	《舊唐書·五行志》	
〈匡贊〉第 6 條	《舊唐書·吉頊傳》	
〈匡贊〉第 7 條	《舊唐書·李昭德傳》	
〈匡贊〉第 8 條	《舊唐書·桓彥範傳》	
〈匡贊〉第 9 條	《舊唐書·張說傳》	
〈匡贊〉第 10 條	《舊唐書·蘇頲傳》	
〈匡贊〉第 11 條	《新唐書·姚崇傳》	
〈匡贊〉第 12 條	《舊唐書·張說傳》	
〈匡贊〉第 13 條	《舊唐書·張說傳》	
〈匡贊〉第 14 條		
〈匡贊〉第 15 條	《舊唐書·張九齡傳》	
〈規諫〉第 1 條	《舊唐書·唐儉傳》	
〈規諫〉第 2 條	《舊唐書·裴矩傳》	

〈規諫〉第 3 條	《通鑑·唐紀十·太宗貞觀六年》	《通鑑》材料與《大唐新語》材料文字相似
〈規諫〉第 4 條		
〈規諫〉第 5 條	《舊唐書·魏徵傳》	
〈規諫〉第 6 條	《舊唐書·谷那律傳》	
〈規諫〉第 7 條	《舊唐書·魏知古傳》	
〈極諫〉第 1 條	《舊唐書·孫伏伽傳》	
〈極諫〉第 2 條	《舊唐書·李綱傳》	
〈極諫〉第 3 條	《舊唐書·蘇世長傳》	
〈極諫〉第 4 條	《舊唐書·張玄素傳》	
〈極諫〉第 5 條	《舊唐書·馬周傳》	
〈極諫〉第 6 條	《貞觀政要·納諫第五》	
〈極諫〉第 7 條	《舊唐書·後妃上·賢妃徐氏》	
〈極諫〉第 8 條	《貞觀政要·納諫第五》	
〈極諫〉第 9 條	《唐會要·行幸》	
〈極諫〉第 10 條		
〈極諫〉第 11 條	《舊唐書·李君球傳》	
〈極諫〉第 12 條	《舊唐書·郝處俊傳》	
〈極諫〉第 13 條	《舊唐書·李嗣真傳》	
〈極諫〉第 14 條	《舊唐書·宗楚客傳》	
〈極諫〉第 15 條	《舊唐書·蘇安恆傳》	
〈極諫〉第 16 條	《新唐書·張柬之傳》	
〈極諫〉第 17 條	《舊唐書·宋璟傳》	
〈極諫〉第 18 條	《新唐書·柳澤傳》	
〈極諫〉第 19 條	《舊唐書·倪若水傳》	
〈極諫〉第 20 條	《舊唐書·安祿山傳》	
〈剛正〉第 1 條	《舊唐書·韋思謙傳》	
〈剛正〉第 2 條	《舊唐書·王義方傳》	
〈剛正〉第 3 條	《舊唐書·李昭德傳》	
〈剛正〉第 4 條	《舊唐書·魏元忠傳》	
〈剛正〉第 5 條	《新唐書·宋璟傳》	
〈剛正〉第 6 條	《新唐書·宋璟傳》	
〈剛正〉第 7 條	《舊唐書·薛懷義傳》	
〈剛正〉第 8 條	《舊唐書·王求禮傳》	
〈剛正〉第 9 條	《舊唐書·蘇瓌傳》	

〈剛正〉第 10 條	《舊唐書・桓彥範傳》	
〈剛正〉第 11 條	《舊唐書・桓彥範傳》	
〈剛正〉第 12 條		
〈剛正〉第 13 條		
〈剛正〉第 14 條	《新唐書・韋溫傳》	
〈公直〉第 1 條	《新唐書・桓彥範傳》	
〈公直〉第 2 條	《舊唐書・陸德明傳》	
〈公直〉第 3 條	《舊唐書・李密傳》	
〈公直〉第 4 條	《舊唐書・褚遂良傳》	
〈公直〉第 5 條	《新唐書・虞世南傳》	
〈公直〉第 6 條	《通鑑・太宗貞觀二年》	
〈公直〉第 7 條	《舊唐書・許敬宗傳》	
〈公直〉第 8 條		
〈公直〉第 9 條	《舊唐書・王求禮傳》	
〈公直〉第 10 條		
〈公直〉第 11 條	《舊唐書・侯思止傳》	
〈公直〉第 12 條	《舊唐書・姚崇傳》	
〈公直〉第 13 條	《舊唐書・李景伯傳》	
〈公直〉第 14 條	《舊唐書・李日知傳》	
〈公直〉第 15 條	《舊唐書・蘇瓌傳》	
〈公直〉第 16 條	《舊唐書・蘇瓌傳》	
〈公直〉第 17 條	《舊唐書・宋璟傳》	
〈公直〉第 18 條	《通鑑・玄宗開元七年》	
〈公直〉第 19 條	《新唐書・安定公主傳》	
〈公直〉第 20 條	《舊唐書・張說傳》	
〈公直〉第 21 條	《舊唐書・李輔國傳》	
〈清廉〉第 1 條	《舊唐書・李襲志/弟襲譽傳》	
〈清廉〉第 2 條	《舊唐書・鄭善果傳》	
〈清廉〉第 3 條	《舊唐書・馮立傳》	
〈清廉〉第 4 條	《舊唐書・裴炎傳》	
〈清廉〉第 5 條		
〈清廉〉第 6 條	《舊唐書・李日知傳》	
〈清廉〉第 7 條	《舊唐書・李懷遠傳》	
〈清廉〉第 8 條		

〈清廉〉第 9 條	《舊唐書・盧懷慎/子奐》	
〈持法〉第 1 條	《舊唐書・戴胄傳》	
〈持法〉第 2 條	《舊唐書・唐臨傳》	
〈持法〉第 3 條	《舊唐書・刑法志》	
〈持法〉第 4 條	《唐會要・尚書省諸司中・左右丞》	
〈持法〉第 5 條	《通鑑・高宗乾封元年》	
〈持法〉第 6 條	《通鑑・調露元年》	《舊唐書》只載：「五月壬午，盜殺正諫大夫明崇儼。」
〈持法〉第 7 條	《舊唐書・狄仁傑傳》	
〈持法〉第 8 條	《舊唐書・李日知傳「	
〈持法〉第 9 條	《舊唐書・徐有功傳》	
〈持法〉第 10 條	《舊唐書・崔仁師傳》	
〈持法〉第 11 條	《舊唐書・裴懷古傳》	
〈持法〉第 12 條	《舊唐書・馬懷素傳》	
〈持法〉第 13 條		
〈持法〉第 14 條		
〈持法〉第 15 條	《舊唐書・薛登傳》	
〈持法〉第 16 條	《新唐書・蕭至忠傳》	
〈持法〉第 17 條		
〈持法〉第 18 條	《新唐書・辛替否傳》	
〈持法〉第 19 條	《通鑑・玄宗開元二年》	
〈政能〉第 1 條	《舊唐書・淮安王李神通傳》	
〈政能〉第 2 條	《新唐書・狄仁傑傳》	
〈政能〉第 3 條	《舊唐書・薛大鼎傳》	
〈政能〉第 4 條	《唐會要・留守》	
〈政能〉第 5 條	《舊唐書・員半千傳》	
〈政能〉第 6 條	《舊唐書・鄭惟忠傳》	
〈政能〉第 7 條	《舊唐書・薑師度傳》	
〈政能〉第 8 條	《舊唐書・狄仁傑傳》	
〈政能〉第 9 條	《舊唐書・韋機・岳子景駿傳》	
〈政能〉第 10 條	《舊唐書・鹽鐵志》	
〈政能〉第 11 條	《新唐書・李傑傳》	
〈政能〉第 12 條	《舊唐書・郭元振傳》	
〈政能〉第 13 條		

〈忠烈〉第 1 條	《舊唐書・李玄通傳》	
〈忠烈〉第 2 條	《舊唐書・劉感傳》	
〈忠烈〉第 3 條	《舊唐書・常達傳》	
〈忠烈〉第 4 條	《隋書・堯君素傳》	
〈忠烈〉第 5 條	《舊唐書・屈突通傳》	
〈忠烈〉第 6 條	《舊唐書・蕭瑀傳》	
〈忠烈〉第 7 條	《舊唐書・安金藏傳》	
〈忠烈〉第 8 條	《舊唐書・李多祚傳》	
〈忠烈〉第 9 條	《新唐書・杜生泓傳》	
〈忠烈〉第 10 條	《舊唐書・王同皎/周憬傳》	
〈忠烈〉第 11 條	《舊唐書・敬暉傳》	
〈忠烈〉第 12 條	《舊唐書・節湣太子重俊傳》	
〈忠烈〉第 13 條	《舊唐書・節湣太子重俊傳》及《舊唐書・蕭至忠傳》	《大唐新語》此條材料各在《舊唐書》兩傳材料裡。
〈節義〉第 1 條	《舊唐書・屈突通傳》	
〈節義〉第 2 條	《舊唐書・李綱傳》	
〈節義〉第 3 條	《舊唐書・姚思廉傳》	
〈節義〉第 4 條	《舊唐書・節湣太子重俊傳》	
〈節義〉第 5 條	《新唐書・盧奕傳》	
〈孝行〉第 1 條	《舊唐書・陳叔達傳》	
〈孝行〉第 2 條	《舊唐書・張志寬傳》	
〈孝行〉第 3 條	《舊唐書・王君操傳》	
〈孝行〉第 4 條	《舊唐書・裴敬彝傳》	
〈孝行〉第 5 條	《舊唐書・杜易簡/從祖弟審言》	
〈孝行〉第 6 條		
〈孝行〉第 7 條	《舊唐書・劉德威/子審禮》	
〈孝行〉第 8 條	《御史臺記》	《太平廣記》記載此條來源為《御史臺記》。以下其他書目為《御史臺記》皆出自《太平廣記》
〈孝行〉第 9 條	《舊唐書・張琇兄瑝》	
〈友悌〉第 1 條	《新唐書・李勣傳》	
〈友悌〉第 2 條	《舊唐書・馮元常傳》	
〈友悌〉第 3 條	《舊唐書・畢構傳》	

〈友悌〉第 4 條	《舊唐書・惠宣太子業》	
〈友悌〉第 5 條	《舊唐書・陸南金傳》	
〈舉賢〉第 1 條	《舊唐書・李大亮傳》	
〈舉賢〉第 2 條	《舊唐書・李靖傳》	
〈舉賢〉第 3 條	《舊唐書・封倫傳》	
〈舉賢〉第 4 條	《舊唐書・薛收傳》	
〈舉賢〉第 5 條		
〈舉賢〉第 6 條	《舊唐書・馬周傳》	
〈舉賢〉第 7 條	《舊唐書・岑文本傳》	
〈舉賢〉第 8 條	《舊唐書・霍王元軌》	
〈舉賢〉第 9 條	《舊唐書・霍王元軌》	
〈舉賢〉第 10 條	《舊唐書・袁朗・從父弟承序》	
〈舉賢〉第 11 條	《舊唐書・趙弘智傳》	
〈舉賢〉第 12 條		
〈舉賢〉第 13 條	《舊唐書・姚崇傳》	《大唐新語》此篇可補《舊唐書》之不足。
〈舉賢〉第 14 條	《舊唐書・張道源/族子楚金》	
〈舉賢〉第 15 條	《舊唐書・狄仁傑傳》	
〈舉賢〉第 16 條	《御史臺記》	
〈舉賢〉第 17 條	《舊唐書・王晙傳》	
〈舉賢〉第 18 條		
〈舉賢〉第 19 條	《新唐書・桓彥範傳》	
〈舉賢〉第 20 條	《舊唐書・尹思貞傳》	
〈舉賢〉第 21 條	《舊唐書・狄仁傑傳》及《舊唐書・張柬之傳》	
〈舉賢〉第 22 條		
〈舉賢〉第 23 條	《舊唐書・崔仁師/孫湜》	
〈舉賢〉第 24 條	《新唐書・蔣欽緒傳》	
〈舉賢〉第 25 條	《舊唐書・張嘉貞傳》	
〈舉賢〉第 26 條	《舊唐書・源乾曜傳》	
〈舉賢〉第 27 條	《舊唐書・蘇瓌/子頲》	
〈識量〉第 1 條	《舊唐書・孫伏伽傳》	
〈識量〉第 2 條	《舊唐書・褚遂良傳》	
〈識量〉第 3 條	《舊唐書・王方慶傳》	
〈識量〉第 4 條	《舊唐書・徐有功傳》	

〈識量〉第 5 條	《舊唐書・狄仁傑傳》	
〈識量〉第 6 條	《舊唐書・張文瓘傳》	
〈識量〉第 7 條	《御史臺記》	
〈識量〉第 8 條	《舊唐書・嚴善思傳》	
〈識量〉第 9 條	《舊唐書・元行沖傳》	
〈識量〉第 10 條		
〈識量〉第 11 條	《舊唐書・張說傳》	
〈識量〉第 12 條	《舊唐書・李適之傳》	
〈識量〉第 13 條	《舊唐書・牛仙客傳》及《舊唐書・李林甫傳》	
〈容恕〉第 1 條	《舊唐書・崔善為傳》	
〈容恕〉第 2 條	《舊唐書・李靖傳》	
〈容恕〉第 3 條	《舊唐書・契苾何力傳》	
〈容恕〉第 4 條		
〈容恕〉第 5 條		
〈容恕〉第 6 條	《舊唐書・蘇世長/子良嗣》	
〈容恕〉第 7 條	《國史異纂》	《太平廣記》載此條材料來源為《國史異纂》
〈容恕〉第 8 條	《隋唐嘉話・卷下》	
〈容恕〉第 9 條	《舊唐書・婁師德傳》	
〈容恕〉第 10 條	《舊唐書・楊再思傳》	
〈容恕〉第 11 條	《舊唐書・陸元方/象先》	
〈容恕〉第 12 條	《芝田錄》	《唐語林》載此條來源為《芝田錄》
〈知微〉第 1 條	《隋書・高構傳》	
〈知微〉第 2 條	《舊唐書・房玄齡傳》	
〈知微〉第 3 條	《舊唐書・突利可汗》	
〈知微〉第 4 條	《舊唐書・李勣傳》	
〈知微〉第 5 條	《新唐書・侯君集傳》	
〈知微〉第 6 條	《舊唐書・馬周傳》	
〈知微〉第 7 條	《舊唐書・秦叔寶傳》	
〈知微〉第 8 條	《舊唐書・敬播傳》	
〈知微〉第 9 條	《舊唐書・濮王泰》	
〈知微〉第 10 條	《命定錄》	《太平廣記》載此條材料來源為《命定錄》

〈知微〉第 11 條	《舊唐書・李嗣貞傳》	
〈知微〉第 12 條	《隋唐嘉話・卷下》	
〈知微〉第 13 條	《舊唐書・裴行儉傳》	
〈知微〉第 14 條	《舊唐書・王及善傳》	
〈知微〉第 15 條		
〈知微〉第 16 條	《舊唐書・吐蕃上》	
〈聰敏〉第 1 條	《舊唐書・褚遂良傳》	
〈聰敏〉第 2 條	《唐會要・氏族》	
〈聰敏〉第 3 條	《舊唐書・虞世南傳》	
〈聰敏〉第 4 條	《御史臺記》	
〈聰敏〉第 5 條		
〈聰敏〉第 6 條	《新唐書・王義方傳》	
〈聰敏〉第 7 條	《國史異纂》	《太平廣記》載此條材料來源爲《國史異纂》
〈聰敏〉第 8 條	《唐會要・高句麗》	
〈聰敏〉第 9 條		
〈聰敏〉第 10 條	《御史臺記》	
〈聰敏〉第 11 條	《舊唐書・李嗣真傳》	
〈聰敏〉第 12 條	《唐會要・省號下・中書舍人》	
〈聰敏〉第 13 條	《舊唐書・唐休璟傳》	
〈聰敏〉第 14 條	《芝田錄》	《唐語林》載此條材料來源爲《芝田錄》
〈文章〉第 1 條	《舊唐書・杜如晦/叔淹》	
〈文章〉第 2 條	《舊唐書・魏徵傳》	
〈文章〉第 3 條	《舊唐書・李百藥傳》	
〈文章〉第 4 條	《舊唐書・楊炯傳》	
〈文章〉第 5 條	《新唐書・蘇味道傳》	
〈文章〉第 6 條		
〈文章〉第 7 條	《御史臺記》	
〈文章〉第 8 條		
〈文章〉第 9 條		
〈文章〉第 10 條		
〈文章〉第 11 條		
〈文章〉第 12 條	《新唐書・張說傳》	

〈文章〉第 13 條		
〈文章〉第 14 條		
〈文章〉第 15 條		
〈文章〉第 16 條	《舊唐書・張薦傳》	
〈文章〉第 17 條	《舊唐書・睿宗諸子、惠文太子範》	
〈文章〉第 18 條	《舊唐書・張說傳》	
〈文章〉第 19 條	《舊唐書・楊炯傳》	
〈著述〉第 1 條	《唐會要・修撰》	
〈著述〉第 2 條		
〈著述〉第 3 條	《舊唐書・曹憲傳》	
〈著述〉第 4 條	《貞觀政要・論文史第二八》	
〈著述〉第 5 條	《隋唐嘉話・卷下》	
〈著述〉第 6 條	《舊唐書・劉子玄傳》	
〈著述〉第 7 條	《唐會要・貢舉下・論經義》	
〈著述〉第 8 條		
〈著述〉第 9 條	《舊唐書・劉子玄傳》	
〈著述〉第 10 條	《新唐書・韋述傳》	
〈著述〉第 11 條	《舊唐書・天文志上》	
〈著述〉第 12 條		
〈著述〉第 13 條	《新唐書・藝文志・道家類》	
〈從善〉第 1 條	《隋唐嘉話・卷上》	
〈從善〉第 2 條	《舊唐書・孫伏伽傳》	
〈從善〉第 3 條	《御史臺記》	
〈從善〉第 4 條	《舊唐書・狄仁傑傳》	
〈從善〉第 5 條		
〈諛佞〉第 1 條	《隋唐嘉話》卷上	
〈諛佞〉第 2 條	《舊唐書・劉蘭傳》	
〈諛佞〉第 3 條	《舊唐書・徐敬宗傳》	
〈諛佞〉第 4 條	《舊唐書・高宗下》	
〈諛佞〉第 5 條	《舊唐書・李昭德傳》	
〈諛佞〉第 6 條	《舊唐書・王求禮傳》	
〈諛佞〉第 7 條	《舊唐書・郭霸傳》	
〈諛佞〉第 8 條	《舊唐書・楊再思傳》	

〈諛佞〉第 9 條	《御史臺記》	
〈諛佞〉第 10 條	《舊唐書・張說傳》及《舊唐書・李朝隱傳》	
〈諛佞〉第 11 條	《舊唐書・外戚・竇德明・姪懷貞》	
〈諛佞〉第 12 條	《舊唐書・張說/子垍》	
〈釐革〉第 1 條		
〈釐革〉第 2 條	《舊唐書・志第二十五・輿服・衣服・讌服》	
〈釐革〉第 3 條	《舊唐書・傅奕傳》	
〈釐革〉第 4 條	《舊唐書・馬周傳》	
〈釐革〉第 5 條		
〈釐革〉第 6 條	《舊唐書・高宗下・永淳元年》	
〈釐革〉第 7 條	《舊唐書・房玄齡傳》、《舊唐書・中宗李顯・神龍元年》及《舊唐書・睿宗李旦・景雲二年》	
〈釐革〉第 8 條	《舊唐書・志第四・禮儀四》	
〈釐革〉第 9 條	《唐會要・選部上・論選事》	
〈釐革〉第 10 條	《舊唐書・志第二十五・輿服・衣服・宮人騎馬者服》	
〈釐革〉第 11 條	《舊唐書・志第十二・禮樂十二》	
〈釐革〉第 12 條	《舊唐書・太宗・貞觀十一年》	
〈釐革〉第 13 條	《舊唐書・玄宗・天寶十五年至德元年》	
〈釐革〉第 14 條	《通典・卷二一》	
〈釐革〉第 15 條		
〈釐革〉第 16 條	《舊唐書・食貨上・錢》	
〈釐革〉第 17 條	《舊唐書・常袞傳》	
〈隱逸〉第 1 條	《舊唐書・遜思邈傳》	
〈隱逸〉第 2 條	《舊唐書・朱桃椎傳》	
〈隱逸〉第 3 條	《舊唐書・張果傳》	
〈隱逸〉第 4 條	《舊唐書・盧藏用傳》	
〈隱逸〉第 5 條	《舊唐書・司馬承禎傳》	

〈隱逸〉第 6 條	《舊唐書・王希夷傳》	
〈隱逸〉第 7 條	《舊唐書・李元愷傳》	
〈隱逸〉第 8 條	《舊唐書・白覆忠傳》	
〈隱逸〉第 9 條	《舊唐書・盧鴻一傳》	《大唐新語》與《新唐書》皆為盧鴻。
〈褒錫〉第 1 條	《舊唐書・陸德明傳》與《舊唐書・蓋文達傳》	
〈褒錫〉第 2 條	《新唐書・房玄齡傳》	
〈褒錫〉第 3 條	《舊唐書・長孫無忌傳》	
〈褒錫〉第 4 條	《舊唐書・魏徵傳》	
〈褒錫〉第 5 條	《舊唐書・李綱傳》	
〈褒錫〉第 6 條	《舊唐書・李勣傳》	
〈褒錫〉第 7 條	《舊唐書・中宗李顯・神龍三年》	
〈褒錫〉第 8 條	《舊唐書・褚無量傳》	
〈褒錫〉第 9 條	《新唐書・賀知章傳》	
〈褒錫〉第 10 條	《舊唐書・張說傳》	
〈褒錫〉第 11 條		
〈褒錫〉第 12 條	《舊唐書・志第四・禮儀四》	
〈懲戒〉第 1 條	《舊唐書・閻立德/弟立本》	
〈懲戒〉第 2 條	《舊唐書・閻立德/弟立本》	
〈懲戒〉第 3 條	《舊唐書・劉仁軌傳》及《舊唐書・李敬玄傳》	
〈懲戒〉第 4 條	《唐會要・尚書省諸司中》	
〈懲戒〉第 5 條	《舊唐書・婁師德傳》	
〈懲戒〉第 6 條	《舊唐書・李義府傳》	
〈懲戒〉第 7 條		
〈懲戒〉第 8 條	《舊唐書・王義方傳》	
〈懲戒〉第 9 條	《舊唐書・裴炎傳》	
〈懲戒〉第 10 條		
〈懲戒〉第 11 條	《通鑑・則天垂拱四年》	
〈懲戒〉第 12 條		
〈懲戒〉第 13 條	《舊唐書・李日知傳》	
〈懲戒〉第 14 條	《舊唐書・李林甫傳》	

〈懲戒〉第 15 條	《舊唐書・李林甫傳》	
〈勸勵〉第 1 條	《舊唐書・徐文遠傳》	
〈勸勵〉第 2 條	《舊唐書・宗室太祖諸子・河間王孝恭》	
〈勸勵〉第 3 條		
〈勸勵〉第 4 條	《新唐書・狄仁傑/子光嗣》	
〈勸勵〉第 5 條	《舊唐書・趙彥昭傳》	
〈勸勵〉第 6 條		
〈勸勵〉第 7 條	《新唐書・韓思彥傳》	
〈勸勵〉第 8 條		
〈勸勵〉第 9 條	《舊唐書・魏知古傳》	
〈酷忍〉第 1 條	《舊唐書・劉洎傳》	
〈酷忍〉第 2 條	《舊唐書・長孫無忌傳》	
〈酷忍〉第 3 條	《舊唐書・李義府傳》、《舊唐書・褚遂良傳》及《舊唐書・高宗廢後王氏/良娣蕭氏》	
〈酷忍〉第 4 條	《舊唐書・長孫無忌傳》與《舊唐書・王方翼傳》	
〈酷忍〉第 5 條	《舊唐書・刑法志》與《舊唐書・狄仁傑傳》	
〈酷忍〉第 6 條	《舊唐書・高宗中宗諸子・孝敬皇帝弘》	
〈酷忍〉第 7 條	《舊唐書・侯思止傳》	
〈酷忍〉第 8 條	《舊唐書・郭霸傳》	
〈酷忍〉第 9 條	《舊唐書・桓彥範傳》及《舊唐書・崔仁師・孫湜》	
〈酷忍〉第 10 條	《舊唐書・姚紹之傳》	
〈諧謔〉第 1 條	《隋唐嘉話・卷中》及《舊唐書・歐陽詢傳》	
〈諧謔〉第 2 條		
〈諧謔〉第 3 條	《朝野僉載》	
〈諧謔〉第 4 條		
〈諧謔〉第 5 條		
〈諧謔〉第 6 條	《國朝雜記》	《太平廣記》載此條材料來源爲《國朝雜記》

〈諧謔〉第 7 條		
〈諧謔〉第 8 條	《舊唐書・侯思止傳》	
〈諧謔〉第 9 條		
〈諧謔〉第 10 條		
〈諧謔〉第 11 條		
〈諧謔〉第 12 條		
〈諧謔〉第 13 條	《新唐書・竇懷貞傳》	
〈諧謔〉第 14 條		
〈記異〉第 1 條	《舊唐書・僧玄奘傳》	
〈記異〉第 2 條	《舊唐書・袁天綱傳》	
〈記異〉第 3 條	《舊唐書・五行志》	
〈記異〉第 4 條	《舊唐書・一行傳》與《舊唐書・曆一・序言》	
〈記異〉第 5 條	《舊唐書・方伎・一行附泓》	
〈郊禪〉第 1 條		作者說明將〈郊禪〉篇放在篇末之原由。
〈郊禪〉第 2 條	《舊唐書・魏徵傳》	
〈郊禪〉第 3 條	《舊唐書・志第三・禮儀三》	
〈郊禪〉第 4 條	《舊唐書・志第三・禮儀三》	
〈郊禪〉第 5 條	《舊唐書・志第三・禮儀三》	
〈郊禪〉第 6 條	《舊唐書・志第一・大祀、中祀、小祀》	

　　按：《大唐新語》一書共 378 條，材料與《舊唐書》相同或相似共 251 條，與《隋書》相同相似共 2 條，與《貞觀政要》相同相似共 4 條，與《與隋唐嘉話》相同相似共 6 條，與《御史臺記》相同相似共 8 條，與《芝田錄》相同相似共 2 條，與《朝野僉載》相同相似共 2 條，與《國朝雜記》相同相似 1 條，與《國史異纂》相同相似共 2 條。

　　《大唐新語》材料《舊唐書》亦無載，而《新唐書》材料與《大唐新語》相同相似共 29 條，《通鑑》材料與《大唐新語》相同相似共 7 條，《唐會要》材料與《大唐新語》相同相似共 10 條。

表二 《大唐新語》因奏議、文詔過長而出現「文多不盡載」之參照表

人物	《大唐新語》記載	《舊唐書》記載	備註
馬周	馬周，太宗將幸九成宮，上疏諫曰：「伏見明敕，以二月二日幸九成宮。臣竊惟太上皇春秋已高，陛下宜朝夕侍膳，晨昏起居。今所幸宮，去京二百餘里，鑾輿動軔，俄經旬日，非可朝行暮至也。脫上皇情或思感，欲見陛下者，將何以赴之且車駕今行，本意爲避暑，則上皇尚留熱處，而陛下自逐涼處，溫凊之道，臣切不安。」文多不載。〈極諫第三〉	（馬）周上疏曰：「……臣又伏見明敕，以二月二日幸九成宮。臣竊惟太上皇春秋已高，陛下宜朝夕視膳而晨昏起居。今所幸宮去京三百餘裏，鑾輿動軔，嚴蹕經旬，非可且暮至也。太上皇情或思感，而欲即見陛下者，將何以赴之？且車駕今行，本爲避暑。然則太上皇尚留熱所，而陛下自逐涼處，溫凊之道，臣竊未安。然敕書既出，業已成就，願示速返之期，以開眾惑。」……疏奏，太宗稱善久之。《舊唐書・馬周傳》	《舊唐書》裡馬周上疏之文過長，故劉肅《大唐新語》只剪裁作者想要之部份，故在文後寫下「文多不載。」
崔仁師	太宗時，刑部奏《賊盜律》反逆緣坐，兄弟沒官爲輕，請改從死。給事中崔仁師駁之曰：「自義農以降，或設獄而人不犯，或畫象而下知禁。三代之盛，泣辜解網。父子兄弟，罪不相及。咸臻至理，俱爲稱首。及其叔世，亂獄滋繁。周之季年不勝其弊。刑書原於子產，峭澗起於安於，秦嚴其法，以至於滅。」又曰：「且父子天屬，昆弟同氣。誅其父子，或累其心，如此不顧，何愛兄弟？」文多不盡載，朝廷從之。〈持法第七〉	……等時議者以漢及魏、晉謀反皆夷三族，咸欲依士廉等議。仁師獨駁曰：「自義、農以降，爰及唐、虞，或設言而人不犯，或畫象而下知禁。三代之盛，泣辜解網，父子兄弟，罪不相及，咸臻至理，俱爲稱首。及其世亂，獄訟滋煩，周之季年，不勝其弊，烈火原於子產，峭澗起於安於，韓、李、申、商，爭持急刻，參夷相坐，始於此也。秦用其法，遂至土崩。……手足有措，刑清化洽，未有不安。忽以暴秦酷法，爲隆周中典，乖惻隱之情，反惟行之令。進退參詳，未見其可。且父子天屬，昆季同氣，誅其父子，足累其心，此而不顧，何愛兄弟。既欲改法，請更審量。」竟從仁師駁議。《舊唐書・崔仁師傳》	《舊唐書》裡崔仁師上疏之文過長，故劉肅《大唐新語》只剪裁作者想要之部份，故在文後寫下「文多不盡載。」
劉彤	開元九年，左拾遺劉彤上表論鹽鐵曰：「臣聞漢武帝爲政，廄馬三十萬，後宮數萬人，外討戎夷，內興宮室，殫賦之甚，實百當今。然而財無不足者，何也？豈非古取山澤，而今取貧人哉！取山澤，則公利厚而人歸於農；取貧人，則公利薄而人去其業。故先王之作法也，	左拾遺劉彤上表曰：「臣聞漢孝武爲政，廄馬三十萬，後宮數萬人，外討戎夷，內興宮室，殫費之甚，實百當今，而古費多而貨有餘，今用少而財不足，何也？豈非古取山澤，而今取貧民哉！取山澤，則公利厚而人歸於農；取貧民，則公利薄而人去其業。故先王作法也，山	《舊唐書》裡劉彤上疏之文過長，故劉肅《大唐新語》只剪裁作者想要之部份，故在文後寫下「文多不盡載。」

	山澤有官，虞衡有職，輕重有術，禁發有時。一則專農，二則饒富，濟人盛事也。臣實謂當今宜行之。夫煮海爲鹽，採山鑄錢，伐木爲室者，豐餘之輩也。寒而無衣，飢而無食，傭賃自資者，窮苦之流也。若能山海厚利，奪豐餘之人；薄斂輕傜，免窮苦之子，所謂損有餘益不足，帝王之道不可謂然。」文多不盡載。〈政能第八〉	海有官，虞衡有職，輕重有術，禁發有時，一則專農，二則饒國，濟人盛事也。臣實爲今疑之。夫煮海爲鹽，採山鑄錢，伐木爲室，農餘之輩。寒而無衣，飢而無食，傭賃自資者，窮苦之流也。……」《舊唐書‧志第二十八‧食貨上‧鹽鐵》	
褚遂良	魏王泰有寵於太宗，所給月料逾於太子。褚遂良諫曰：「聖人制禮，尊嫡卑庶。故立嫡以長，謂之儲君，其所承也，重矣。俾用物不計，與王者共。庶子雖賢，不是正嫡。先王所以塞嫌疑之漸，除禍亂之源。伏見儲君料物翻少魏王，陛下非所以愛子也。」文多不盡載，太宗納之。〈知微第十六〉	俄又每月給泰料物，有踰於皇太子。諫議大夫褚遂良上疏諫曰：「昔聖人制禮，尊嫡卑庶。謂之儲君，道亞睿極，其爲崇重，用物不計，泉貨財帛，與王者共之。庶子體卑，不得爲例。所以塞嫌疑之漸，除禍亂之源。而先王必本人情，然後制法，知有國家，必有嫡庶。然庶子雖愛，不得超越，嫡子正體，特須尊崇。……伏見儲君料物，翻少魏王，朝野見聞，不以爲是。……」《舊唐書‧太宗諸子‧濮王泰》	《舊唐書》裡褚遂良上疏之文過長，故劉肅《大唐新語》只剪裁作者想要之部份，故在文後寫下「文多不盡載。」
劉知幾	劉子玄直史館，時宰臣蕭至忠、紀處訥等並監修國史。……奏記於至忠等，其略曰：「伏見每汲汲於勸誘，勤勤於課責，雲：『經籍事重，努力用心。』或歲序已奄，何時輟手。綱維不舉，督課徒勤。雖威以刺骨之刑，勖以懸金之賞，終不可得也。語雲：『陳力就列，不能者止。』僕所以比者，布懷知己，歷訟群公，屢辭載筆之官，欲罷記言之職者，正爲此耳。當今朝號得人，國稱多士。蓬山之下，良直比肩；芸閣之間，英奇接武。僕既功虧刻鵠，筆未獲麟，徒殫太官之膳，虛索長安之米。乞以本職，還其舊居，多謝簡書，請避賢路。」文多不盡載。至忠惜其才，不許。宗楚客惡其正直，謂諸史官曰：「此人作書如是，欲置我於何地？」子玄著《史通》二十篇，備陳史冊之體。	知幾長安中累遷左史，兼修國史。擢拜鳳閣舍人，修史如故。……蕭至忠又嘗責知幾著述無課，知幾於是求罷史任，奏記於至忠曰：「……伏見明公每汲汲於勸誘，勤勤於課責。或雲墳籍事重，努力用心；或雲歲序已淹，何時輟手？竊以綱維不舉，而督課徒勤，雖威以次骨之刑，勗以懸金之賞，終不可得也。語曰：『陳力就列，不能則止。』僕所以比者布懷知己，歷抵戝公，屢辭載筆之官，願罷記言之職者，正爲此耳。當今朝號得人，國稱多士。蓬山之下，良直差肩；芸閣之中，英奇接武。僕既功虧刻鵠，筆未獲麟，徒殫太官之膳，虛索長安之米。乞以本職，還其舊居，多謝簡書，請避賢路。惟明公足下哀而許之。」至忠惜其才，不許解史任。宗楚客嫉其正直，謂諸史官曰：「此人作書如是，欲置我何地！」……《舊唐書‧劉子玄》	《舊唐書》裡劉知幾上奏之文過長，故劉肅《大唐新語》只剪裁作者想要之部份，故在文後寫下「文多不盡載。」

表三 《大唐新語·諧謔》人物材料與他書材料同源表

人物	《大唐新語》記載	其 他 出 處 之 引 文	備　註
歐陽詢	太宗嘗宴近臣，令嘲謔以爲樂。長孫無忌先嘲歐陽詢曰：「聳膊成山字，埋肩不出頭。誰家麟閣上，畫此一獼猴？」詢應聲答曰：「索頭連背暖，漫襠畏肚寒。只由心圂圂，所以面團團。」太宗斂容曰：「汝豈不畏皇后聞耶！」無忌，后之弟也。詢爲人瘦小特甚，寢陋而聰悟絕倫。讀書數行俱下，博覽古今，精究《蒼》《雅》。初學王羲之書，漸變其體，筆力險勁，爲一時之絕。〈諧謔第二十八〉	太宗嘗宴近臣，令嘲謔以爲樂。長孫無忌先嘲歐陽詢曰：「聳膊成山字，埋肩不出頭。誰家麟閣上，畫此一獼猴？」詢應聲答曰：「索頭連背暖，漫襠畏肚寒。只由心圂圂，所以面團團。」太宗斂容曰：「汝豈不畏皇后聞耶！」無忌，后之弟也。詢爲人瘦小特甚，寢陋而聰悟絕倫。讀書數行俱下，博覽古今，精究《蒼》《雅》。初學王羲之書，漸變其體，筆力險勁，爲一時之絕。《隋唐嘉話·卷中》	〔唐〕劉餗著：《隋唐嘉話》。劉餗，劉知幾次子。進士及第，天寶初年，歷官河南功曹參軍、集賢院學士，兼修國史，官終右補闕。故《隋唐嘉話》成書年代比《大唐新語》早，故《大唐新語》此條材料，不是劉肅所虛構。
張元一	則天朝，諸蕃客上封事多獲官賞，有爲右臺御史者。則天嘗問張元一曰：「近日在外，有何可笑事？」元一對曰：「朱前宜著綠，錄仁傑著朱。閻知微騎馬，馬吉甫騎驢。將名作姓李千里，將姓作名吳揚吾。左臺胡御史，右臺御史胡。」胡御史，元禮也；御史胡，蕃人爲御史者。尋授別敕。〈諧謔第二十八〉	則天朝蕃人上封事，多加官賞，有爲右臺御史者。因則天嘗問郎中張元一曰：「在外有何可笑事？」元一曰：「朱前疑著綠，逖仁傑著朱。閻知微騎馬，馬吉甫騎驢。將名作姓李千里，將姓作名吳棲梧。左臺胡御史，右臺御史胡。」胡御史，胡元禮也；御史胡，蕃人爲御史者，尋改他官。周 革命，舉人貝州趙廓眇小，起家監察御史，時人謂之「臺穢」，李昭德詈之爲「中霜谷束」，元一目爲「梟坐鷹架」。時同州孔魯丘爲拾遺，有武夫氣，時人謂之「外軍主帥」，元一目爲「鶩入鳳池」。……《朝野僉載卷四》	〔唐〕張鷟著：《朝野僉載》。周勛初生先提到：「（張鷟）生年不詳，據趙守儼考證，當在高宗顯慶三年（658）左右。〔註1〕這兩條材料相互比對，可知《大唐新語》只錄前段。

〔註1〕 參周勛初著：〈唐代筆記小說敍錄·朝野僉載〉，《周勛初文集》第5集，頁335。

侯思止	侯思止出自皀隸，言音不正，以告變授御史。時屬斷屠，思止謂同列曰：「今斷屠宰，雞云：『圭』、豬云：『誅』、魚云：『虞』、驢云：平『縷』，俱云：『居不得』，喫云：『詰』，空（喫）結（米）云：『弸（面）泥去』，如云：『儒何得不飢？』侍御崔獻可笑之。思止以聞，則天怒，謂獻可曰：「我知思止不識字，我已用之，卿何笑也！」獻可具以雞豬之事對，則天亦大笑，釋獻可。〈諧謔第二十八〉	侯思止出自皀隸，言音不正，以告變授御史。時屬斷屠，思止謂同列曰：「今斷屠宰，雞云：『圭』、豬云：『誅』、魚云：『虞』、驢云：平『縷』，俱云：『居不得』，喫云：『詰』，空（喫）結（米）云：『弸（面）泥去』，如云：『儒何得不飢？』侍御崔獻可笑之。思止以聞，則天怒，謂獻可曰：「我知思止不識字，我已用之，卿何笑也！」獻可具以雞豬之事對，則天亦大笑，釋獻可。《御史臺記》。	此條原爲《太平廣記》卷258所載，然《太平廣記》說明此條出處爲《御史臺記》。又《御史臺記》爲〔唐〕韓琬所撰，而約爲睿宗、玄宗時之人，故《大唐新語》材料來源可能源自《御史臺記》，又周勛初先生提過：「《大唐新語》中許多人物的事跡，亦能與《御史臺記》中的記載對應，這或許是《御史臺記》中的一些人物傳記，曾爲《國史》所采納，而《大唐新語》又從《國史》所轉引。」〔註2〕
王上客	王上客，自負其才，意在前行員外。俄除膳部員外，既乖本志，頗懷悵惋。吏部郎中張敬忠戲詠之曰：「有意嫌兵使，專心取考功。誰知腳蹭蹬，幾落省牆東。」膳部在省東北隅，故有此詠。〈諧謔第二十八〉	王上客，自負其才，意在前行員外。俄除膳部員外，既乖本志，頗懷悵惋。吏部郎中張敬忠戲詠之曰：「有意嫌兵使，專心取考功。誰知腳蹭蹬，幾落省牆東。」膳部在省東北隅，故有此詠。《兩京新記》	此條原爲《太平廣記》卷250所載，然《太平廣記》說明此條出處爲《兩京新記》。又《兩京新記》爲〔唐〕韋述撰，成書於唐玄宗開元十年（722年）。原有五卷，今僅存一卷。
邵景	玄宗初即位，邵景、蕭嵩、韋鏗並以殿中升殿行事。既而景、嵩俱加朝散，鏗獨不沾。景、嵩二人多鬚，對立於庭。鏗嘲之曰：「一雙鬍子著緋袍，一個鬚多一鼻高。相對廳前搽早立，自言身品世間毛。」舉朝以爲歡笑。後睿宗御承天門，百僚備列，鏗忽風眩而倒。鏗既肥短，景意酬其前嘲，乃詠之曰：「飄風忽起團欒回，倒地還如著腳搥。昨夜殿上空行事，直爲元非五品才。」時人無不諷詠。〈諧謔第二十八〉	玄宗初即位，邵景、蕭嵩、韋鏗並以殿中升殿行事。既而景、嵩俱加朝散，鏗獨不沾。景、嵩二人多鬚，對立於庭。鏗嘲之曰：「一雙鬍子著緋袍，一個鬚多一鼻高。相對廳前搽早立，自言身品世間毛。」舉朝以爲歡笑。後睿宗御承天門，百僚備列，鏗忽風眩而倒。鏗既肥短，景意酬其前嘲，乃詠之曰：「飄風忽起團欒回，倒地還如著腳搥。昨夜殿上空行事，直爲元非五品才。」時人無不諷詠。《御史臺記》	此條原爲《太平廣記》卷255所載，然《太平廣記》說明此條出處爲《御史臺記》

〔註2〕　周勛初著：〈唐代筆記小說敍錄・御史臺記〉，《周勛初文集》第5集，頁341。

表四　《大唐新語・隱逸》、《大唐新語・記異》與《舊唐書》材料同源表

人物	《大唐新語》記載	《舊唐書》記載	備　註
孫思邈	孫思邈，華原人，七歲就學，日諷千言。及長，善譚《莊》《老》百家之說。周宣帝時，以王室多故，隱於太白山。隋文帝輔政，征爲國子博士，不就。常謂人曰：「過是五十年，當有聖人出，吾方助之，以濟生人。」太宗召詣京師，嗟其顏貌甚少，謂之曰：「故知有道者誠可尊重，羨門之徒，豈虛也哉！」將授之以爵位，固辭不受。高宗召拜諫議大夫，又固辭。時年九十餘，而視聽不衰，頗明推步導養之術。時範陽盧照鄰，有盛名於朝，而染惡疾，嗟稟受之不同，昧彭殤之殊致，嘗問於思邈曰：「名醫愈疾，其道如何？」對曰：「吾聞善言天者，必本之於人。天有四時五行，寒暑迭代，其運轉也，和而爲雨，怒而爲風，凝爲霜雪，張爲虹蜺，此天地之常數。人有四肢五藏，一覺一寐，呼吸吐納，精氣往來，流而爲榮衛，彰而爲氣色，發而爲聲音，此人之常數也。陽用其精，陰用其形，天人之所同也。及其失也，蒸則生熱，否則生寒，結而爲瘤贅，陷而爲癰疽，奔而爲喘乏，竭而爲焦枯，診發乎面，變動乎形，推此以及天，則兆亦如之。故五緯盈縮，星辰錯行，日月薄蝕，彗孛流飛，此又天文之危診也。寒暑不時，此天地之蒸否也。石立土踴，此天地之瘤贅也。山崩地陷，此天地之癰疽也。奔風暴雨，此天地之喘乏也。雨澤不降，川瀆涸竭，此天地之焦枯也。良醫導之以藥石，救之以針劑。聖人和之以至德，輔之以人事。故體有可癒之疾，天地有可消之災也。」又曰：「膽欲大而心欲小，智欲圓而行欲方。《詩》曰：『如臨深淵，如履薄冰。』謂小心也。『赳赳武夫，公侯千城。』謂大膽也。不爲利回，不爲義疚，仁之方也。見幾而作，	孫思邈，京兆華原人也。七歲就學，日誦千餘言。弱冠，善談《莊》、《老》及百家之說，兼好釋典。洛州總管獨孤信見而歎曰：「此聖童也。但恨其器大，適小難爲用也。」周宣帝時，思邈以王室多故，乃隱居太白山。隋文帝輔政，徵爲國子博士，稱疾不起。嘗謂所親曰：「過五十年，當有聖人出，吾方助之以濟人。」及太宗即位，召詣京師，嗟其容色甚少，謂曰：「故知有道者誠可尊重，羨門、廣成，豈虛言哉！」將授以爵位，固辭不受。顯慶四年，高宗召見，拜諫議大夫，又固辭不受。……時有孫思邈處士居之。邈道合古今，學殫數術。……照鄰有惡疾，醫所不能愈，乃問思邈：「名醫愈疾，其道何如？」思邈曰：「吾聞善言天者，必質之於人；善言人者，亦本之於天。天有四時五行，寒暑迭代，其轉運也，和而爲雨，怒而爲風，凝而爲霜雪，張而爲虹蜺，此天地之常數也。人有四支五藏，一覺一寐，呼吸吐納，精氣往來，流而爲榮紉，彰而爲氣色，發而爲音聲，此人之常數也。陽用其形，陰用其精，天人之所同也。及其失也，蒸則生熱，否則生寒，結而爲瘤贅，陷而爲癰疽，奔而爲喘乏，竭而爲燋枯，診發乎面，變動乎形。推此以及天地亦如之。故五緯盈縮，星辰錯行，日月薄蝕，孛彗飛流，此天地之危診也。寒暑不時，天地之蒸否也；石立土踴，天地之瘤贅也；山崩土陷，天地之癰疽也；奔風暴雨，天地之喘乏也；川瀆竭涸，天地之燋枯也。良醫導之以藥石，救之以鍼劑，聖人和之以至德，輔之以人事，故形體有可愈之疾，天地有可消之災。」又曰：「膽欲大而心欲小，智欲圓而行欲方。《詩》曰：『如臨深淵，如履薄冰』，謂小心也；『赳赳武夫，公侯幹城』，謂大膽也。『不爲利回，不爲義疚』，行之方也；『見機而作，不俟終日』，智之圓也。」思邈自云開皇辛酉歲生，至今年九十三矣，詢之鄉裏，咸云數百歲人，	《大唐新語》最後一段：「永徽初卒，遺令薄葬，不設明器牲牢之奠。月餘顏色不變，舉屍入棺，如空焉。時人疑其屍解矣。」《舊唐書》無文，但其他文字幾乎相同。

	不俟終日,智之圓也。」制授承務郎,直尚藥局。永徽初卒,遺令薄葬,不設明器牲牢之奠。月餘顏色不變,舉屍入棺,如空焉。時人疑其屍解矣。〈隱逸第二十三〉	話周、齊間事,歷歷如眼見,以此參之,不啻百歲人矣。然猶視聽不衰,神采甚茂,可謂古之聰明博達不死者也。《舊唐書・列傳第一四一・方伎・孫思邈》	
朱桃椎	朱桃椎,蜀人也。澹泊無爲,隱居不仕,披裘帶索,沉浮人間。竇軌爲益州,聞而召之,遺以衣服,逼爲鄉正。桃椎不言而退,逃入山中,夏則裸形,冬則樹皮自覆。凡所贈遺,一無所受。每織芒屬,置之於路,見者皆言:「朱居士屬也。」爲齎取米,置之本處。桃椎至夕取之,終不見人。高士廉下車,深加禮敬,召之至,降階與語,桃椎不答,瞪目而去。士廉每加優異,蜀人以爲美譚。〈隱逸第二十三〉	蜀人朱桃椎者,澹泊爲事,隱居不仕,披裘帶索,沉浮人間。竇軌之鎮益州也,聞而召見,遺以衣服,逼爲鄉正。桃椎口竟無言,棄衣於地,逃入山中,結菴潤曲。夏則裸形,冬則樹皮自覆,人有贈遺,一無所受。每爲芒履,置之於路,人見之者曰「朱居士之履也」,爲齎米置於本處,桃椎至夕而取之,終不與人相見。議者以爲焦先之流。士廉下車,以禮致之,及至,降階與語,桃椎不答,直視而去。士廉每令存問,桃椎見使者,輒入林自匿。近代以來,多輕隱逸,士廉獨加褒禮,蜀中以爲美談。《舊唐書・高士廉》	《大唐新語》記載與《舊唐書》幾乎相同。
張果	張果老先生者,隱於恒州枝條山,往來汾晉。時人傳其長年秘術,耆老咸云:「有兒童時見之,自言數百歲。」則天召之,佯屍於妒女廟前,後有人復於恒山中見。至開元二十三年,刺史韋濟以聞,詔通事舍人裴晤馳驛迎之。果對晤氣絕如死。晤焚香啓請,宣天子求道之意,須臾漸蘇。晤不敢逼,馳還奏之。乃令中書舍人徐嶠、通事舍人盧重玄,齎璽書迎之。果隨嶠至東都,於集賢院肩輿入宮,備加禮敬。公卿皆往拜謁。或問以方外之事,皆詭對。每云:「餘是堯時丙子年生。」時人莫能測也。又云:「堯時爲侍中。」善於胎息,累日不食,時進美酒及三黃丸。尋下詔曰:「恒州張果老,方外之士也。跡先高上,心入窅冥,是混光塵,應召城闕。莫知甲子之數,且謂羲皇上人。問以道樞,盡會宗極。今將行朝禮,爰申寵命。可銀青光祿大夫,仍賜號通玄先生。」累策老病,請歸恒州,賜絹三百疋,拜扶持弟子二人,拜給驛异至恒州。弟子一人放回,一人相隨入山。無何壽終,或傳屍解。〈隱逸第二十三〉	張果者,不知何許人也。則天時,隱於中條山,往來汾、晉間,時人傳其有長年祕術,自云年數百歲矣。嘗著陰符經玄解,盡其玄理。則天遣使召之,果佯死不赴。後人復見之,往來恆州山中。開元二十一年,恆州刺史韋濟以狀奏聞。玄宗令通事舍人裴晤往迎之,果對使絕氣如死,良久漸蘇,晤不敢逼,馳還奏狀。又遣中書舍人徐嶠齎璽書以邀迎之,果乃隨嶠至東都,肩輿入宮中。玄宗好神仙,而欲果尚公主,果固未知之,謂祕書少監王迥質、太常少卿蕭華曰:「諺云娶婦得公主,眞可畏也。」迥質與華相顧,未曉其言。即有中使至,宣曰:「玉眞公主早歲好道,欲降先生。」果大笑,竟不奉詔。迥質等方悟向來之言。後懇辭歸山,因下制曰:「恆州張果先生,遊方外者也。跡先高尚,深入窈冥。是渾光塵,應召城闕。莫詳甲子之數,且謂羲皇上人。問以道樞,盡會宗極。今特行朝禮,爰畀寵命。可銀青光祿大夫,號曰通玄先生。」其年請入恆山,錫以衣服及雜綵等,便放歸山。乃入恆山,不知所之。玄宗爲造棲霞觀於隱所,在蒲吾縣,後改爲平山縣。《舊唐書・張果》	《大唐新語》所載玄宗邀張果老之年份爲開元二十三年,《舊唐書》爲開元二十一年。且《大唐新語》所載較爲「玄妙」之文句《舊唐書》無載,然玄宗下詔之文句是幾乎一樣。

盧藏用	盧藏用，始隱於終南山中。中宗朝，累居要職。有道士司馬承禎者，睿宗迎至京，將還，藏用指終南山謂之曰：「此中大有佳處，何必在遠。」承禎徐答曰：「以僕所觀，乃仕宦捷徑耳。」藏用有慚色。藏用博學，工文章，善草隸；投壺彈琴，莫不盡妙。未仕時，嘗辟穀練氣，頗有高尙之致。及登朝，附權要，縱情奢逸，卒陷憲綱，悲夫！〈隱逸第二十三〉	盧藏用字子潛，度支尙書承慶之姪孫也。父璥，有名於時，官至魏州司馬。藏用少以辭學著稱。初舉進士選，不調，乃著芳草賦以見意。尋隱居終南山，學辟穀、練氣之術。……藏用工篆隸，好琴棋，當時稱爲多能之士。少與陳子昂、趙貞固友善，二人並早卒，藏用厚撫其子，爲時所稱。然初隱居之時，有貞儉之操，往來於少室、終南二山，時人稱爲「隨駕隱士」；及登朝，趍趨詭佞，專事權貴，奢靡淫縱，以此獲譏於世。《舊唐書·盧藏用》	《大唐新語》所載之文句《舊唐書》多無載，但有些文句相似。
馬承禎	司馬承禎，字子征，隱於天臺山，自號白云子，有服餌之術。則天、中宗朝，頻徵不起。睿宗雅尙道教，稍加尊異，承禎方赴召。睿宗嘗問陰陽術數之事，承禎對曰：「《經》云：『損之又損之，以至於無爲。』且心目一覽，知每損之尙未能已，豈復攻乎異端而增智慮哉！」睿宗曰：「理身無爲，則清高矣；理國無爲，如之何？」對曰：「國猶身也，《老子》曰：『遊心於澹，合氣於漠，順物自然，而無私焉，而天下理。』《易》曰：『聖人者，與天地合其德。』是知天不言而信，不爲而成。無爲之旨，理國之要也。」睿宗深加賞異。無何，苦辭歸，乃賜寶琴、花帔之遣之。工部侍郎李適之賦詩以贈焉。當時文士，無不屬和。散騎常侍徐彥伯撮其美者三十一首，爲制《序》，名曰《白云記》，見傳於代。〈隱逸第二十三〉	道士司馬承禎，字子微，河內溫人。周晉州刺史、琅邪公裔玄孫。少好學，薄於爲吏，遂爲道士。事潘師正，傳其符籙及辟穀導引服餌之術。師正特賞異之，謂曰：「我自陶隱居傳正一之法，至汝四葉矣。」承禎嘗遍遊名山，乃止於天臺山。則天聞其名，召至都，降手敕以讚美之。及將還，敕麟臺監李嶠餞之於洛橋之東。景云二年，睿宗令其兄承禕就天臺山追之至京，引入宮中，問以陰陽術數之事。承禎對曰：「道經之旨：『爲道日損，損之又損，以至於無爲。』且心目所知見者，每損之尙未能已，豈復攻乎異端，而增其智慮哉！」帝曰：「理身無爲，則清高矣。理國無爲，如何？」對曰：「國猶身也。老子曰：『遊心於澹，合氣於漠，順物自然而無私焉，而天下理。』易曰：『聖人者，與天地合其德。』是知天不言而信，不爲而成。無爲之旨，理國之道也。」睿宗歎息曰：「廣成之言，即斯是也。」承禎固辭還山，仍賜寶琴一張及霞紋帔而遣之，朝中詞人贈詩者百餘人。《舊唐書·隱逸·司馬承禎》	《大唐新語》所載與《舊唐書》多處相同。
王希夷	王希夷，徐州人，孤貧好道。父母終，爲人牧羊取傭，供葬畢，隱於嵩山。師事道士，得修養之術。後居兗州徂徠山，刺史盧齊卿就謁，因訪以政事。希夷曰：「孔子曰：『己所不欲，勿施於人。』可以終身行之矣。」玄宗東封，兗州縣禮致，時已年九十六。玄宗令張說訪其道義，說甚重之。以年老不任職事。乃下詔曰：「徐州處士王希夷，絕聖去智，抱一居貞，久謝	王希夷，徐州滕縣人也。孤貧好道。父母終，爲人牧羊，收傭以供葬。葬畢，隱於嵩山，師道士黃頤，向四十年，盡能傳其閉氣導養之術。頤卒，更居兗州徂來山中，與道士劉玄博爲棲遁之友。好易及老子，嘗餌松柏葉及雜花散。景龍中，年七十餘，氣力益壯。刺史盧齊卿就謁致禮，因訪以字人之術，希夷曰：「孔子稱『己所不欲，勿施於人』，可以終身行之矣。」及玄宗東巡，兗州縣以禮徵，召至駕前，年已九十六。上令中書令張說訪以道義，	《大唐新語》所載與《舊唐書》幾乎一樣。

	囂塵，獨往林壑。屬封巒展禮，側席旌賢，賁然來思，應茲嘉召。雖紆綺季之跡，已過伏生之年。宜命秩以尊儒，俾全高於上齒。可朝散〔註3〕大夫、守國子博士，特聽還山。」仍令州縣，歲時贈束帛羊酒，並賜帛一百疋。〈隱逸第二十三〉	宦官扶入宮中，與語甚悅。開元十四年，下制曰：「徐州處士王希夷，絕學棄智，抱一居貞，久謝囂塵，獨往林壑。朕爲封巒展禮，側席旌賢，賁然來思，克應嘉召。雖紆綺季之跡，已過伏生之年，宜命秩以尊儒，俾全高於尚齒。可朝散大夫，守國子博士，聽致仕還山。州縣春秋致束帛酒肉，仍賜衣一副、絹一百匹。」尋壽終。《舊唐書・王希夷》	
李元愷	李元愷，〔註4〕博學善天文，然恭慎，未嘗言之。宋璟與之同鄉曲，將加薦舉，兼遺米百石，皆拒而不受。元行衝爲刺史，邀至州，問以經義，因遺衣服。愷辭曰：「微軀不宜服新麗，恐不勝其美以速咎也。」行衝乃泥汙而與之，不獲已而受。及還家，取素絲兩以酬之，曰：「義不受過望之財。」〈隱逸第二十三〉	李元愷者，博學善天文律曆，然性恭慎，口未嘗言人之過。鄉人宋璟，年少時師事之，及璟作相，使人遺元愷束帛，將薦舉之，皆拒而不答。景龍中，元行沖爲沇州刺史，邀元愷至州，問以經義，因遺衣服，元愷辭曰：「微軀不宜服新麗，但恐不能勝其美以速咎也。」行沖乃以泥塗汙而與之，不獲已而受。及還，乃以己之所蘯素絲五兩以酬行沖，曰：「義不受無妄之財。」先是，定州人崔元鑒明三禮，鄉人張易之寵幸用事，薦之，起家拜朝散大夫，致仕於家，在鄉請半祿。元愷誚之曰：「無功受祿，災也。」元愷年八十餘，壽終。《舊唐書・隱逸・李元愷》	《大唐新語》所載與《舊唐書》幾乎相同。
白履忠	白履中，博涉文史，隱居大樑，時人號爲梁丘子。開元中，王志愔表薦堪爲學官，可代馬懷素、褚無量入閣侍讀。乃征赴京師，履中辭以老疾，不任職事。授朝散大夫，尋請歸鄉。手詔曰：「卿孝悌立身，靜退敦俗，年過從耄，不雜風塵。盛德早聞，通班是錫。豈唯精賁山藪，實欲獎勸人倫。且游上京，徐還故里。」遂停留數月。〈隱逸第二十三〉	白履忠，陳留浚儀人也。博涉文史。嘗隱居於古大樑城，時人號爲梁丘子。景云中，徵拜校書郎。尋棄官而歸。開元十年，刑部尚書王志愔表薦履忠隱居讀書，貞苦守操，有古人之風，堪代褚無量、馬懷素入閣侍讀。十七年，國子祭酒楊瑒又表薦履忠堪爲學官，乃徵赴京師。及至，履忠辭以老病，不任職事。詔曰：「處士前祕書省校書郎白履忠，學優緗簡，道貴丘園，探賾以見其微，隱居能達其志。故以汲引洙、泗，物色夷門，素風自高，玄冕非貴。幾杖云暮，章秩宜加，俾承禮命之優，式副寵賢之美。可朝散大夫。」履忠尋表請還鄉，手詔曰：「孝悌立身，靜退放俗，年過從耄，不雜風塵。盛德予聞，通班是錫，豈惟旌賁山藪，實欲噎勸人倫。且遊上京，徐還故里。」乃停留數月而歸。《舊唐書・隱逸・白履忠》	《大唐新語》所載人名爲白履中，而《舊唐書》所載爲白履忠，兩人事跡相同，故《大唐新語》之「中」字應改爲「忠」字，李南暉之校箚，無寫到此條。筆者於此寫上。

〔註3〕　此句原爲「中散大夫」，然，經李南暉校正後爲「朝散大夫」。請參李南暉：〈大唐新語校箚〉，《古籍整理研究學刊》第5期，（2000年）頁33。

〔註4〕　此名原爲「元愷」，然，經李南暉校正後爲「李元愷」。請參李南暉：〈大唐新語校箚〉，《古籍整理研究學刊》第5期，（2000年）頁31。

盧鴻	玄宗征嵩山隱士盧鴻,三詔乃至。及謁見,不拜,但磬折不已。問其故,鴻對曰:「臣聞《老子》云:『禮者,忠信之薄。』不足可依。山臣鴻,敢不忠信奉見。」玄宗異之,召入賜宴,拜諫議大夫,賜以章服,並辭不受。乃給米百石,絹五百疋,還隱居之所。〈隱逸第二十三〉	盧鴻一字浩然,本範陽人,徙家洛陽。少有學業,頗善籀篆楷隸,隱於嵩山。開元初,遣備禮再徵不至。五年。……鴻一赴徵。六年,至東都,謁見不拜。宰相遣通事舍人問其故,奏曰:「臣聞老君言,禮者,忠信之所薄,不足可依。山臣鴻一敢以忠信奉見。」上別召升內殿,賜之酒食。詔曰:「盧鴻一應辟而至,訪之至道,有會淳風,爰舉逸人,用勸天下。特宜授諫議大夫。」鴻一固辭……《舊唐書·隱逸·盧鴻一》	《大唐新語》所載人名爲盧鴻,《舊唐書》所載爲盧鴻一,兩書所載事跡相同,又筆者查《新唐書》、《通鑑》,《新唐書》、《通鑑》所載之人名與《大唐新語》相同,故《舊唐書》之盧鴻一應爲盧鴻。
玄奘	沙門玄奘,俗姓陳,偃師人,少聰敏,有操行。貞觀三年,因疾而挺志往五天竺國,凡經十七歲,至貞觀十九年二月十五日,方到長安。足所親踐者一百一十一國,探求佛法,咸究根源。凡得經論六百五十七部,佛舍利並佛像等甚多。京城士女迎之,塡城隘郭。時太宗在東都,乃留所得經像於弘福寺。有瑞氣徘徊像上,移晷乃滅。遂詣駕,並將異方奇物朝謁。太宗謂之曰:「法師行後,造弘福寺,其處雖小,禪院虛靜,可謂翻譯之所。」太宗御制《聖教序》;高宗時爲太子,又作《述聖記》,並勒於碑。麟德中,終於坊郡玉華寺。玄奘撰《西域記》十二卷,見行於代。著作郎敬播爲之序。〈記異第二十九〉	僧玄奘,姓陳氏,洛州偃師人。大業末出家,博涉經論。嘗謂翻譯者多有訛謬,故就西域,廣求異本以參驗之。貞觀初,隨商人往遊西域。玄奘既辯博出群,所在必爲講釋論難,蕃人遠近咸尊伏之。在西域十七年,經百餘國,悉解其國之語,仍採其山川謠俗,土地所有,撰西域記十二卷。貞觀十九年,歸至京師。太宗見之,大悅,與之談論。於是詔將梵本六百五十七部於弘福寺翻譯,仍敕右僕射房玄齡、太子左庶子許敬宗,廣召碩學沙門五十餘人,相助整比。《舊唐書·方伎·僧玄奘》	《大唐新語》與《舊唐書》所載雷同,《大唐新語》多處文句,《舊唐書》無載。
袁天綱	袁天綱,益州人,尤精相術。貞觀初,敕召赴京,途經利州。時武士彠爲刺史,使相其妻楊氏。天綱曰:「夫人骨法,必生貴子。」乃遍召諸子令相之,見元慶、元爽曰:「可至刺史,終亦迤否。」見韓國夫人,曰:「此女大貴,然亦不利。」則天時衣男子服,乳母抱出,天綱大驚曰:「此郎君神采奧澈,不易可知。」試令行。天綱曰:「龍睛鳳頸,貴之極也。」轉側視之:「若是女,當爲天子。」貞觀末,高士廉問天綱:「君之祿壽,可至何所?」對曰:「今年四月死矣。」咸如其言。〈記異第二十九〉	則天初在襁褓,天綱來至第中,謂其母曰:「唯夫人骨法,必生貴子。」乃召諸子,令天綱相之。見元慶、元爽曰:「此二子皆保家之主,官可至三品。」見韓國夫人:「此女亦大貴,然不利其夫。」乳母時抱則天,衣男子之服,天綱曰:「此郎君子神色爽徹,不可易知,試令舉行看。」於是步於牀前,仍令舉目,天綱大驚曰:「此郎君子龍睛鳳頸,貴人之極也。」更轉側視之,又驚曰:「必若是女,實不可窺測,後當爲天下之主矣。」……申國公高士廉嘗謂曰:「君更作何官?」天綱曰:「自知相命,今年四月盡矣。」果至是月而卒。《舊唐書·方伎·袁天綱》	《大唐新語》所載與《舊唐書》幾乎相同。

俞文俊	則天時，新豐縣東南露臺鄉，因風雨震雷，有山踴出，高二百尺，有池周回三頃，池中有龍鳳之形，米麥之異。則天以爲休禎，號曰「慶山」。荊州人俞文俊上書曰：「臣聞天氣不和則寒暑並，人氣不和而疣贅出，地氣不和而堆阜出。今陛下以女主處陽位，反易剛柔，故地氣隔塞而出變爲災。 陛下謂之『慶山』，臣以爲非慶也。宜側身修德，以答天譴。不然，禍立至。」則天大怒，流之嶺南。〈記異第二十九〉	則天時，新豐縣東南露臺鄉，因大風雨雹震，有山踊出，高二百尺，有池周三頃，池中有龍鳳之形、禾麥之異。則天以爲休徵，名爲慶山。荊州人俞文俊詣闕上書曰：「臣聞天氣不和而寒暑隔，人氣不和而疣贅生，地氣不和而堆阜出。今陛下以女主居陽位，反易剛柔，故地氣隔塞，山變爲災。陛下以爲慶山，臣以爲非慶也。誠宜側身修德，以答天譴。不然，恐災禍至。」則天怒，流于嶺南。《舊唐書‧志第十七‧五行》	《大唐新語》與《舊唐書》完全一樣。
僧一行	沙門一行，俗姓張，名遂，郯公公謹之曾孫。年少出家，以聰敏學行，見重於代。玄宗詔於光天殿〔註 5〕改撰《曆經》，後又移就麗正殿，與學士參校《曆經》。一行乃撰《開元大演曆》一卷，《曆議》十卷，《曆立成》十二卷，《曆書》二十四卷，《七政長曆》三卷，凡五部五十卷。未及奏上而卒。張說奏上，請令行用。初，一行造黃道游儀以進，御制《游儀銘》付太史監，將向靈臺上，用以測候。分遣太史官大相元太等，馳驛往安南、朗、兗等州，測候日影，同以二分、二至之日正午時量日影，皆數年乃定。安南量極高二十一度六分，多至日長七尺九寸二分，春秋二分長二尺九寸三分，夏至影在表南三寸三分。蔚 州橫野軍北極高四十度，多至日影長一丈五尺八分，春秋二分長六尺六寸二分，夏至影在表北二尺二寸九分。此二所爲中土南北之極。其朗、兗、太原等州，並差殊不同。一行用勾股法算之，云：「大約南北極相去纔八萬餘里。」修曆人陳玄景亦善算術，歎曰：「古人云『以管窺天，以蠡測海』，以爲不可得而致也。今以丈尺之術而測天地之大，豈可得哉！若依此而言，則天地豈得爲大也！」其後參校一行《曆經》，並精密，迄今行用。〈記異第二十九〉	僧一行，姓張氏，先名遂，魏州昌樂人，襄州都督、郯國公公謹之孫也。父擅，武功令。……一行尤明著述，撰大衍論三卷，攝調伏藏十卷，天一太一經及太一局遁甲經、釋氏系錄各一卷。時麟德曆經推步漸疏，敕一行考前代諸家曆法，改撰新曆，又令率府長史梁令瓚等與工人創造黃道游儀，以考七曜行度，互相證明。於是一行推周易大衍之數，立衍以應之，改撰開元大衍曆經。至十五年卒，年四十五，賜諡曰大慧禪師。《舊唐書‧方伎‧一行》（李）淳風約之爲法，時稱精密。天后時，瞿曇羅造光宅曆。中宗時，南宮說造景龍曆。皆舊法之所棄者，復取用之。徒云革易，寧造深微，尋亦不行。開元中，僧一行精諸家曆法，言麟德曆行用既久，晷緯漸差。宰相張說言之，玄宗召見，令造新曆。遂與星官梁令瓚造黃道游儀圖，考校七曜行度，準周易大衍之數，別成一法，行用垂五十年。《舊唐書‧志第十二‧曆一‧序言》	《大唐新語》所載多處文句，《舊唐書》無載，由其是《大唐新語》所載沙門一行所測量曆法之文句，《舊唐書》幾無載。故此條可補《舊唐書》之不足。

〔註 5〕 此句原爲「光文殿」，然，經李南暉校正後爲「光天殿」。請參李南暉：〈大唐新語校箋〉，《古籍整理研究學刊》第 5 期，（2000 年）頁 31。

| 僧泓 | 開元十五年正月，集賢學士徐堅請假往京兆葬其妻岑氏，問兆域之制於張說。說曰：「墓而不墳，所以反本也。三代以降，始有墳之飾，斯孝子永思之所也。禮有升降貴賤之度，俾存歿之道各得其宜。長安、神龍之際，有黃州僧泓者，能通鬼神之意，而以事參之。僕常聞其言，猶記其要：『墓欲深而狹，深者取其幽，狹者取其固。平地之下一丈二尺爲土界，又一丈二尺爲水界，各有龍守之。土龍六年而一暴，水龍十二年而一暴，當其隧者，神道不安。故 深二丈四尺之下可設窀穸。墓之四維，謂之折壁，欲下闊而上斂。其中頂謂之中樵，中樵欲俯斂而傍殺。墓中抹粉爲飾，以代石堊。不置瓴甋瓷瓦，以其近於火。不置黃金，以其久而爲怪。不置朱丹、雄黃、礬石，以其氣燥而烈，使墳上草木枯而不潤。不置毛羽，以其近於屍也。鑄鐵爲牛豕之狀像，可以御二龍。玉潤而潔，能和百神，寘之墓內，以助神道。』僧泓之說如此，皆前賢所未達也。桓魋石槨，王孫倮葬，奢儉既過，各不得中。近大理卿徐有功，持法不濫，人用賴焉。及其葬也，儉不逾制。將穿墓者曰：『必有異應，以旌若人。』果獲石堂，其大如釜，中空外堅，四門八牖。占曰：『此天所以祚有德也。』置其墓中，其後終吉。後優詔褒贈，寵及其子。開府王仁皎以外戚之貴，墳墓逾制，襚服明器，羅列千里。墳土未乾，家毀子死。殷鑒不遠，子其擇焉。」〈記異第二十九〉 | 時又有黃州僧泓者，善葬法。每行視山原，即爲之圖，張說深信重之。《舊唐書·方伎·一行附泓》 | 《大唐新語》所載《舊唐書》幾乎無載，只云：「僧泓者，善葬法。每行視山原，即爲之圖，張說深信重之。」然張說如何信重《舊唐書》無說明，《大唐新語》有載，亦可補《舊唐書》之不足。 |

參考書目

甲、古　籍

一、經　部

1. 阮元刻、附校勘記《十三經注疏》，台北：藝文印書館，1979 年。

2. 〔唐〕陸淳撰：《春秋集傳纂例》收錄於《文津閣四庫全書·經部·春秋類》第 50 冊，北京：商務印書館，2005 年。

二、史　部

（一）正史類

1. 〔東漢〕班固等：《漢書》，台北：鼎文書局，1975 年。

2. 《漢書》，見許嘉璐、安平秋、張傳璽等編：《二十四史全譯·漢書》，上海：漢語大詞典出版社，2004 年

3. 〔唐〕魏徵、長孫無忌等：《隋書》，台北：鼎文書局，1990 年。

4. 《隋書》，見許嘉璐主編，孫雍長分史主編：《二十四史全譯·隋書》，上海：漢語大詞典出版社，2004 年。

5. 〔後晉〕劉昫等：《舊唐書》，台北：鼎文書局，1976 年。

6. 《舊唐書》，見許嘉璐主編，黃永年分史主編：《二十四史全譯·舊唐書》，上海：漢語大詞典出版社，2004 年。

7. 〔宋〕歐陽修等：《新唐書》，台北：鼎文書局，1976 年。

8. 《新唐書》，見許嘉璐主編，黃永年分史主編：《二十四史全譯·新唐書》，上海：漢語大詞典出版社，2004 年。

（二）編年、別史、地理類

1. 〔宋〕司馬光：《資治通鑑》，北京：中華書局出版，2005 年重印版。

2. 〔唐〕溫大雅撰：《唐創業起居注》，收入於《景印文淵閣四庫全書》第303 冊，台北：台灣商務印書館，1983 年。

（三）政書類

1. 〔唐〕長孫無忌等奉敕撰，劉俊文校注：《唐律疏議》，北京：法律出版社，1999 年。

2. 〔唐〕吳兢著，謝保成集校：《貞觀政要集校》，北京：中華書局，2003年。

3. 〔唐〕劉知幾撰，〔清〕浦起龍釋：《史通通釋》，台北：里仁書局，1993年。

4. 〔宋〕王溥撰：《唐會要》，上海：上海古籍出版社 1991 年第 1 版。

5. 〔宋〕鄭樵著：《通志略》，台北：台北中華書局印行 1980 年。

（四）史料考證類

1. 〔宋〕宋敏求編：《唐大詔令集》，北京：商務印書館，1959 年。

2. 〔清〕趙翼：《廿二史箚記》，台北，仁愛書局，1984 年。

三、子部（諸子、小説、雜家）

1. 〔唐〕劉肅撰，許德楠、李鼎霞點校：《大唐新語》，北京：中華書局，1984 年。

2. 〔唐〕劉餗撰、程毅中點校：《隋唐嘉話》，北京：中華書局，1997 年。

3. 〔唐〕李肇著，曹中孚點校：《國史補》，收入於《唐五代筆記小説大觀》，上海：上海古籍出版社，2000 年。

4. 〔唐〕李德裕撰，丁如明點校：《次柳氏舊聞》，收入於《唐五代筆記小説大觀》，上海：上海古籍出版社，2000 年。

5. 〔唐〕高彥休撰，陽羨生點校：《唐闕史》，收入於《唐五代筆記小説大觀》，上海：上海古籍出版社，2000 年。

3. 〔唐〕張鷟撰，恒鶴點校：《朝野僉載》，收入於《唐五代筆記小説大觀》，上海：上海古籍出版社，2000 年。

7. 〔宋〕王讜撰，周勛初點校：《唐語林校證》，北京：中華書局，1997 年。

四、集　部

1. 〔唐〕韋應物著，孫望編著：《韋應物詩集繫年校箋》，北京：中華書局，2006 年重印。

2. 〔唐〕陸贄撰：《翰苑集》，上海：上海古籍出版社，1993 年。

3. 〔唐〕戎昱〈收襄陽城二首〉其二，收錄於〔清〕彭定求等編：《全唐詩》，北京：中華書局，2003 年。

4. 〔唐〕袁高：〈茶山詩〉，收錄於〔清〕彭定求等編：《全唐詩》，北京：中華書局，2003 年。

5. 〔唐〕王績著，金榮華校注：《王績詩文集校注》，台北：新文豐出版，1998 年。

6. 〔宋〕計有功撰，王仲鏞校箋：《唐詩紀事校箋》，北京：中華書局，2007 年。

五、其　他

1. 〔宋〕李昉等編修：《太平廣記》，北京：中華書局，1995 年。
2. 〔宋〕李昉等編修：《太平御覽》，台北：台灣商務印書館，1980 年。
3. 〔宋〕王欽若編：《冊府元龜》，北京：中華書局，1960 年。
4. 〔清〕永瑢等：《四庫全書總目》，北京：中華書局，1965 年。

乙、近人論著

一、專書

（一）中文部分（依作者姓氏筆畫順序排列）

1. 卞孝萱著：《唐人小說與政治》，廈門：鷺江出版社，2003 年。
2. 牛致功著：《唐代史學與墓志研究》，西安：三秦出版社，2006 年。
3. 王仲犖著：《隋唐五代史》，上海：上海人民出版社，2003 年。
4. 王吉林著：《唐代宰相與政治》，台北：文津出版社，1999。
5. 王汝濤著：《唐代小說與唐代政治》，長沙：岳麓書社，2005 年。
6. 王壽南著：《唐代人物與政治》，台北：文津出版社，1999 年。
7. 王毅著：《中國皇權制度研究》，大陸：北京大學出版社，2007 年。
8. 石昌渝著：《中國小說源流論》，北京：三聯書店，1994 年。
9. 吳禮權：《中國筆記小說史》，台北：台灣商務印書館 1995。
10. 呂思勉著：《隋唐五代史》，上海：上海古籍出版社，2005。
11. 李斌城主編：《唐代文化》，北京：中國社會科學出版社，2002 年。
12. 李斌城等著：《隋唐五代社會生活史》，北京：中國社會出版社，2004 年重印版。
13. 李劍國著：《唐五代志怪傳奇敘錄》，天津：南開大學出版社，1993 年。
14. 李樹桐著：《唐史考辨》，台北：中華書局，1985 年。
15. 李豐楙著：《六朝隋唐仙道類小說研究》，台北：學生書局，1997 年。
16. 杜文玉主編：《唐史論叢·第九輯》，西安：三秦出版社，2007 年。

17. 杜文玉主編：《唐史論叢·第八輯》，西安：三秦出版社，2006 年。

18. 杜維運著：《史學方法論》，北京：北京大學出版社，2006 年。

19. 周勛初主編：《唐人軼事彙編》，上海：上海古籍出版社，2006 年。

20. 周勛初著：《周勛初文集》，南京：江蘇古籍出版社 2000 年。

21. 孟憲實著：《唐高宗的眞相》，台北：遠流出版社，2008 年。

22. 柏楊著：《中國歷史年表》，海口：海南出版社，2006 年。

23. 苗壯：《筆記小説史》，杭州：浙江古籍出版社 1998 年 12 月初版）

24. 郁賢皓著：《唐刺史考全編》，合肥：安徽大學出版社，2000 年 1 月出版。

25. 孫昌武著：《隋唐五代文化史》，上海：東方出版中心，2007 年。

26. 孫琴安著：《唐詩與政治》，上海：上海人民出版社，2003 年。

27. 高明士、邱添生、何永成、甘懷眞等編著：《隋唐五代史》，台北：里仁書局，2006 年。

28. 〔清〕徐松撰，李健超增訂：《增訂唐兩京城坊考》，西安：三秦出版社，2006 年。

29. 陳文新著：《中國筆記小説史》，台北：志一出版社，1995 年。

30. 陳明光著：《唐代財政史新編》，北京：中國財政經濟出版社，1999 年。

31. 陳洪著：《中國小説理論史》，天津：天津教育出版社，2005 年。

32. 陳寅恪著：《隋唐制度淵源略論稿》，石家莊：河北教育出版社，2002 年。

33. 陳登武著：《從人間世到幽冥界——唐代的法制、社會與國家》，台北：五南圖書出股份有限公司，2005 年。

34. 陶敏、李一飛著：《隋唐五代文學史料學》，北京：中華書局，2001 年。

35. 陶敏、傅璇琮著：《唐五代文學編年史》，瀋陽：遼海出版社，1998 年。

36. 章群著：《通鑑、新唐書引用筆記小説研究》，台北：文津出版 1999 年。

37. 傅樂成著：《隋唐五代史》，台北：眾文圖書，1994 年二版。

38. 傅樂成著：《漢唐史論集》，台北：聯經出版社，2006 年初版九刷。

39. 傅禮軍著：《中國小説的譜系與歷史重構》，北京：東方出版社，2006 年。

40. 喬偉著：《唐律研究》，濟南：山東人民出版社，1985 年。

41. 程國賦著：《唐五代小説的文化闡釋》，北京：人民文學出版社，2002 年。

42. 程國賦著：《隋唐五代小説研究資料》，上海：上海古籍出版社，2005 年。

43. 黃永年著：《唐代史事考釋》，台北：聯經出版社，2005 年。

44. 楊鴻年著：《隋唐兩京考》，武漢：武漢大學出版社，2005 年。

45. 雷家驥著：《武則天傳》，北京：人民出版社，2001 年。

46. 雷家驥著：《隋唐中央權力結構及其演進》，台北：東大圖書發行，1995

年。

47. 榮新江主編：《唐代宗教信仰與社會》，上海：上海辭書出版社，2003 年。

48. 趙劍敏著：《大唐玄宗時代》，上海：上海人民出版社，2007。

49. 劉后濱著：《唐代中書門下體制研究——公文形態·政務運行與制度變遷》，濟南：齊魯書社書，2004 年。

50. 劉開榮著：《唐代小說研究》，台北：台灣商務印書館，1996 年。

51. 劉葉秋著：《歷代筆記概述》，台北：木鐸出版社，1985 年。

52. 鄭憲春：《中國筆記文史》，長沙：湖南大學出版社 2004 年。

53. 魯迅著：《中國小說史略》，上海：上海古籍出版社，1998 年。

54. 賴瑞和著：《唐代基層文官》，台北：聯經出版社，2004 年。

55. 錢大群撰：《唐律疏義新注》，南京：南京師範大學出版社，2007 年。

56. 錢穆著：《中國歷代政治得失》，台北：東大圖書，2001 年。

57. 錢穆著：《國史大綱》，北京：商務印書館，2006 年，9 刷。

58. 戴炎輝著：《唐律各論》，台北：成文書局，1988 年。

59. 戴炎輝著：《唐律通論》，台灣：正中書局，1970 年。

60. 謝保成著：《隋唐五代史學》，北京：商務印書館，2007 年。

61. 韓雲波著：《唐代小說觀念與小說興起研究》，成都：四川民族出版社，2002 年。

62. 龔鵬程著：《唐代思潮》，北京：商務印書館，2007 年。

（二）外文部分

1. 〔英〕崔瑞德編：《劍橋中國隋唐史》，北京：中國社會科學出版社，2006 年重印。

二、論　文

（一）學位論文

1. 王國良：《唐代小說敍錄》，台北：政治大學中國文學研究所碩士論文，1976 年。

2. 林琇寬：《〈世說新語〉敍事結構之研究》，台中：中興大學中國文學研究所碩士論文，1999 年。

3. 姚其姝：《世說體小說發展述論》，台中：中興大學中國文學研究所碩士論文，1996 年。

4. 胡之昀：《論唐代的筆記雜錄》，上海：華東師範大學中國語言文學系碩士學位論文，2005 年。

5. 曾守正：《唐初史官文學思想及其形成》，台北：台灣師範大學國文研究

所博士論文，2000 年。

6. 羅寧：《唐前小説觀念簡論》，成都：四川大學中國語言文學系碩士學位論文，2000 年。

7. 蘇雯慧：《勸懲與存史——《大唐新語》研究》，台北：政治大學中國文學研究所碩士論文，2007 年。

（二）期刊論文

1. 丁煌：〈唐高祖太宗對符瑞的運用及其對道教的態度〉，收入《唐代研究論集・第二輯》，台北：新文豐出版，1992 年。

2. 王炎平：〈論房玄齡〉，收入《四川大學學報（哲學社會科學版）》，2000 年第 6 期。

3. 王盛恩、彭沛：〈長孫無忌政治生涯評議〉，收入《南都學壇（哲學社會科學版）》，1996 年第 4 期。

4. 王澧華：〈《大唐新語》編纂考略〉，《陰山學刊（社會學報）》，1996 年第 1 期。

5. 甘懷真：〈反逆罪與君臣關係〉，收入《唐律與國家社會研究》，台北：五南圖書出版公司，1999 年。

6. 甘懷真：〈隋文帝時代軍權與「關隴集團」之關係——以總管爲例〉，收入《唐代文化研討會論文集》，台北：文史哲出版社，1991 年。

7. 吳冠文：〈三談今本《大唐新語》的眞僞問題〉，《復旦學報（社會科學版）》，2007 年第 1 期。

8. 吳冠文：〈再談今本大唐新語的眞僞問題——對今本《大唐新語》非僞書辨一文的異議〉，《復旦學報（社會科學版）》，2005 年第 4 期。

9. 吳冠文：〈關於今本《大唐新語》的眞僞問題〉，《復旦學報（社會科學版）》，2004 年第 1 期。

10. 李南暉：〈《大唐新語》校箚〉，《古籍整理研究學刊》，2000 年第 5 期。

11. 李南暉：〈《大唐新語》校箚〉，《古籍整理研究學刊》2000 年第 5 期。

12. 李南暉：〈唐紀傳體國史修撰考略〉，收入《文獻季刊》，2003 年第 1 期。

13. 李樹桐：〈唐代帝位繼承之研究〉，收入《唐代研究論集・第一輯》，台北：新文豐出版，1992 年。

14. 林恩顯：〈突厥文化及其對唐朝之影響〉，收入《唐代研究論集・第一輯》，台北：新文豐出版，1992 年。

15. 武秀成：〈《大唐新語》佚文考〉，《古籍整理研究學刊》，1994 年第 5 期。

16. 胡可先：〈《大唐新語》佚文辨證〉，《古籍整理研究學刊》，2004 年 11 月第 6 期。

17. 英衛峰：〈以史爲鑒與貞觀之治〉，收入《西北大學學報（哲學社會科學

版)》，2004 年 1 月，第 34 卷第 1 期。

18. 殷道旌、王化勇：〈房玄齡故里及生平事跡考略〉，收入《濟南教育學院學報》，2003 年第 6 期。

19. 高明士：〈論唐律中的皇權〉，收入《慶祝韓國磐先生八十華誕紀念論文集：中國古代社會研究》，廈門：廈門大學出版社，1998 年。

20. 張絕雲：〈唐代杖刑考述〉，收入《唐史論叢・第八輯》，西安：三秦出版社，2006 年。

21. 張榮芳：〈試論隋唐的山東與關東〉，收入《唐代研究論集・第三輯》，台北：新文豐出版，1992 年。

22. 郭友亮：〈唐太宗人才思想探析〉，收入《山西廣播電視大學學報》，2008 年第 2

23. 陳敏：〈《大唐新語》的價值取向與文學成就〉，《安慶師範學院學報（社會科學版）》，2002 年 7 月第 4 期。

24. 陶敏，李德輝：〈也談今本《大唐新語》的真偽問題〉，《山西大學學報（哲學社會科學版）》，2007 年 1 月第 1 期。

25. 章允文：〈孜孜奉國知無不為──略論房玄齡〉，收入《高等函授學報（哲學社會科學版）》，1997 年第 4 期。

26. 章群：〈論唐開元前的政治集團〉，收入《唐代研究論集・第一輯》，台北：新文豐出版，1992 年。

27. 傅樂成：〈玄武門事變之醞釀〉，收入《漢唐史論集》，台北：聯經出版社，2006 年初版九刷。

28. 傅樂成：〈李唐皇室與道教〉，收入《唐代研究論集・第四輯》，台北：新文豐出版，1992 年。

29. 傅樂成：〈唐代宦官與藩鎮的關係〉，收入《漢唐史論集》，台北：聯經出版社，2006 年初版九刷。

30. 傅樂成：〈唐型文化與宋型文化〉，收入《漢唐史論集》，台北：聯經出版社，2006 年初版九刷。

31. 智喜君：〈《大唐新語》諧謔篇試析〉，《鞍山師範學院政史系》，1999 年 12 月第 4 期。

32. 智喜君：〈《大唐新語》讀記〉，《遼寧師範大學學報（社會科學版）》，2000 年第 1 期。

33. 黃永年：〈李勣與山東〉，收入《唐代史事考釋》，台北：聯經出版社，2005 年初版二刷。

34. 黃永年：〈唐代的宦官〉，收入《唐代史事考釋》，台北：聯經出版社，2005 年初版二刷。

35. 黃永年：〈唐肅宗即位前的政治地位和肅代兩朝中樞政局〉，收入《唐代史事考釋》，台北：聯經出版社，2005 年初版二刷。

36. 黃永年：〈說永徽六年廢立皇后事真相〉，收入《唐代史事考釋》，台北：聯經出版社，2005 年初版二刷。

37. 黃永年：〈說李武政權〉，收入《唐代史事考釋》，台北：聯經出版社，2005 年初版二刷。

38. 黃永年：〈論安史之亂的平定和河北藩鎮的重建〉，收入《唐代史事考釋》，台北：聯經出版社，2005 年初版二刷。

39. 黃永年：〈論武德貞觀時統治集團的內部矛盾和鬥爭〉，收入《唐代史事考釋》，台北：聯經出版社，2005 年初版二刷。

40. 黃永年：〈論建中元年實施兩稅法的意圖〉，收入《唐代史事考釋》，台北：聯經出版社，2005 年初版二刷。

41. 黃永年：〈「涇師之變」發微〉，收入《唐代史事考釋》，台北：聯經出版社，2005 年初版二刷。

42. 黃東陽：〈唐劉肅《大唐新語》之文體性質探微〉，《北商學報》，2005 年第 7 期。

43. 黃約瑟：〈試論垂拱四年李唐宗室反武之役〉，收入《唐代文化研討會論文集》，台北：文史哲出版社，1991 年。

44. 楊光皎：〈今本《大唐新語》僞書說之再檢討〉，《南京大學學報》，2006 年第 3 期。

45. 楊明蘇：〈試論唐代劉肅的軼事小說集《大唐新語》〉，《昆明師專學報》1994 年 6 月第 2 期。

46. 雷家驥：〈唐前期國史官修體制的演變——兼論館院派的史學批評及其影響〉，收入《唐代研究論集・第二輯》，台北：新文豐出版，1992 年。

47. 熊麗君：〈唐初監修國史及劉知幾對監修國史的批評〉，收入《社科縱橫》，2004 年 4 月，第 19 卷第 2 期。

48. 臺靜農：〈唐初文士與宮庭的關係〉，收入《唐代研究論集・第一輯》，台北：新文豐出版，1992 年。

49. 潘婷婷：〈今本《大唐新語》非僞書辨與吳冠文女士商榷〉《南京大學學報》，2005 年第 2 期。

50. 盧建榮：〈唐代財經專家之分析——兼論唐代士大夫的階級意識與理財觀念〉，收入《唐代研究論集・第二輯》，台北：新文豐出版，1992 年。